LE CHEMIN DE LA DAME

Note de l'éditeur : ce texte aborde des thématiques comme le deuil, l'IVG, le meurtre, le racisme, les mutilations de guerre. Sa lecture est susceptible de heurter la sensibilité de certaines personnes.

Direction des publications : Stéphanie Baronchelli, Jérôme Bernez-Binder
Suivi éditorial et maquette : Caroline Merceron
Correction : Romain Allais
Conception graphique de la collection : Tiphaine Rautureau, Jeanne Mutrel

Couverture et illustrations intérieures : Pierre Gaux
Typographies : Augustus – ALLTYPE ;
Josefin sans – Santiago Orozco

WWW.GULFSTREAM.FR

ISSN : 2491-827X
ISBN : 978-2-38349-344-0

Gulf stream éditeur

Marie-Noëlle Pichot

Le Chemin de la Dame

ÉLECTROGÈNE
Fantastique Historique

À Gabrielle et Samuel.
Que leur amour fraternel
brille dans toutes les nuits.

PROLOGUE

L'Angeluère, **30 août 1909**

Il fait nuit, mais le ciel est moins noir que la terre. La pleine lune inonde la forêt de sa lumière laiteuse. La chaleur de fin d'été, suspendue dans l'air, résiste encore au vent frais qui se lèvera bientôt. Trois enfants marchent d'un pas pressé dans le chemin creux du bois des Corneilles. Ils chuchotent et progressent silencieusement, s'éloignant du hameau de l'Angeluère et de leurs parents.

En caressant les fougères de ses doigts impatients, Antoine Lefresne observe les chauves-souris qui volent au-dessus de sa tête. Il n'a que neuf ans, mais déjà, comme elles, la nuit est son domaine. C'est là qu'il se sent en sécurité, quand son père dort, assommé par l'alcool. Lucie Mahe, qui le dépasse d'une tête du haut de ses dix ans, sautille devant lui. Ses cheveux bouclés dansent dans son dos et son rire s'élève comme une mélopée magique. Michel, le meilleur ami d'Antoine, marche devant sa sœur aînée. Les ronces s'écartent devant son énergie débordante. De temps en temps, il lance une trille d'oiseau, leur cri de ralliement. Les autres lui répondent aussitôt.

Ce soir-là, Michel a proposé de gravir la colline du bois des Corneilles, pour surprendre la Dame Verte qui hante la forêt. Certains habitants du hameau de l'Angeluère affirment avoir aperçu une ombre rôder près du village les soirs de pleine lune. On dit qu'elle apparaît dans les environs pour annoncer une mort prochaine, mais qu'elle peut aussi provoquer de mauvaises récoltes ou faire mourir le bétail. Les femmes qui ne souhaitent pas poursuivre une grossesse déposent parfois des pièces dans la fontaine aux Soupirs, priant la Dame Verte de prendre leur bébé avant qu'il ne vienne au monde. Bien qu'effrayés par la créature, Antoine et Lucie ont pourtant accepté de suivre le garçon dans cette nouvelle tentative pour l'apercevoir. Ensemble, ils parviennent toujours à piéger la peur.

Parvenus au sommet de la colline, les trois enfants retrouvent la silhouette décharnée d'une vieille chapelle qui se découpe entre les arbres. C'est leur repaire. À l'intérieur un grand christ, suspendu au fond du chœur, se tord de douleur sur sa croix au-dessus d'un vieil autel en pierre et d'une vierge en stuc[1], dont les yeux n'ont plus de couleur. L'attente sera longue, alors ils ont tout prévu pour un pique-nique nocturne. Michel sort une vieille couverture d'un coffre dissimulé sous l'autel et l'étale sur le sol. Lucie y dépose une bouteille de cidre doux, quelques biscuits subtilisés chez eux, et des prunes juteuses qui leur donneront mal au ventre. Leurs parents, absorbés par le travail harassant des nuits de moisson, ne remarqueront pas leur absence.

Avec fierté, Antoine allume trois bougies blanches à peine entamées qu'il a dérobées à l'église.

— Ce sont les cierges que les gens allument en mémoire des défunts, proteste Lucie. Tu as volé leurs prières !

1. Matériau imitant le marbre, composé de chaux, de plâtre fin, d'une colle et de poussière de marbre ou de craie.

— M... M... Moi moi au... au... aussi je f... f... fais des prières, répond Antoine.

Devant ses deux meilleurs amis, il n'a pas à rougir de son bégaiement. Contrairement aux autres enfants du village, Michel et Lucie ne se moquent jamais de lui.

— Re... re... regarde, la ch... ch... chapelle est plus b... b... belle comme ça.

Lucie se perd dans la contemplation des fines silhouettes ocres qu'elle devine sur les murs effrités. Des personnages qu'elle ne reconnaît pas, mais dont elle imagine l'histoire. Une dame, dont le bras est recouvert d'un drapé délicat, un chevalier brandissant son épée contre un monstrueux dragon à demi-effacé. Elle baisse les yeux vers Antoine et son regard s'arrête sur son bras couvert de bleus. Avec empressement, il remet sa chemise en place. Lucie le fixe avec compassion.

— Il a recommencé ? lui demande-t-elle.

Antoine hoche la tête. Il n'a pas envie d'y penser. Il n'a pas envie de se souvenir de la rage de son père contre lui, de ses yeux obliques perdus dans l'alcool, de sa botte dans son dos encore douloureux. Il a envie d'oublier les cris de sa mère Élise qui s'interpose sous les coups, la manière dont Paul, son frère aîné, s'est battu, et dont lui, le petit, le lâche, s'est encore caché dans le coffre à pain. Il y repensera bien assez vite quand il rentrera à l'aube dans son lit. Pour l'instant, il est avec Lucie et Michel. Tout va bien.

— Cette fois-ci, c'est la bonne nuit, je le sens ! La lune est pleine. Je suis sûr que la Dame Verte va se montrer. Raconte-nous encore l'histoire, Lulu, demande Michel avec un large sourire.

Lucie replie ses jambes déjà trop longues sous sa robe d'enfant et boit une gorgée de cidre. Les garçons attendent, suspendus, car personne ne raconte les histoires comme elle. Même assis,

Michel vibre d'un plaisir anticipé. Ses boucles dansent autour de sa tête, et ses yeux, les mêmes que sa sœur, brillent d'excitation. Il est aussi brun de peau et de cheveux qu'Antoine est clair, aussi agité que son ami est calme et silencieux. Seuls les yeux gris d'orage d'Antoine semblent animés.

Les deux garçons sont nés dans le même hameau, neuf ans auparavant, à quelques mois et quelques mètres de distance. Antoine, un morne matin de janvier, Michel, dans la chaleur d'une nuit de moisson. Antoine aime Michel comme un frère. Il s'en émerveille souvent mais ne sait pas lui dire. Les mots sont trop petits. Alors il se tait.

Lucie commence, et sa voix grave résonne dans la chapelle :

— La Dame Verte n'a pas toujours été la créature terrifiante qui erre dans ce bois en promettant la mort à ceux qui croisent son regard. Elle était autrefois Éléonore, la fille du comte de Bouillé, élevée pour faire un beau mariage. Elle vivait non loin d'ici, au château du Rocher. Elle n'avait de goût que pour les longues chevauchées et la chasse. Sa mère, qui n'avait pas eu d'autres enfants, la laissait errer dans la forêt à sa guise. Certains prétendaient que son ventre stérile avait été fécondé tardivement par un esprit cornu des bois. On disait Éléonore un peu sauvage et familière des loups. Elle recueillit d'ailleurs l'un d'eux, encore jeune, qui devint son animal de compagnie et terrifiait les courtisans de son père. Elle entra un jour à cheval dans une église, accompagnée par l'animal hurlant, défiant le prêtre qui la disait sorcière. Certains villageois la croyaient en effet maudite et possédée du diable. D'autres avaient recours à ses soins car elle savait soulager les douleurs et connaissait l'usage des plantes.

« Un jour, un grand seigneur, Henri de Daillon, comte de Lude, parcourait la forêt à la poursuite d'un grand cerf. Il la trouva, baignant dans la rivière ses longs cheveux couleur de flamme, et fut ébloui par sa beauté. La jeune Éléonore, qui avait juré ne jamais se marier, fut séduite par ses yeux brillants comme des lames et par sa force. Elle devint sa femme et ils s'installèrent au château du Rocher, dont elle était l'héritière.

— Mais non, elle accepte de l'épouser car il renonce à chasser le loup ! l'interrompt Michel.

— Je n'aime pas cette version, répond Lucie avec hauteur. Je préfère raconter celle de Mémé Mahe. Laisse-moi continuer. Donc, Éléonore épousa le comte de Lude, et son père fut soulagé de la voir enfin mariée, tout en forgeant une alliance. Pour plaire à son mari, elle renonça à son loup et le rendit à sa vie sauvage. Plus tard, elle mit au monde un fils, qu'on lui confisqua bien vite pour en faire un homme. Puis elle donna naissance à une merveilleuse petite fille, aux cheveux aussi rouges que les siens. Hélas ! – la voix de Lucie devient lugubre et le sourire de Michel s'élargit – Éléonore était malheureuse. L'enfermement, les conventions, la vie de châtelaine ne lui convenaient pas du tout. Quelques mois après la naissance de sa fille, elle disparut une nuit pour rejoindre ses frères loups. Ses fugues se répétèrent. Les villageois, inquiets, alertèrent le seigneur sur les disparitions de sa femme. Ils la voyaient errer dans les bois, disaient-ils, à moitié nue et pleine de sang. À cause d'elle, accusaient-ils, le village était maudit, les récoltes étaient maigres, les bêtes mouraient, les femmes n'enfantaient plus. Un soir, le seigneur décida de suivre son épouse pour en avoir le cœur net. Il la découvrit dans les profondeurs de la forêt, prodiguant des soins magiques à son loup blessé par un chasseur. Son allure sauvage le terrifia.

— Ah ! C'était donc une sorcière ! l'interrompt Michel, la bouche pleine de biscuits.

Lucie lui jette un regard agacé.

— Lai… lai… laisse-la finir, dit Antoine avec douceur.

Lucie poursuit en levant les yeux au ciel :

— Ce n'est pas parce qu'elle savait soigner les hommes et les loups qu'elle était une sorcière ! En revanche, il est vrai qu'elle connaissait la magie, grâce aux esprits des bois qui la lui avaient enseignée. Effrayé par la vraie nature de sa femme, le seigneur lui interdit de revenir au château et de revoir ses enfants, sous peine d'être transpercée par la lame de son épée. Il confia sa fille à une nourrice. Méfiante, celle-ci n'osait pas allaiter le bébé démoniaque. Éléonore se réfugia dans le bois des Corneilles, se nourrissant de baies et du sang de petits animaux, appelant sans cesse sa dernière-née dans les vents qui sifflaient jusqu'au château du Rocher. La petite fille, privée du lait de sa mère, mourut. Folle de rage et de douleur, Éléonore se vengea : elle hanta le seigneur, apparaissant la nuit à son chevet vêtue d'une robe verte tissée de feuillage, le privant de sommeil, faisant hurler les loups autour de son château, décimant ses troupeaux et tarissant ses récoltes. Devenu fou, le seigneur mourut en se jetant du haut de son donjon dans le lac qui entoure le château. Éléonore pleura tant et tant son enfant perdue qu'une fontaine jaillit à ses pieds, là où les villageois bâtirent plus tard cette chapelle. On l'appelle la fontaine aux Soupirs.

« On raconte que, les soirs de pleine lune, on entend les plaintes de la Dame Verte dans les branchages. De nombreux villageois l'ont vue depuis errer dans les bois. La colère et la tristesse l'ont défigurée. Qui croise son regard emportera avec lui un présage de mort. La légende prétend qu'elle attire parfois les enfants afin de les emmener dans son repaire pour les dévorer, c'est pourquoi il est interdit de venir ici la nuit.

— J'adore cette histoire ! s'exclame Michel. Tu rajoutes des détails à chaque fois.

— C'est une histoire vraie ! répond Lucie en saisissant un biscuit.

De nombreuses nuits, les enfants ont tenté d'apercevoir la Dame Verte, mais en vain. Une fois encore, ils attendent de longues heures, partagés entre l'excitation et la peur. Lucie, qui croit aux fées et aux korrigans, sait qu'ils peuvent l'apercevoir s'ils sont assez patients, mais qu'ils doivent se montrer prudents. Michel ne renoncerait pour rien au monde à une aventure aussi prometteuse. Quant à Antoine, il doute que de telles créatures existent, mais il suivrait ses deux amis jusqu'en enfer si cela lui permettait de rester auprès d'eux. Le trio chuchote dans la chapelle, luttant contre le sommeil, tandis que les chandelles s'épuisent et que le ciel s'assombrit.

Le vent se lève soudain, secouant les branches autour du bâtiment en ruine. Les trois enfants se regardent et se précipitent à l'extérieur. Ils s'accroupissent derrière les buissons, à quelques mètres de la fontaine aux Soupirs, scrutant l'obscurité. Le vent enfle, traînant de lourds nuages gorgés de pluie, couvrant le ciel d'un grand manteau noir. Un coup de tonnerre puis un éclair au-dessus d'eux. Tous trois restent pétrifiés. Ils ont vu quelque chose. Ou plutôt quelqu'un. Les nuages libèrent un instant la lumière de la lune.

Elle est là. Longue silhouette décharnée vêtue de feuilles et de lianes qui dansent comme des serpents autour de son corps nu. Elle flotte au-dessus des fougères, se balançant de façon grotesque, et pourtant les enfants voient ses pieds sales frotter la terre. Antoine agrippe le bras de Lucie, terrifié. Elle a posé les mains sur ses lèvres pour retenir un cri. Michel s'est figé dans une posture inhabituelle, la bouche ouverte et les yeux agrandis par la peur.

La créature s'arrête devant la fontaine aux Soupirs. Un chant lugubre leur parvient, mais il est difficile de distinguer sa voix du vent qui s'engouffre dans les branchages. Elle soulève sa longue chevelure fauve entremêlée de feuilles. Dans la lumière blanche qui l'éclaire par intermittence, les enfants découvrent un visage maigre lacéré de coups de griffes, et sali par la terre et le sang. C'est bien elle : la Dame Verte.

Antoine croit que son cœur va sortir de sa poitrine. Il sent Lucie trembler au bout de son bras. Il ne sait pas ce qui domine : la peur ou la fascination ? Son corps s'avance et se tend pour mieux la voir. La Dame Verte se penche et boit longuement. Antoine reconnaît le bruit que fait le chien de la ferme quand il lape. D'un coup elle tourne la tête. Ses grands yeux noirs transpercent les enfants. Michel et Lucie se lèvent en hurlant et dévalent la pente de la colline aussi vite qu'ils le peuvent.

— On l'a vue ! On l'a vue ! hurlent-ils.

Antoine reste immobile, suspendu dans le regard sauvage qui s'est posé sur lui. Son cœur ne cogne plus dans sa poitrine. Un grand calme l'envahit et il se demande s'il n'est pas mort, comme pétrifié par la Méduse. Le regard noir et sauvage le sonde, l'ausculte de haut en bas. La Dame Verte est soudain devant lui. Une odeur de terre et de feuilles pourries atteint ses narines. Antoine ferme les yeux, retient sa respiration. Il n'est pas encore mort, mais ça ne saurait tarder. Elle pose sa main griffue sur son visage et se penche pour lui chuchoter quelques mots à l'oreille. Un grognement sourd s'élève des fourrés, près de la chapelle. La créature lâche brusquement le garçon.

— Antoine ! Antoine ! crie Michel qui est remonté sur le chemin, ne le voyant pas revenir.

Antoine ouvre les yeux. Il tend les bras devant lui, mais la Dame Verte a disparu. Seuls deux iris dorés le fixent depuis le sous-bois. Il fait volte-face et suit son ami qui l'entraîne en le prenant par la main.

Encore sous le choc, ils courent à s'en faire exploser les poumons jusqu'au hameau de l'Angeluère. L'orage éclate avec violence. Trempés et hors d'haleine, ils parviennent dans la cour de la ferme des Mahe.

— On a réussi ! On a réussi ! clame Michel, hilare. Bon sang j'ai cru que j'allais mouiller mon pantalon tellement j'ai eu peur !

— Qu'as-tu vu, Antoine ? demande Lucie. Pourquoi n'as-tu pas couru avec nous ?

Antoine secoue la tête, ouvre la bouche. Les mots ne veulent pas sortir.

— Tu nous diras plus tard, dit Lucie avec douceur en posant ses mains sur les joues pâles du garçon.

— Attendez ! Quelque chose ne va pas ! s'exclame soudain Michel.

Il s'est tourné vers la ferme des Lefresne. Tout aurait dû être plongé dans le noir et le silence. Mais sous la pluie battante, les enfants voient les lumières allumées et des silhouettes qui vont et viennent. Leurs parents ont-ils interrompu les travaux de la moisson à cause de la pluie ? Ils courent jusqu'à la maison d'Antoine. La porte de la cuisine est ouverte. Son frère Paul accourt vers eux. Il attrape Antoine par le bras et le secoue.

— Mais t'étais où nom de Dieu ? Je t'ai cherché partout !

— Je… je… je… bégaye Antoine.

Derrière Paul, il distingue une frêle silhouette assise sur le sol de la cuisine, sa mère, et dans ses bras le corps massif de son père. Elle sanglote en le serrant contre lui.

Antoine se dégage de la main de son frère et s'approche. Les grosses pattes de son père sont échouées sur le sol, inoffensives. Sa mère jette un regard vers lui, et ses pleurs redoublent. Derrière elle, Antoine devine la présence d'Ernestine et de Charles, les parents de Michel et de Lucie. Ils sont en chemise et Antoine les trouve étranges, en tenue de nuit au milieu de sa cuisine.

— Papa est mort, assène Paul, qui garde son sang-froid comme toujours. Il est rentré tard cette nuit. On a entendu un bruit et, quand on est arrivés, on l'a trouvé allongé sur le sol. Il s'est écroulé, comme ça !

À sa grande surprise, Antoine ressent d'abord un soulagement intense. Personne ne les menacera plus, sa mère et lui. Il n'aura plus à se cacher dans la huche à pain. Puis les paroles de la Dame Verte lui reviennent en mémoire, et la terreur l'envahit. Il entend de nouveau sa voix rauque glisser jusqu'à lui dans le noir :

— À ceux qui osent affronter mon regard, j'exauce leur vœu le plus cher.

Tandis que le froid et la peur commencent à le faire grelotter, il se souvient des derniers mots de la Dame Verte :

— Maintenant, nous sommes liés. Tu as une dette envers moi. Un jour proche ou lointain, je viendrai réclamer mon dû.

ANTOINE

Le Chemin des Dames, **17 avril 1917**

Même au cœur des combats, Antoine sait qu'il peut faire confiance à ses doigts habiles pour faire revenir la beauté. Il ne laisse jamais ses mains inoccupées. Elles doivent sculpter, plier, raboter, inciser ou polir. Dans la lumière froide de ce matin d'avril, réfractée par la neige, la douille d'obus qu'il tient entre ses longs doigts calleux brille comme de l'or bruni. Déformée par ses coups de burin, elle devient calice, se parant d'un trèfle à quatre feuilles.

Antoine libère son souffle dans l'air glacé, satisfait du résultat. Au fur et à mesure qu'il transforme la matière, les turbulences de son esprit s'apaisent. La peur, la violence, la crasse se dissipent dans l'atmosphère comme un fluide malfaisant. Autour de lui, le camp de l'arrière s'est organisé à une vitesse impressionnante, sur les ruines du village de Braye. Il a neigé en plein mois d'avril, enveloppant les poilus[1] d'un

---

1. Surnom donné aux soldats de la Première Guerre mondiale (1914-1918). En raison du manque d'hygiène dans les tranchées, ils ne pouvaient pas se laver ni se raser, et revenaient du front avec barbes et moustaches.

manteau gelé qui les épuise. La veille, l'offensive de Nivelle contre les Allemands dans la deuxième bataille de l'Aisne fut un échec cuisant. Enfoncés dans la boue, les soldats d'infanterie tombèrent par centaines, fauchés par les mitrailleuses ennemies, ne gagnant que quelques miettes de terrain lunaire, déformé par les bombardements.

Antoine sait que son régiment devra à son tour attaquer aujourd'hui. La mort le prendra-t-elle avant la nuit ? Il plonge la main dans son manteau, sous le chandail tricoté par sa mère. Ses doigts se referment sur une amulette réchauffée par sa peau, une petite pierre bleue striée de trois lignes parallèles que lui a donnée sa tante Annette. La guérisseuse l'avait attachée autour de son cou d'enfant après sa rencontre avec la Dame Verte.

— Ma grand-mère m'a donné cette amulette de protection très ancienne, lui avait-elle dit en séchant ses larmes. Elle vient des anciens druides. Aucune créature de ce monde ou de l'autre ne pourra te faire du mal à présent.

Toucher l'amulette lui procure toujours du réconfort, même si la magie de sa tante fait pâle figure devant les canons à obus et les mitraillettes.

Près de lui, Noël, un jeune pêcheur de Saint-Malo qui a menti sur son âge pour s'engager à quinze ans, grave pour sa mère une petite bague dans un morceau d'aluminium, vestige d'une des fusées des Boches[1]. À sa gauche, Abdoulaye, un musicien de Dakar, confectionne, avec du fil à pêche, une guitare à partir d'un casque d'un ennemi tombé dans le *no man's land*[2]. Il enchantera bientôt le régiment avec sa voix

---

1. Au même titre que « Fritz », terme péjoratif et injurieux utilisé par les Français pour désigner les soldats allemands pendant la Première Guerre mondiale.

2. Traduction littérale de l'anglais vers le français : « terre sans homme ». Désigne l'espace situé entre les tranchées des deux lignes ennemies sur le champ de bataille.

grave et son instrument de fortune. D'autres sculptent des petits éclats d'obus, les transformant en briquets, en médailles porte-bonheur, en statuettes de la Vierge.

— Tu ne lis pas ta lettre ? demande Noël d'un air avide.

Antoine se tourne vers lui et secoue négativement la tête avec un sourire.

— Pas… pas tout de suite, répond-il.

Dépassant de sa poche, la lettre que le vaguemestre[1] vient de lui remettre palpite comme si elle avait une vie propre. Il a aussitôt reconnu les courbes noires sur l'enveloppe. Il devine les traits vifs, les gouttelettes onctueuses qui s'étalent en dégradé de bleus, les formes inachevées qui sont restées accrochées aux défauts du papier. Il entend la voix de celle qui lui a écrit. À lui. Enfin.

— Tu sais bien qu'Antoine se cache pour lire ses lettres, dit Abdoulaye.

Antoine aime en effet trouver un semblant d'intimité pour lire son courrier. Lorsqu'il est de réserve, il se blottit dans sa couverture, dans un coin à l'écart ; dans la tranchée, il se réfugie sous sa capeline, dans un renfoncement de terre, ou dans la casemate[2] quand il peut. Il convoque le visage de celui ou celle qui lui a écrit, et savoure chaque mot. Il parcourt, derrière ses paupières closes, l'espace qui le sépare de son village du Maine, aux portes de la Bretagne. Il retrouve les collines arrondies qui dissimulent le village de Saint-Georges, et enfin, en suivant à l'ouest le chemin qui s'enfonce entre les haies épaisses, le hameau de l'Angeluère. Il reconnaît les prés onduleux où l'on conduit les vaches, la couleur mielleuse des champs dans la lumière de fin d'été, les bois sombres et soyeux étalés au sommet des coteaux.

1. Militaire chargé de la distribution du courrier sur le front.

2. Petit abri enterré dans la tranchée pour permettre aux soldats de se protéger des bombes et des obus.

Il songe à la fraîcheur des chemins verts de son village, quand il s'y promène en été, aux feuilles de chênes et de châtaigniers qui chuchotent au-dessus d'eux, et filtrent le soleil de l'après-midi.

Les lettres sont une ligne de vie lui permettant de prendre part aux travaux de la ferme, et il retrouve dans la maison de sa mère, après une longue journée de travail, sa place sur la pierre devant la cheminée. Pendant la veillée, il écoute les voix familières en taillant des morceaux de bois avec son petit couteau.

— Comment fais-tu pour attendre ? renchérit Noël d'un ton boudeur. Moi je lis les lettres de ma mère dès que je les reçois, même debout dans la tranchée. J'ai trop peur de mourir avant de les avoir parcourues. Aujourd'hui je n'en ai pas eues…

— De… demain peut-être, lui répond Antoine avec un sourire.

— Patience, patience, ajoute Abdoulaye, leur aîné. Au moins tes lettres ne traversent-elles pas le monde pour te parvenir, comme celles de ma femme…

Noël baisse la tête vers son ouvrage d'un air penaud.

— Allez les gars ! Une ration de singe[1] ou une cigarette pour celui qui lance cette magnifique pièce dans le casque du Boche !

Antoine reconnaît la voix de Michel qui harangue un groupe de joueurs à quelques pas de lui. Il rayonne, ses yeux noirs se fendent avec espièglerie, ses joues recouvertes d'une courte barbe sale encadrent un sourire immense qui jaillit de son visage tout en angles. Autour de lui, une dizaine de jeunes soldats s'encouragent bruyamment, dégageant une énergie vibrante, que les plus vieux toisent d'un œil réprobateur, assis à fumer pipes et cigarettes, ou attablés autour d'assiettes de

1. Mot familier désignant la viande de qualité médiocre en boîte de conserve.

soupe. À intervalles réguliers, des cris d'excitation s'élèvent du cercle fermé, projetant en arrière les corps des combattants. Ils poussent des « oh ! » d'admiration, le cercle ondulant au rythme des parties.

— Lefresne ! Viens ici, mon garçon !

Antoine se lève aussitôt à l'appel du capitaine Verger. La haute silhouette de son supérieur, toujours tiré à quatre épingles, lui cache brusquement le soleil, le remplaçant par un visage sec et austère, aux yeux bleu glacier et à la moustache brune. Il porte une cafetière fumante et deux tasses en étain, qu'il dépose sur la table. Antoine voue une admiration sans borne à cet homme juste et honnête, employé de banque dans le civil, qui cherche toujours à protéger ses hommes, en particulier les plus jeunes.

— Oui, mon ca… capitaine, répond-il avec déférence.

— Quelle merveille as-tu encore fabriquée, mon gars ?! Ma parole, de tous ceux que j'ai côtoyés depuis le début de la guerre, tu es bien le plus doué de tes mains ! Un vrai orfèvre !

— Merci mon ca… capitaine ! C'est p… pas grand-chose je vous assure. J'ess… aye juste de tuer… le temps.

— Tu es trop modeste, mon garçon ! Des mains comme les tiennes, ça vaut de l'or, renchérit Verger en lui servant une tasse de jus[1] bien chaud. Bon, mon gars, je sais qu'avec Mahe vous revenez tout juste d'une mission de reconnaissance, mais j'ai un autre travail à vous confier. D'ailleurs, on m'a raconté que vous étiez passés au nez des lignes ennemies, en serpentant sous les barbelés, sans vous faire repérer. Chapeau ! J'ignore si c'est de l'inconscience ou du courage, mais vous deux, vous m'épatez ! Vous nous avez encore ramené des indications très utiles sur les positions des Boches.

— Ils do… dormaient, mon capitaine, répond Antoine,

1. Mot familier désignant le café dans le langage des poilus.

gêné. On a profité de l'épuisement de leurs troupes après la bataille d'hier.

— Ne l'écoutez pas, capitaine ! Oui, nous sommes héroïques, et oui vous pouvez nous décorer quand vous voulez ! clame une voix près d'eux.

Michel s'approche, dominant Antoine d'une tête, et lui entoure les épaules de son bras. De l'autre, il fait tinter les pièces qu'il vient de gagner au jeu. Antoine lève les yeux au ciel, habitué à l'arrogance de son meilleur ami, et boit son café. Le liquide brûlant lui réchauffe le gosier.

— Ce que cet incorrigible timide ne vous dit pas, capitaine, c'est qu'il a subtilisé un cheval au nez et à la barbe des Fritz ! La pauvre bête était perdue entre leur tranchée et la nôtre, complètement paniquée. Elle roulait des yeux affolés, sans doute désorientée par les combats, essoufflée, recouverte d'écume, une vraie bête de l'enfer !

— Michel… l'avertit Antoine, agacé, voyant que son camarade entraîne le capitaine dans son récit rocambolesque.

— Laisse, mon garçon, laisse, lui dit Verger, amusé. Les distractions sont toujours les bienvenues en ces temps moroses.

— Donc je disais, reprend Michel avec emphase, attirant l'attention des hommes autour d'eux, que voyant la bête dans cet état pitoyable, Antoine s'approche d'elle pour la calmer. Nous n'étions qu'à quelques mètres des lignes ennemies, le jour allait se lever. Il fallait se rapatrier au plus vite. Mais mon Antoine, il ne laisserait jamais une bête affolée comme ça. Et on savait, mon capitaine, qu'une monture de plus, on cracherait pas dessus.

— Et alors, comment il l'a attrapée ? demande Noël, ébloui par Michel, comme toujours.

— Il a fait la même chose qu'avec celles de la ferme : il lui a parlé à voix basse, un langage que moi-même je ne comprends pas. La jument, car oui mes amis c'est une dame, la jument s'est calmée et s'est approchée de ses mains tendues. Antoine est resté immobile, à l'attendre. Et moi j'entendais les Fritz s'agiter pas loin, je me disais : on est bientôt dans la mouise si on reste là.

— Au fait, Mahe, au fait ! le coupe le capitaine.

— Oui, mon capitaine. Donc la jument a fourré ses naseaux dans les mains d'Antoine, enfin calmée, et il a attrapé les rênes. On a grimpé sur son dos tous les deux, et on est rentrés au camp, aussi facilement que ça !

— Et tu… tu es tombé deux fois, ajoute Antoine, souriant.

— Les chevaux n'ont jamais été mes amis, tu le sais bien !

— Tu es trop lourd, Mahe ! jette Octave, un vieux rémouleur parisien. Avec les chevaux… et les filles ! Personne ne veut de toi sur son dos !

Les rires fusent, et plus fort que tous les autres celui de Michel.

— Et pourtant je suis fiancé ! Depuis le nouvel an ! dit-il, posant solennellement la main sur son cœur.

— Une fiancée ?! s'exclame Octave. Mais tu sors à peine des jupes de ta mère !

— J'ai dix-sept ans ! se défend Michel, un peu vexé.

— Ca… capitaine, n'est-ce pas vous qui avez d… dit il y a peu : « Une année dans les tr… tranchées en vaut dix… à l'arrière ? » déclare doucement Antoine.

— Ce qui fait que nous aurons bientôt tous le même âge que vous, mon capitaine : l'âge où l'on sait qu'on est mortel, ajoute Michel.

L'air se fige autour des dernières paroles du garçon. Le capitaine sourit.

— En effet, mon garçon, en effet. Et les hommes du

régiment savent tout ce qu'ils vous doivent, car vous n'êtes pas les derniers à monter au feu.

— Ce sont nos mascottes capitaine ! crie Octave. Ils nous portent chance !

— Je sais, je sais, j'ai d'ailleurs une mission pour eux dès ce matin ! Mahe ! Lefresne ! Vous apporterez le ravitaillement et le courrier aux soldats en première ligne. Du pain, de la soupe, et des boîtes de singe ont été préparés pour eux. La dernière mission de ravitaillement a été bombardée, ce qui fait qu'ils n'ont pas mangé depuis avant-hier. Vous partez dans une heure !

Au bout de son bras, Antoine sent peser le seau de soupe. Ses doigts s'engourdissent autour de l'anse en métal, qui dessine un sillon brûlant sur ses phalanges.

Il devine le corps robuste de son ami qui progresse devant lui dans le boyau, portant deux sacs de pain sur ses épaules. Lourds de fatigue, ils progressent difficilement car leurs pieds s'enfoncent dans la boue, et l'humidité enveloppe leurs uniformes raidis par la crasse. À quelques mètres devant eux, une nappe de brume s'étale. La peur est toujours là, tapie dans le silence. Elle glisse autour d'eux, prête à les saisir à la gorge. Elle ne va jamais bien loin. Mais pour un moment, ils sont presque tranquilles. Les canons se sont tus et, à un kilomètre de là, le champ de bataille semble endormi. Ils ont l'habitude de n'être que tous les deux pour accomplir leurs missions de ravitaillement ou de reconnaissance. Parfois, le capitaine Verger profite de leur expérience de chasseurs pour améliorer le quotidien du régiment.

Michel marche devant, comme d'habitude. Les soldats de la section, quel que soit leur âge, le suivent partout aveuglément.

Ils font confiance à ses jugements et à son extraordinaire capacité à rire pour les entraîner loin du danger. Lorsqu'ils étaient enfants, alors qu'Antoine vacillait comme une brindille, Michel avait déjà plus de force et d'assurance que ses camarades. Ce dernier sait qu'il fait lui aussi de terribles cauchemars depuis qu'ils ont été mobilisés.

Antoine voit les larges épaules de son ami se soulever sous les sacs de pain. Celui-ci rit. Michel se retourne et chuchote :

— J'imagine la tête de la mère Mercier ! Voilà une année qu'elle porte le deuil de ce pauvre Émile, elle épouse enfin le gars Pierre, et trois jours après le héros de guerre revient au village comme un fantôme, une jambe en bois mais bien vivant ! Hélène m'écrit que la mère Mercier est devenue blanche comme une morte en le voyant, et qu'elle n'est pas sortie de chez elle depuis, même pour aller à l'église. Elle qui nous envoyait au diable parce qu'on s'approchait trop de ses filles…

— Pa… pa… parce que *tu* t… t… t'approchais trop de ses filles… murmure Antoine.

— Fais pas l'innocent ! C'est pas parce que tu dis rien que je ne te vois pas les regarder ! Et Yolande, tu ne l'as pas embrassée à la Saint-Jean, peut-être ?

Antoine sourit. Ce souvenir paraît si lointain. Une autre vie. Et pourtant c'était il y a quelques mois à peine.

— Eh bien la… la… la très p… pieuse madame Mercier a deux maris maintenant !

— Notre curé va-t-il la garder pour chanter à la messe ?

— Des deux, je p… préfère le gars Pierre. E… E… Émile est méchant comme un c… cochon !

— Tu dis ça parce que t'as pas supporté autrefois qu'Émile te chasse à coups de fusil !

— Tu trouves p… p… pas ça un peu exagéré pour une p… poignée de cerises ? Il aurait pu m… me tuer !

— Parfois je me demande ce qui est le moins moche : mourir au front en entier, ou rentrer à la maison en laissant des morceaux ici…

— Ça dépend quel… quel morceau tu laisses !

Ils se mettent à rire silencieusement. Antoine reprend :

— Lucie m'a ra… raconté dans sa lettre que…

— Ma sœur t'a encore écrit ? s'étonne Michel. Elle t'écrit plus qu'à moi !

— C'est pa… parce que moi je lui ré… ponds.

Michel hausse les épaules, vexé. Finalement, sa curiosité prend le dessus.

— Que raconte-t-elle alors ?

— Que… Marius n'a pas réussi à se faire ré… ré… former. Il a été mo… mobilisé, mais il a disparu avant de partir au f… front.

— Qui le blâmerait ? Marius n'aurait jamais tenu, ici ! Il a peur d'une mouche qui pète. C'est juste que c'est un déserteur maintenant… Il risque gros !

— Et ma m… mère m'a écrit aussi… que Lec… Lecomte est revenu au hameau pour lui proposer d'acheter sa t… terre, reprend Antoine après un silence.

— Encore ? N'a-t-il pas assez de terres, ce coq prétentieux ? C'est le maire et le plus gros propriétaire de la région ! s'indigne Michel. Avant sa mort, mon père a toujours refusé de lui vendre sa parcelle. Mais nos mères sont seules. J'ai peur qu'elles se laissent influencer.

— Comme toujours tu sous-estimes les f… femmes ! Je ne vois pas ta m… mère se laisser influencer par qui… que ce soit. La mienne en revanche. Il ne r… reste plus que moi et elle a toujours dit que je n'avais p… pas les ép… épaules pour reprendre la f… erme. Mon frère Paul devait en hé… riter.

La gorge d'Antoine se serre. Son aîné, une force de la nature, lui paraissait invincible jusqu'à ce qu'il soit fauché dès 1914 pendant la Bataille de la Marne comme cent mille autres bougres.

— Foutaises ! Tu as tout ce qu'il faut pour devenir un bon fermier ! Mais en as-tu envie ?

— Je ne… sais pas.

— Moi en tout cas, je ne me vois pas passer ma vie les pieds dans la bouillasse ! Après la guerre, je m'arrangerai pour que ma mère ne manque de rien, et avec Hélène nous partirons à Paris ! Je voudrais travailler dans une usine automobile.

— Et ta sœur ?

— Avec tous les gars qui lui tournent autour, Lucie sera bientôt mariée, j'en suis sûr.

— Ah ? Tu… crois ?

— Mais ne t'inquiète pas ! Je continuerai à veiller sur elle le temps qu'elle soit casée. Hors de question que je laisse le premier venu lui mettre le grappin dessus, ainsi que sur la ferme !

— Lucie vou… voudra reprendre la… ferme ?

— Je n'en sais rien. Sinon on la laissera à Jean. Moi je ne suis pas fait pour être fermier. Moi, en tout cas, je ne suis pas fait pour être fermier.

Antoine garde le silence. Depuis la mort de son père, Michel joue les protecteurs avec sa sœur aînée. Il oublie que, quand ils étaient enfants, c'était elle la plus robuste et hardie des trois. Michel reprend :

— Il faut que je te dise quelque chose, mais promets-moi de le garder pour toi.

Antoine se doutait bien que son ami lui cachait un secret. Son excitation a grimpé en flèche après la lecture de la lettre d'Hélène.

— Bien… sûr, répond-il. De tou… toute façon, je ne parle p… pas assez vite pour révéler les s… secrets.

Au moment où Michel ouvre la bouche pour parler, une inquiétude primitive les saisit. Leurs yeux se durcissent. Le danger plane au-dessus d'eux comme un ciel d'orage. Ils s'approchent de la première ligne.

— Je te dirai ce soir, quand nous serons hors de danger…

Et comme en réponse, les bombardements éclatent.

Michel et Antoine se jettent contre les parois du boyau. Accroupis, ils reconnaissent le sifflement trop familier des obus avant l'impact et les explosions assourdissantes. Les canons français et allemands se sont remis à cracher leur vacarme après quelques heures de répit. Le seau de soupe s'est renversé. Se protégeant la nuque avec leurs sacs, les deux amis s'accrochent l'un à l'autre. Chacun voit dans les yeux de son camarade le reflet de sa propre peur. C'est certainement leur plus grande intimité depuis l'enfance : la démonstration de cette terreur, surgie du fond des entrailles, quand ils sont ainsi pris au piège, impuissants. Ils cherchent à deviner la trajectoire des obus, se jettent un regard soulagé quand ceux-ci tombent loin d'eux. Les flammes viennent les caresser toujours plus près, et leurs yeux pleurent dans la fumée qui les entoure. Les obus se succèdent de plus en plus vite, comme des mains de géant creusant et retournant la terre dans un bruit infernal. Antoine sent monter en lui la révolte : c'est insupportable de rester là, à attendre sa propre mort. S'ils pouvaient au moins se battre. Mais il n'y a rien à faire.

Il voit que Michel articule, mais il ne comprend pas ce qu'il dit, ça explose dans son crâne. Le jeune homme montre du doigt un point derrière Antoine, qui se retourne : au milieu du boyau, à trois mètres d'eux, les morceaux de pain se déversent dans la boue qui les absorbe. C'est probablement tout ce que leurs compagnons auront à manger d'ici le lendemain. Michel veut s'élancer pour les reprendre, mais Antoine le retient : il est plus près. Il se jette à plat ventre et progresse rapidement dans la boue. Il ramasse le sac. Puis il se retourne pour se mettre à l'abri.

Soudain un sifflement trop proche. Antoine lève la tête. Un obus grandit au-dessus d'eux. Par réflexe, il protège son visage de son bras. Il est violemment projeté en arrière par l'impact du percutant[1], au moment même où Michel est englouti par l'explosion. Antoine voit avec horreur le corps de son ami disparaître dans la nuit enflammée. Les éclats d'obus le mordent et le brûlent tandis qu'il retombe lourdement sur le sol. Il tente de se redresser, son regard flou cherchant désespérément Michel. Mais il ne reste rien de lui dans la boue et les flammes. La peur et la douleur le fendent aussi sûrement que les éclats de métal dans sa chair. Un cri animal déchire sa poitrine. Et il perd connaissance.

1. Une fois lancé, un obus percutant explose en rentrant en contact avec le sol.

LA LOUVE

Le Bois Sacré, **17 avril 1917**

La Louve sent le sol vibrer sous ses pattes. Son instinct ne lui a pas menti. Quelque part dans les profondeurs invisibles, des parois se fissurent, des murs se fendent, libérant ce qui ne doit jamais l'être.

Rendant son pas encore plus discret, elle se glisse entre les fourrés encore humides de rosée nocturne, s'approchant prudemment du Nemeton[1]. Les vibrations s'intensifient, remontant le long de ses pattes jusqu'à son échine hérissée. L'ombre glacée du sous-bois est encore plus silencieuse que d'habitude. Les rayons salutaires du soleil levant ne traversent pas les frondaisons épaisses du Grand Hêtre. Il se dresse, épais de plusieurs siècles. Elle perçoit, dans les rainures du tronc vénérable, l'écho des prières païennes. Les chants des anciens druides résonnent dans la mémoire ancestrale de la Louve, faisant battre son cœur plus vite. Les mots glisseraient facilement de sa langue si seulement elle pouvait parler.

---

1. Mot gaulois désignant le bois sacré, sanctuaire où les druides pratiquaient leurs rites.

Elle renifle, et l'odeur lui saute aux narines. Inconnue, saisissante, insupportable. L'odeur de l'Autre Monde.

Le Seuil a été profané.

Qui a osé ? Et comment ? se demande la Louve, Gardienne du Nemeton.

Seul un sacrifice de sang ouvre le Seuil de l'Autre Monde. Là, au fond du Bois Sacré, dans la Grotte Interdite, la porte vers le monde des morts a cependant été ouverte. La Louve s'apprête à reculer, remettant le combat à plus tard.

Mes forces seules ne suffiront pas, se dit-elle.

Au moment où elle quitte prudemment la clairière obscure, elle sent la présence d'une autre entité dépourvue de la faiblesse humaine. Voilà bien longtemps que la Louve ne l'a pas vue sortir de sa grotte fétide, ni d'innocentes créatures y entrer pour ne jamais en sortir. Sa robe de branches et de feuillage pend mollement sur son corps décharné. Les humains l'appellent la « Dame Verte ». Pour la Louve, elle est « la Dévoreuse ».

La silhouette avance péniblement. Elle émet un appel sauvage, rauque et puissant. La Louve puise dans sa volonté inébranlable pour résister à cet appel.

Autour de la créature, d'autres animaux s'approchent : renards, écureuils, hiboux, sangliers viennent manger dans sa main griffue comme si elle était leur mère à tous. Ses cheveux fauves pendent autour de son visage.

Les vibrations du sol deviennent des tremblements, la terre se fend comme un simple pot de terre. Un peu plus loin, au fond de la grotte, le Seuil se déchire dans un craquement sinistre.

C'est alors que se produit ce que la Louve a appris à craindre le plus : du Seuil ouvert situé dans la grotte, derrière le Grand Hêtre, des monstres surgissent. Ils sont trois, si semblables à elle et pourtant si différents : les Trois Qui Ne Peuvent Pas Mourir. Derrière leur pelage noir glissent des ombres spectrales, vestiges du monde des morts. Leurs crocs affamés luisent dans la pénombre, prêts à déchiqueter sans distinction. Leurs yeux rouges évoquent les feux souterrains. Ils sont hauts et maigres, tels des squelettes recouverts de poils couleur de nuit.

Ils se dirigent vers la Dame Verte, obéissant à sa magie ancienne. À part la Louve elle-même, quelles créatures pourraient y résister ? La Dévoreuse flatte leur encolure et les entraîne avec elle dans son sillage. La Gardienne se tapit sous les racines d'un chêne, usant de tous ses charmes pour se rendre invisible. Ils passent auprès d'elle sans la voir ni la sentir, une longue silhouette aux cheveux enflammés et trois énormes chiens noirs.

Quelles destructions cette association infernale commettra-t-elle ?

La Louve reprend le souffle qu'elle a interrompu de longues minutes pour disparaître. Elle ne savait pas qu'à son âge elle pouvait encore ressentir la terreur. Les créatures, celles que son devoir désigne comme ses ennemis, s'éloignent vers le village des humains.

Allons, se dit-elle, *pour mener cette bataille, il est temps de révéler mes semblables.*

ERNESTINE

Ernestine Mahe se réveille en sursaut. Une angoisse terrible pèse sur sa poitrine et lui coupe le souffle. Par réflexe, elle cherche le corps de Charles auprès d'elle, mais ses mains ne trouvent que le drap glacé. Alors elle se souvient. Les cris des hommes et le bruit des explosions disparaissent. La chambre se reconstitue autour d'elle. Un léger ronflement lui rappelle qu'elle est encore parmi les vivants : celui de Patience, le chien. Son corps tranquille est étalé sur l'édredon et dispense une chaleur réconfortante sur les pieds de sa maîtresse. Une odeur pestilentielle monte soudain jusqu'aux narines d'Ernestine, témoignage des problèmes digestifs du vieux chien de ferme. Elle sourit, se lève, s'enveloppant dans son châle, et jette un regard à travers le carreau de la fenêtre.

La nuit froide d'avril recouvre les champs d'une fine couche de givre, qui prend une teinte bleutée sous la lune. L'hiver refuse de laisser la place au printemps tant attendu. Au bord du Pré aux Vaches, en haut de la colline, le bois des Corneilles forme une masse sombre. Des silhouettes noires semblent surgir des premiers arbres. Ernestine, frissonnante, croit voir des créatures infernales se faufiler dans la nuit.

Ce n'est que l'ombre des grands chênes et des hêtres agités par le vent, pense-t-elle en resserrant ses bras autour d'elle.

Une sourde tristesse se pend à son cœur. Le matin est encore loin, mais elle ne veut pas retourner vers ses cauchemars. Le 20 juillet 1916, pendant la bataille de la Somme, une balle allemande a tué son époux, Charles, alors qu'il servait le repas à ses camarades dans la tranchée. Peu après, son fils Michel a été mobilisé à son tour.

Depuis, il est revenu pour deux permissions, et a profité de l'une d'elles pour se fiancer avec Hélène Fontaine, la fille de l'instituteur.

— Dix-sept ans, c'est beaucoup trop jeune pour se marier ! marmonne Ernestine. Mais si ça peut encourager Michel à garder la ferme, il faut les laisser faire. Allez, ne reste pas là à penser !

Comme par réflexe, elle prie la Vierge de protéger son fils et son meilleur ami, puis s'habille chaudement et sort de la chambre. Patience est péniblement descendu du lit et l'observe, prêt à la suivre, mais les yeux encore froissés par le sommeil. Ernestine lui caresse affectueusement la tête.

— Tu n'es vraiment pas un lève-tôt, mon vieux !

Elle sort et ouvre doucement la porte de la chambre voisine : couchée sur le côté, sa fille Lucie, âgée de dix-huit ans, dort encore. Ses longs cheveux bruns et bouclés sont éparpillés autour de son visage bruni par le travail aux champs. Ernestine observe ses formes arrondies sous la chemise de nuit. Elle a encore cette petite moue enfantine qui serre parfois sa bouche dans le sommeil, mais son corps de jeune fille, musclé par le travail, est de plus en plus robuste. Comme toutes les nuits depuis le début de la guerre, le petit Jean, âgé de six ans, est blotti entre les bras de sa sœur. Son visage rond est doux et tranquille, ses mains sont ouvertes, abandonnées sur le drap blanc.

Celui-là, pense Ernestine, *personne ne l'enverra à la guerre, il faudra me tuer d'abord.*

Elle descend au rez-de-chaussée, s'assied dans la cuisine, près du feu qu'elle ravive.

— Comme la nuit est glacée, dit-elle à Patience.

L'angoisse l'oppresse encore. En se concentrant sur le mouvement des flammes, elle laisse son esprit vagabonder.

Pourquoi suis-je si inquiète cette nuit ? pense-t-elle.

Un mugissement retentit. Ernestine resserre les pans de son châle et traverse la cour de la ferme, Patience sur ses talons. L'obscurité transforme les bâtiments familiers en un espace fantomatique, inondé de lune blanche.

Elle entre dans l'étable. L'odeur de la paille et des bêtes la réconforte aussitôt. Malgré la nuit froide, les quatre vaches y dispensent leur chaleur. Son cheval de trait et une de ses vaches laitières ont été réquisitionnés par l'armée au début de la guerre. Ernestine n'en a plus que deux à elle. Comme elle l'a prévu, l'une d'elles va mettre bas dans quelques jours. Les autres bêtes sont la propriété de sa voisine, Élise Lefresne. Trois cents mètres plus bas en descendant vers le village, se trouve la petite chaumière de Renée Robin, la mère de Séraphin. Elle est lavandière et bonne à tout faire chez les familles aisées, mais ces temps-ci elle aide aussi Ernestine et Élise aux travaux des champs, en échange de légumes et de viande. Les femmes du hameau ont pris l'habitude de tout mettre en commun depuis le début de la guerre, cela rend le travail moins pénible.

Ernestine palpe le ventre proéminent de Violette, la vache, qui mugit faiblement. Le petit bouge à l'intérieur.

— Je sais, je sais, ma belle, dit Ernestine d'une voix rassurante. Ce sera bientôt fini.

Les bêtes s'agitent soudain, frappant des sabots sur le sol. Ernestine perd l'équilibre et tombe dans la paille, au moment où Patience se met à grogner en position d'attaque devant la porte de l'étable.

— Tout doux, tout doux, dit Ernestine en se relevant.

Elle flatte le cou de Patience, inquiète de le voir réagir à une menace qu'elle ne perçoit pas.

— Eh bien, mon grand, qu'y a-t-il ? As-tu senti un renard ? Un chat ?

Ernestine s'inquiète pour ses poules. Si un renard lui prend ses pondeuses, la nourriture manquera encore plus en cette période de rationnement.

Un grondement sourd retentit de l'autre côté de l'étable, puis un hurlement. Ernestine sent son sang se glacer. Elle n'a entendu ce son qu'une fois dans sa vie, pendant une chasse avec son père lorsqu'elle était enfant, mais elle le reconnaîtrait entre tous : un loup. Elle entend à présent la bête sauvage renifler autour de l'étable. Les loups s'aventurent rarement aussi près des habitations, et la plupart ont tous été tués lors de grandes battues lorsqu'elle était encore une petite fille. Que fait celui-ci devant sa maison ? Ou bien est-ce un chien enragé ? Si le loup entre dans l'étable, il risque de l'attaquer ou, pire, de tuer ses vaches, la privant alors d'une source de nourriture et de revenu. Elle s'approche de Patience, toujours en position d'attaque. Le vieux chien pourrait-il faire le poids face à cet animal sauvage ? Elle espère avoir bien refermé la porte de la maison derrière elle.

Surtout les enfants, ne sortez pas ! pense-t-elle.

Maudissant l'imprudence qui l'a incitée à sortir sans son fusil, Ernestine attrape une fourche posée non loin de là et réfléchit à l'endroit où frapper le loup pour se défendre.

Un choc contre la porte la fait sursauter. La bête cherche à entrer. Un deuxième grognement l'alerte, puis un autre. Ce sont au moins trois loups qui rôdent dans sa cour. Comment est-ce possible ? Ernestine est paralysée de terreur.

Patience se met à aboyer, menaçant. Rapidement, sa maîtresse repère les espaces par lesquels les loups pourraient se faufiler : la fenêtre de l'étable au volet cassé ou la porte mal refermée. Elle se précipite vers cette dernière pour y caler une auge, puis vers le volet de bois, qu'elle aura peut-être le temps de bloquer de façon plus sûre. Elle jette un œil vers l'échelle qui mène dans la réserve de foin, elle pourrait se protéger d'une éventuelle attaque. Elle hésite. Elle ne peut pas laisser les loups mettre en pièces Patience et ses bêtes ! Elle s'apprête à grimper à l'échelle quand elle perçoit des grognements et des cris vers le poulailler, puis vers l'enclos des deux chèvres. Les bêtes sont en train d'y faire un carnage. Les bruits de leur festin lui donnent la nausée.

Tandis qu'elle tire de ses mains tremblantes les volets de l'étable pour examiner la cour, elle devine une ombre glisser entre les bâtiments. Le temps d'un clignement de paupières, elle distingue la forme d'une robe sombre auréolée de cheveux ondulant comme des serpents, le visage plongé dans l'ombre. Ernestine recule précipitamment, avalant son cri. Les histoires de Mémé Mahe défilent à pleine vitesse dans son esprit brûlant de terreur : des femmes maudites, les « dames blanches », glissant autour des habitations pour semer le chaos ou annoncer la mort d'un être cher.

Un son atroce déchire alors la nuit. Un hurlement entre le cri du loup et le cri humain qui lui dévore les entrailles. Un coup de feu lui répond, puis un autre. Des cris de femmes retentissent. Ernestine tombe à genoux. Les loups hurlent à leur tour puis s'éloignent.

Quelques instants plus tard, Ernestine n'entend plus que sa respiration heurtée et les gémissements de Patience, qui lui lèche le visage et les mains. Elle n'a toujours pas bougé. Elle se relève péniblement et tente de reprendre ses esprits en ouvrant la porte de l'étable.

Renée Robin et Élise Lefresne, toutes deux en chemises de nuit, courent à sa rencontre. Renée, aussi grande et robuste qu'Élise est petite et frêle, tient son fusil d'un air farouche, déterminée à s'en servir de nouveau.

— Ernestine, tu vas bien ? demande Renée en prenant son amie dans ses bras.

— Des loups, gémit Ernestine en claquant des dents. Allons nous mettre à l'abri.

— Ils sont partis, la rassure Élise en tripotant nerveusement sa natte blonde. Je les ai vus s'éloigner vers le bois. Il y en avait trois.

— N'as-tu pas vu autre chose ? Une femme avec eux ? demande Ernestine.

— Non ! Comment veux-tu que quelqu'un suive ces bêtes de l'enfer ?! s'exclame Renée. Ils ont dévoré une partie de tes poules et ta chèvre noire.

— Je croyais les loups disparus depuis au moins quinze ans, dit Élise, tremblante.

— Il faut croire qu'il en reste encore !

— Ce ne sont pas des loups, mais des chiens sauvages, précise Renée.

— J'ai vu une femme avec eux, je vous assure, insiste Ernestine. Une femme à la robe déchirée.

— Une femme ? murmure Élise.

Ernestine devine dans l'obscurité le signe de croix que fait sa voisine sur sa chemise boutonnée jusqu'au menton.

— Allons, allons, lui dit la brune Renée en lui caressant le dos, viens boire un coup pour te remettre, ensuite nous nettoierons les dégâts. Nous préviendrons le maire que des chiens enragés rôdent autour du village dès demain.

Les trois femmes s'étreignent. Ernestine ressent un vif soulagement à sentir la présence rassurante de ses deux amies près d'elle. Ensemble, elles constatent les dommages. La chèvre a été à moitié dévorée, les poules croquées comme de simples glands. D'elles ne reste que du sang et des plumes répandues sur le sol. Ernestine se sent découragée.

— Je te donnerai quelques œufs, ne t'inquiète pas, lui dit Renée, qui n'a presque rien à elle.

Tandis qu'elles avancent vers la maison, blotties les unes contre les autres, une silhouette tordue et claudicante marche vers elles, appuyée sur une canne.

— Cette fois, ça y est ! s'exclame la vieille Mahe. Le mal est sur nous !

— Ce ne sont que des chiens sauvages ou des loups, lui répond Renée. Ils ont faim et se rapprochent des maisons.

— Tu es bien naïve, ma fille ! grogne Mémé Mahe. Des loups, on n'en a pas vu depuis des lustres ici ! La vérité c'est que la porte de l'enfer a été ouverte !

Et pour faire bonne mesure, elle crache sur le sol de la cour.

SÉRAPHIN

Séraphin évalue la hauteur entre le bord de la fenêtre sur lequel il est perché et le sol. L'obscurité l'empêche de voir si sa réception se fera sur la terre du jardin ou sur un buisson. Caroline lui tend sa veste et le presse.

— Dépêche-toi ! Mon père arrive !

De fait, les pas lourds de Maurice Petit résonnent dans l'escalier menant au grenier, où ils se sont dissimulés pour échanger quelques baisers.

— Caroline !

La voix du père Maurice fait trembler le parquet. Rarement un homme a-t-il aussi mal porté son nom de famille. Maurice Petit est un ogre que tous les gamins du village craignent. Finalement, une jambe cassée dans une tentative d'évasion paraît soudain plus alléchante que la nuque broyée par les mains massives du boulanger. Séraphin se tourne vers le visage rose de Caroline et dépose un dernier baiser sur ses taches de rousseur.

— Tu es plus douce que la rosée du matin…

— Et plus lumineuse que le soleil, oui je sais. Tu dis ça à toutes les filles ! Allez, saute !

Séraphin reste un instant stupéfait. Les filles parleraient-elles entre elles ? Il hésite une fraction de seconde de trop. Sans prévenir, Caroline le pousse et il tombe avec la grâce d'un sac de pommes de terre dans la terre molle d'un carré potager. Il retient un gémissement de douleur fort peu héroïque et frotte son arrière-train douloureux.

— Avec qui étais-tu ?

La tête redoutable du père Maurice, aussi large que celle d'un bœuf, apparaît à la fenêtre, rendue plus laide encore par la lumière de la chandelle qu'il tient à la main. Séraphin se colle au mur de la maison en réduisant encore, si c'est possible, l'épaisseur de son maigre squelette.

— Personne, papa, dit Caroline d'une voix un peu trop aiguë. J'ai entendu des souris au grenier.

Des souris que Séraphin aurait plaisir à chasser de nouveau avec la jeune fille si elle n'était pas aussi bien surveillée par son père. Il entend la fenêtre se refermer et pousse un soupir de soulagement. Voilà le genre de situation qui conduit sa mère à le traiter de fauteur de troubles.

Il frotte ses vêtements tachés de terre et traverse tranquillement le jardin. Les allées sont bien entretenues, le potager est vaste et riche, la grande maison domine le tout, montrant à chacun que la famille Petit fait partie des notables du village. Le boulanger n'a pas été mobilisé en raison de son âge, plus de quarante-cinq ans. Mais certains chuchotent qu'en cette fin de guerre, alors que les jeunes sont au front, il aurait été juste que les plus vieux le soient aussi.

Un grognement sinistre déclenche un frisson d'horreur dans le dos de Séraphin. Il se retourne et aperçoit derrière lui le chien du père Maurice, un véritable cerbère au poil noir et à la silhouette massive, qui le toise, les babines retroussées. Ce n'est pas un chien. C'est un monstre avec de redoutables crocs. Et Séraphin a toujours détesté les chiens. Soudain, le maître du molosse crie :

— Chope-le, Jaurès ! Chope-le !

Poursuivi par l'énorme bête, l'adolescent s'élance vers le mur du jardin. Le chien semble avoir la détermination et la ténacité de son homologue[1], car il s'élance à sa poursuite à une vitesse remarquable. Séraphin atteint le mur de la propriété et se hisse au sommet à la force de ses bras. La gueule de Jaurès se referme sur son mollet, lui arrachant un cri de douleur et un morceau de pantalon.

— Chien de l'enfer ! dit-il entre ses dents en sautant de l'autre côté du mur.

Il court en claudiquant sans demander son reste dans la rue principale du village de Saint-Georges et s'éloigne le plus possible de cette maison pleine de tentations et de dangers. Heureusement, Jaurès n'a pas eu le temps de se régaler de son mollet. Embrasser la très protégée Caroline Petit n'était peut-être pas une si bonne idée, finalement. Pourtant, elle lui lançait des regards tellement encourageants.

Le problème, c'est que Séraphin ne pense aux conséquences de ses actes qu'après les avoir perpétrés. Depuis son plus jeune âge, il ne peut s'empêcher de tester ce qui est interdit. Sa mère, Renée Robin, qui l'a élevé seule, le traite régulièrement de « fils du diable ». Comme il ne connaît pas son père, le doute est permis. Elle le dit toujours avec affection, mais Séraphin sait que parfois elle se lasse de devoir s'excuser pour les méfaits de son fils, après avoir durement payé son statut de fille-mère. Quinze ans se sont écoulés et, pourtant, les villageois

---

1. En référence à Jean Jaurès, homme politique assassiné au début de la guerre.

chuchotent encore sur son passage avec malveillance. Certains racontent qu'il est le fils d'un gitan qui aurait fait halte près du village quelques mois avant sa naissance. Mais sa mère a toujours refusé de lui dire la vérité.

— Tu n'as pas besoin de savoir qui est ton père, lui dit toujours Renée. C'est un vaurien qui m'a abandonnée. Je suis ton père et ta mère.

Le fait est que Séraphin voue à sa mère une admiration sans borne. Elle travaille sans relâche toute la sainte journée comme femme de ménage, lavandière ou ouvrière agricole. Les gens la méprisent, mais Séraphin trouve qu'elle a la prestance d'une reine, même avec les mains et les bras rougis par l'eau du lavoir.

— Du moment qu'ils me donnent du travail dans leurs fermes et du linge à rapiécer, le reste m'importe peu, répète Renée.

Séraphin accélère le pas pour rentrer chez lui. Il longe la grande rue déserte, dépasse l'église dans laquelle il ne met jamais les pieds, préférant aller à la pêche. En face, la petite épicerie de Gaston Fleury, siège de ses premiers larcins, semble endormie, volets fermés. Séraphin passe devant le café où travaille Jeanne, la fille de la patronne, qui lui a déjà accordé quelques baisers. D'autres rues serpentent à partir de l'artère principale, abritant les mêmes vies ennuyeuses que Séraphin espère un jour pouvoir fuir. Bientôt, quand il aura assez d'argent et le courage d'abandonner sa mère, il partira en ville, à Rennes ou même à Paris. Il trouvera un métier de garçon de courses, ou d'ouvrier dans une usine. Il n'aura plus à supporter les regards condescendants et la médiocrité de ce village.

Pour le moment, Séraphin partage avec sa mère une petite maison sur le chemin qui mène au bois des Corneilles. Il vend ses services comme ouvrier agricole dans les fermes des alentours. En ce moment, le travail ne manque pas. Demain, il doit se rendre au hameau de l'Angeluère pour aider les femmes aux travaux de la ferme. Fatigué, il passe la main dans ses cheveux noirs et hirsutes qu'il n'arrive jamais à discipliner. Il faudra quand même dormir un peu.

Pressé de retrouver son lit, l'adolescent resserre le col de sa vareuse pour se réchauffer. Un mal devenu familier lui mord soudain le ventre, et il s'arrête, le souffle coupé. Depuis quelque temps, Séraphin ressent ces douleurs dans son abdomen comme des coups de griffes. Elles ne durent pas longtemps, mais elles sont vives. Il n'ose pas en parler à sa mère, pour ne pas l'inquiéter. Par ailleurs, il n'a pas envie d'être ausculté par le docteur Lefranc, qui le regarde toujours avec un drôle d'air.

Il sort une blague à tabac de sa poche, qu'il a subtilisée chez le boulanger. Prendre des objets chez les autres lui procure toujours un certain réconfort. Il roule une cigarette et l'allume, inhalant avec un mélange de gourmandise et d'écœurement la fumée du tabac. Si sa mère le voyait faire, elle le tuerait. La douleur s'estompe peu à peu. Rassuré, Séraphin reprend sa marche et coupe à travers les champs de Joseph Lecomte, le maire, pour gagner du temps.

La nuit d'avril est encore froide, mais belle et pleine d'étoiles. L'hiver cède peu à peu la place aux premiers signes printaniers. Pourtant, la terre est encore dure, les matins encore blanchis de givre. Séraphin pense aux soldats au front, dont la presse relaye les avancées. À quinze ans, il est heureux d'être trop jeune pour avoir été mobilisé. Les combats et la guerre ne l'ont jamais attiré, et les nouvelles régulières du front ne font que confirmer ses convictions. Enfant, il voyait partir les aînés du hameau dans la forêt et espérait secrètement qu'ils l'inviteraient à les suivre, lui, le petit bâtard qui passait ses journées dans les jupes de sa mère. Antoine, Lucie et Michel ne manquaient pas une occasion de le traîner derrière eux pour faire les quatre cents coups. Pour une fois, il ne souhaite pas les suivre dans cette nouvelle aventure. Tout le monde au village médit sur le pauvre Marius, un simple d'esprit qui a déserté. Pas Séraphin. S'il était mobilisé, il ne déserterait pas. Les risques sont trop grands. Mais en même temps, pour qui se battrait-il ? Pour quelle cause ? Quel bien lui a jamais fait cette patrie tant vénérée ?

Séraphin passe devant la ferme du maire. C'est une grande propriété dont les bâtiments à la décoration outrancière semblent clamer : « Regardez qui décide de tout ici ! Regardez qui possède le plus de terres à des kilomètres à la ronde ! » Séraphin crache par terre. Il déteste Joseph Lecomte, ce coq prétentieux, et surtout ses deux fils, les jumeaux César et Auguste. Sa mère travaillait autrefois pour eux comme bonne à tout faire et, depuis, ils la traitent comme une vulgaire souillon. Elle lave encore leur linge, une fois par semaine. Les deux frères ne se privent pas de rappeler à Séraphin ses origines modestes et sa bâtardise. Les bagarres entre eux sont récurrentes. Les jumeaux se battent toujours ensemble contre lui, mais il compense sa faiblesse par la ruse et la rage qui l'animent devant ces deux gamins à qui tout réussit.

Soudain, Séraphin se fige. L'odeur l'alerte avant même d'avoir vu les flammes.

La grange du maire, attenante à la maison, est en feu. Pour l'instant, c'est un feu qui ne dévore que les murs, mais bientôt il va s'étendre à toute la ferme. Séraphin hésite. La perspective des jumeaux grillant comme des cochons dans les flammes le séduit une fraction de seconde, mais sa haine ne va pas jusqu'à abandonner une famille entière endormie tandis que leur habitation est la proie d'un incendie. Il s'élance vers la porte de la maison principale et tambourine de toutes ses forces pour alerter ses occupants. Il s'apprête à crier au feu quand un mouvement à sa gauche attire son attention. Une grande silhouette sombre fuit la cour en direction du bois des Corneilles, au nord. Sans la quitter des yeux, Séraphin frappe de plus belle à la porte.

— Au feu ! Au feu !

Il entend du bruit dans la maison. La femme du maire, Berthe, ouvre ses yeux de fouine au-dessus de son nez pointu le toisant avec méfiance. Puis elle voit les flammes qui s'élèvent de la grange et hurle de sa voix grinçante :

— Au feu ! Au feu !

— Je reviens, lui crie Séraphin en s'éloignant précipitamment.

Laissant les silhouettes hagardes en pyjama débouler dans la cour en criant, il s'élance vers le bois des Corneilles à la poursuite de la silhouette qui glisse comme un serpent entre les arbres du verger.

— Hé toi ! Reviens !

L'intrus court vers la forêt et s'y enfonce. Séraphin s'y engouffre à son tour. Dans sa course effrénée, il oublie la douleur dans sa jambe. Les branches lui fouettent le visage. Devant lui, la silhouette zigzague entre les arbres avec une aisance incroyable. Au bout de quelques minutes, essoufflé, il ne la voit plus et s'arrête. Il a atteint une petite clairière plongée dans l'obscurité. La lumière du ciel étoilé lui permet à peine de distinguer les troncs autour de lui. Cherchant à tâtons des allumettes dans sa poche, il sent cependant qu'on l'observe, qu'on lui tourne autour.

— Jarnidieu ! Montre-toi ! crie-t-il en craquant une allumette.

Une respiration saccadée retentit dans son dos et il se retourne, prêt à se défendre. Il devine, une fraction de seconde avant que l'allumette ne s'éteigne, une silhouette enveloppée d'une robe sombre, une chevelure auréolée de mèches tentaculaires, et des yeux brillants comme des feux follets. Cette vision le glace. Il veut la toucher mais l'obscurité l'engloutit de nouveau. Un coup de griffes lui lacère la joue. Il recule.

— D'habitude, les filles ne me traitent pas aussi mal, raille-t-il pour défier sa peur.

Des hurlements sauvages retentissent dans la nuit, chassant en lui toute velléité d'humour. Des loups ? Impossible ! Des chiens sauvages ? Séraphin sort le couteau qu'il porte dans un étui à sa ceinture. Il entend la créature ahaner péniblement près de lui.

— Qui es-tu ? Que veux-tu ?

Un bruit de course trahit la présence de bêtes qui filent à toute vitesse entre les arbres autour de lui. À son tour, la femme aux griffes s'élance et s'enfuit dans un bruissement de feuilles. Séraphin reste étourdi pendant quelques minutes, le souffle court, avant de redescendre vers la ferme du maire.

Il rejoint, hébété, Joseph Lecomte, sa femme et les jumeaux qui s'affairent avec des seaux d'eau pour éteindre le feu qui n'a pas eu le temps de faire beaucoup de dégâts. Tous lui jettent des regards noirs. Il s'approche et saisit un seau à son tour. Le maire s'avance vers lui d'un pas précipité. Cet homme le hait car Séraphin a plusieurs fois chapardé des fruits dans son verger. Il se dit que c'est bien la première fois qu'il est le héros. Prêt à accepter modestement les remerciements de l'homme qu'il déteste le plus au monde, il croise les bras sur sa poitrine. Fou de rage, Joseph Lecomte le saisit par le bras et le secoue comme un chat mouillé, sous le double regard sardonique des jumeaux.

— Sale petit bâtard, pourquoi as-tu mis le feu à ma grange ?

Séraphin lève les yeux au ciel et soupire. Certaines choses ne changeront jamais.

ANTOINE

Antoine étouffe sous la terre. Il a peur, une peur atroce. Tout son corps n'est que froid et douleur. Où est Michel ? Il s'agite pour sortir de son trou, mais ses membres ont du mal à lui répondre. Il se rend compte qu'il n'est pas entièrement enseveli, car l'obscurité se dissipe autour de son regard. Il aspire de grandes goulées d'air, soulagé.

Il voit le ciel. Un ciel bleu sombre qui s'éclaircit et devient laiteux. Il secoue la tête. La terre le recouvre comme un drap relevé jusqu'au menton par des mains inquiètes. Il n'y a pas de bruit. Seulement sa respiration haletante. Il a soif. Où est Michel ? Est-ce bien vrai que l'obus l'a dévoré ? Que son corps s'est fendu sous l'impact ? Impossible. Il est certainement là, quelque part, près de lui, en train d'étouffer peut-être. Non. Antoine revoit clairement ce qui s'est passé… Michel… Un sanglot lui noue la gorge. Puis plus rien.

Bon Dieu qu'il fait froid ! Le ciel est gris clair maintenant. Des explosions au loin. Dans le ciel, une lueur attire son regard. Elle danse au-dessus de lui tel un feu follet. Les anges viennent-ils le prendre ? Alors c'est ça mourir ?

Michel, attends-moi, je viens avec toi. J'ai peur. Maman j'ai si peur...

Antoine alterne les phases d'éveil et de sommeil, torturé par une douleur lancinante dans son bras. Dans ses moments de lucidité, un visage se dessine au-dessus de lui : des yeux noirs comme le charbon, un visage maigre et sauvage auréolé de flammes.

La Dame Verte, elle vient me prendre, songe Antoine avec horreur avant de sombrer de nouveau.

Des chuchotements rauques. Antoine ne sait pas si ses yeux sont ouverts car il fait noir. Qui est-ce ? Les ennemis peut-être. Surtout ne pas bouger. Des pas se rapprochent doucement et les chuchotements reprennent de plus belle. C'est tout près, mais Antoine ne comprend pas ce qu'ils disent. Ce ne sont pas des Allemands ni des Anglais. Il a appris à reconnaître ces différents langages. Il voudrait prendre son couteau pour se défendre, mais ses mains ne lui répondent pas. Il n'est plus qu'un regard.

Des explosions illuminent soudain le ciel noir dans un grand fracas de sifflements et de tonnerre. Dans un éclat rouge, un visage sombre aux yeux de jais se penche sur lui. Puis l'obscurité. Des bras repoussent la terre qui le recouvre et le soulèvent. La douleur lui transperce le dos et le bras gauche, engourdis par le froid. Il gémit quand on le pose sur une civière qui se met aussitôt en mouvement. On fait glisser de l'eau sur ses lèvres sèches et il tousse péniblement. Le ciel crépite comme un feu d'artifice du 14 Juillet, au village. Dans la demi-obscurité où les lumières jaillissent, Antoine distingue deux ombres silencieuses qui l'emmènent vers l'autre monde. L'un d'eux est un homme-oiseau. Son regard se perd dans le mouvement des plumes qui se balancent dans sa longue chevelure noire. Il tend la main droite pour en attraper une. Une plume magique. Et perd conscience une fois de plus.

— La fièvre a baissé. Qu'en pensez-vous, docteur Lévy ?

— Pas d'infection. Apparemment, il a bien supporté l'opération.

— Il paraît très jeune, celui-là aussi. Pas plus de dix-sept ans à mon avis.

— Refaites le pansement, Eugénie, et prévenez-moi quand il se réveille.

— Bien, docteur. Et celui de ce matin, avec sa blessure au côté, comment va-t-il ?

— Le petit à la flûte ? Il est mort tout à l'heure.

— Mon Dieu, mais il ne semblait pas si mal que ça !

— Une hémorragie interne. Il avait reçu un éclat d'obus dans l'abdomen. Cette saloperie se planque partout et tranche comme un rasoir.

— Regardez, docteur, il ouvre les yeux… Bonjour, vous m'entendez ? Je suis Eugénie, l'infirmière. Comment vous sentez-vous ? Vous avez mal ?

— Ne vous agitez pas, mon gars. On a dû vous couper le bras gauche, sinon on vous perdait en entier. Mais vous êtes robuste, ça ira bien maintenant. Vous m'entendez ? Il s'est évanoui, Eugénie. Prévenez-moi quand il se réveillera.

HÉLÈNE

Hélène essuie ses mains pleines de graisse noire sur son mouchoir brodé. Son initiale s'y déroule avec grâce, élégance et retenue, exactement la manière dont on lui a appris à se comporter depuis qu'elle est toute petite. Mais conserver son élégance, dans un chemin boueux, en réparant une chaîne de bicyclette qui a sauté, n'est pas chose aisée. Hélène regarde son mouchoir blanc tout taché de noir. *C'est ce que je suis,* pense-t-elle. *Un joli mouchoir brodé froissé et recouvert de graisse noire.* C'est-à-dire qu'enfin elle se ressemble.

Hélène ramasse sa lourde sacoche de facteur en cuir et l'attache sur son porte-bagages. Elle replie ses jupes trop encombrantes et enjambe la bicyclette. En pédalant, elle fend la bruine glacée de ce matin d'avril, retrouvant le village de Saint-Georges à demi enseveli dans la brume. Elle longe la rue principale, bordée de petites maisons de pierre aux toits d'ardoise, séparées par des potagers qui font la fierté des habitants.

L'une d'elles abrite le café dans lequel se retrouvent tous les matins les plus vieux du village, qui la saluent à son passage.

En l'absence des hommes, deux femmes servent à présent les clients : Simone Blanc et sa fille Jeanne.

— Merci Hélène ! De bonnes nouvelles, j'espère ! dit Simone tandis qu'Hélène dépose sur le comptoir deux lettres de son époux.

Hélène refuse le café que lui propose la tenancière et remonte sur sa bicyclette.

— Rien pour moi, Hélène ? lui lance gaiement Gaston Fleury, balayant le trottoir d'en face devant son épicerie rutilante, son tablier tendu sur son ventre énorme.

— Rien ce matin ! répond Hélène en lui adressant un sourire sans ralentir sa course.

Elle retrousse légèrement sa jupe qui commence à se prendre dans la chaîne de la bicyclette, et maudit intérieurement son père qui lui interdit de porter des pantalons. Bien que passant pour un progressiste, l'instituteur du village André Fontaine a tout d'abord refusé qu'elle travaille comme factrice. Seule la perspective qu'elle participe à l'effort de guerre l'a convaincu de la laisser exercer un métier d'homme. Hélène lui a expliqué que faire plusieurs kilomètres à vélo tous les jours avec deux couches de tissu épais sur les jambes était une épreuve, que les femmes dans les usines d'armement portaient des pantalons ou des combinaisons masculines. Il n'a rien voulu entendre. Hélène déploie donc des stratagèmes pour que ses jupes ne s'enroulent pas dans la chaîne de sa bicyclette, stratagèmes qui consistent le plus souvent à pédaler les jupes relevées et les jambes à l'air, au moins quand personne n'est là pour la voir.

— Enfin ! Merci Hélène ! crie Caroline, une petite adolescente rondelette aux boucles rousses et aux joues roses, quand elle entre, une lettre à la main, dans la boulangerie baignant dans des odeurs de pain frais et de brioches.

À ses côtés, le boulanger Maurice Petit dépose de grosses boules brûlantes sur les étagères du comptoir. Hélène sait qu'ils attendent des nouvelles de Juliette, la sœur aînée de Caroline, engagée comme infirmière de guerre.

La mine renfrognée, comme à son habitude, le boulanger lui tend un pain à la croûte brune appétissante, qui semble minuscule dans sa main énorme.

— Tiens, voici le pain de ton père. Salue-le pour moi.

— Ce sera fait ! répond la jeune fille en sortant de la boulangerie.

Hélène a toujours eu la réputation d'être froide et prétentieuse, une fille de bourgeoise, une étrangère au village qui plus est. Pourtant, sa nouvelle fonction a changé le regard que les gens portent sur elle : elle se sent plus appréciée, les lettres étant devenues pour les soldats et leur famille une ligne de vie indispensable.

Tandis qu'elle sort du village et appuie sur les pédales pour grimper la côte qui mène au hameau de l'Angeluère, Hélène songe à son père.

— Après la guerre, tout rentrera dans l'ordre, répète-t-il chaque matin quand il la voit partir pour récupérer le courrier à distribuer au village des Genêts.

Hélène se demande de quel ordre il parle exactement. Depuis le début de la guerre, tout est sens dessus dessous, mais elle ne déteste pas ce nouveau monde. Si Michel n'était pas parti au front, elle serait heureuse.

— Tu n'es pas une fille de ferme, répète inlassablement son père. Ta mère était issue d'une bonne famille rennaise. Avant de mourir, elle m'a fait promettre que tu ne te marierais pas en dessous de ta condition. Tu seras l'épouse d'un riche marchand ou d'un banquier.

D'ailleurs, à sa sortie du collège pour jeunes filles, il s'est empressé de lui présenter un « beau parti » : Gwénaël Morvan, le fils d'un riche commerçant de Rennes, cousin éloigné de son père. Sa première rencontre avec ce futur « fiancé » lui a laissé le souvenir d'un moment insipide passé en tête-à-tête avec un adolescent à peine sorti de l'enfance, grand et maigre, aux cheveux plaqués sur le front et au regard terne. Les projets de son père pour son avenir s'annonçaient désespérants.

Hélène n'avait pas prévu qu'au cours d'un bal de Noël au village elle tomberait amoureuse de Michel, un vulgaire fils de paysan. Encore aujourd'hui, elle ne sait pas par quel miracle son père a accepté ses fiançailles. Il a eu un long entretien avec Michel, puis a dit « oui » du bout des lèvres. Quelques semaines plus tard, le jeune homme partait au front, promettant à Hélène une grandiose fête de fiançailles au cours de sa première permission.

Mais surtout, surtout, Michel lui a juré qu'il la laisserait travailler une fois qu'ils seraient mariés. Hélène a toujours voulu devenir journaliste.

— Ce n'est pas un métier pour une femme, a dit son père au début de la guerre.

Du moment que son futur époux l'autorise à postuler dans un journal, le refus de son père n'a plus d'importance. Hélène enrage de devoir attendre l'autorisation des hommes pour agir comme bon lui semble. Un jour de 1914, elle a lu dans le journal *Le Petit Parisien* un article sur une manifestation de suffragettes à Paris. Des femmes de tous âges s'étaient réunies dans la continuité de leurs camarades anglaises et suédoises, réclamant le droit de vote, défilant derrière Séverine[1], la célèbre journaliste féministe. Hélène comprit alors deux

1. De son vrai nom Caroline Rémy (1855-1929). Autrice, journaliste et femme politique qui milita notamment pour les droits des femmes et la paix.

choses avec certitude : tout d'abord qu'elle voulait absolument rencontrer ces femmes qui manifestaient pour le droit de vote, et qui étaient prêtes à se faire arrêter pour défendre leurs convictions, qu'ensuite elle voulait être celle qui écrirait les articles sur ces femmes. Elle avait quatorze ans.

— Voyons, lui répondit alors son père en sirotant sa tasse de café au petit déjeuner, les femmes sont bien trop émotives pour s'impliquer dans la politique ou le journalisme. Elles ne votent pas car elles ne sauraient pas quoi choisir. Leurs émotions troublent leur jugement. Ta mère, paix à son âme, était une femme douce et paisible que la brutalité du monde bouleversait. Elle a accepté de quitter son milieu pour me suivre dans mes missions d'enseignement, mais ce monde était trop rude pour elle. Tout comme pour toi, ma chérie.

Hélène haussa un sourcil et répliqua en beurrant sa tartine :

— Je ne suis ni sensible ni émotive, père. Je te rappelle que c'est toi qui as la larme facile dans la famille. Il n'y a pas un sermon du curé, ou un roman, qui ne te fasse pleurnicher. Par ailleurs, j'ai lu que, si les femmes sont pénalement responsables pour leurs crimes, elles pourraient donc être considérées de la même façon pour le reste, et acquérir des droits civils et politiques.

À partir de ce jour, elle n'eut plus le droit d'ouvrir le journal. Elle prit donc l'habitude de le lire en cachette, tout en arborant les revues féminines à périr d'ennui que son père lui offrait régulièrement, faisant mine de se passionner pour la couture, la cuisine ou la mode.

Dès qu'elle apprit que les femmes étaient elles aussi appelées à participer à l'effort de guerre, à la suite de « l'appel Viviani[1] »,

1. Le 7 août 1914, le président du Conseil, René Viviani, s'adresse aux femmes françaises dans une proclamation affichée dans les lieux publics. Il les y exhorte à participer à l'effort de guerre.

Hélène se porta volontaire. Les usines de fabrication d'obus, engageant les bientôt célèbres munitionnettes[1], étaient trop éloignées pour qu'elle y postule. Son aisance avec la lecture, sa débrouillardise, lui permirent d'obtenir le poste de factrice pour remplacer François Duval, mobilisé en 1916.

Voici un an qu'elle échappe ainsi à la morne routine imposée par son père, faite de lectures studieuses, de leçons de morale patriotique et d'injonctions à trouver un bon époux.

Patience, patience, se dit-elle en arrivant en vue du hameau de l'Angeluère. *Ce monde finira bien par changer.*

Lucie, la sœur de Michel, la salue en la voyant s'approcher en haut de la côte. Elle s'avance vers elle à grandes enjambées, deux seaux se balançant au bout de ses bras robustes, suivie par le chien Patience, qui lui fait une fête de tous les diables. Hélène sourit. Il émane toujours de son amie une énergie farouche, électrique, une joie communicative. Ses longs cheveux bruns aux boucles folles débordent de son fichu, auréolant son visage aux joues rondes et au nez pointu. Un son rauque et joyeux, son rire si contagieux, retentit dans la cour de la ferme quand elle voit Hélène se prendre les pieds dans ses jupes et tomber dans la boue en descendant de sa bicyclette.

— Ton père a refusé que tu portes un de ces *bloomers*[2], n'est-ce pas ? dit-elle en gloussant pendant qu'Hélène essuie la boue sur sa jupe. Je t'avais prévenue qu'il était trop coincé pour accepter !

— J'aimerais bien le voir pédaler toute la sainte journée avec des jupons ! marmonne Hélène.

---

1. Femmes travaillant dans les usines d'armement et fabriquant notamment les munitions, pendant la Première Guerre mondiale.

2. Pantalon court et bouffant porté par certaines femmes pendant la Première Guerre mondiale pour travailler.

Lucie prend son amie dans ses bras, lui procurant comme toujours la sensation d'être une fluette brindille. La sœur de Michel est presque aussi grande que lui, et le travail harassant à la ferme depuis le départ des hommes a musclé son corps de jeune fille. Hélène regarde avec envie le pantalon large qu'elle porte sous sa chemise et sa lourde veste.

— Tu portes un pantalon ! s'exclame-t-elle.

— Je l'ai pris dans les affaires de Michel ! dit Lucie d'un air triomphant. C'est plus pratique pour travailler. As-tu retiré ton corset ? Moi, ça fait un moment que je n'en mets plus !

— Oui je l'ai retiré ! lui répond Hélène en se frottant le ventre. Et je me demande encore comment je faisais auparavant pour le supporter.

— Des lettres des garçons ? demande Lucie en reprenant ses seaux et en se dirigeant vers la soue à cochon.

— Non, pas aujourd'hui, lance Hélène en la suivant.

— La dernière lettre d'Antoine date d'il y a deux jours, poursuit Lucie. Ils étaient en bonne santé malgré le froid et la fatigue. Il m'écrit plus que mon propre frère ! C'est fou ! Michel est un ingrat ! Quand je pense que je lui écris plusieurs fois par semaine. Heureusement leur permission est dans un mois. J'ai hâte de les voir.

— Oui, moi aussi…

— Vous avez décidé de la date du mariage ? demande Lucie en versant les épluchures de légumes et les restes de pain sec et de soupe dans l'auge puante d'Hector, le vieux cochon.

L'énorme animal se hisse de la boue dans laquelle il s'était délicieusement couché pour plonger son nez dans l'auge avec des grognements indécents.

— Non, pas encore, répond Hélène. Mais le mariage aura lieu avant l'été, c'est certain, même si la guerre n'est pas terminée.

— Si vite ? Après tout, vous avez raison ! Enfin une belle occasion de faire la fête ! On pourra danser ! s'exclame Lucie en retournant vers la maison, esquissant des pas de danse avec ses deux seaux dégoûtants. Et bientôt nous serons vraiment sœurs, toutes les deux ! En espérant que cette maudite guerre soit enfin terminée ! Tu sais ce que ça veut dire : à toi la liberté et ta carrière de journaliste !

— Oui, bientôt, dit Hélène avec un sourire crispé.

— Moi, je n'ai aucune envie de me marier pour l'instant ! J'ai l'impression que je n'ai encore rien vécu d'intéressant. Je ne vais certainement pas me retrouver coincée avec un mari et des gosses !

Lucie s'assied sur les marches devant l'entrée de sa maison, posant les coudes sur ses genoux écartés. Patience se couche auprès d'elle. Lucie le caresse distraitement. Elle sort de sa poche un petit bâton de réglisse et le mâchouille.

— J'en ai assez d'être clouée ici ! marmonne-t-elle, boudeuse. Je me lève pour nourrir les bêtes et aider ma mère, et le soir je suis tellement épuisée que je n'ai qu'une envie : dormir. Je n'en peux plus des quatre murs de cette ferme ! J'aurais dû m'engager comme infirmière de guerre, comme Juliette ! Ou comme factrice ! Toi, au moins, tu sors du village, tu vois du pays !

— Tu sais, je ne vais pas plus loin que le village des Genêts, ce n'est pas non plus l'aventure ! répond Hélène.

Lucie la scrute de ses yeux vert et brun, couleur du sous-bois. Elle souffle sur les boucles qui viennent chatouiller son nez. Hélène remet nerveusement en place les poignets de sa chemise bordée de dentelle. Son amie a toujours su lire en elle comme dans un livre ouvert.

— Qu'est-ce qui ne va pas, Hélène ? Tu as une mine affreuse

et tu as l'air préoccupée.

La jeune fille soupire, tournant la tête à droite et à gauche, cherchant du regard une aide qui ne vient pas. Au loin au-dessus de la ferme, au bord du bois des Corneilles, Ernestine accompagne les quatre vaches du hameau jusqu'au pré. Peut-elle se confier à la sœur de son fiancé ?

— J'ai… Je… Ce n'est rien, dit-elle. Je… Je m'inquiète pour les garçons, c'est tout.

— Ça ne sert à rien de se ronger les sangs. Nous devons tenir bon, n'est-ce pas ? Ils sont ensemble et veillent l'un sur l'autre, comme toujours. Antoine me dit qu'ils sont prudents. Et puis je dépose souvent des offrandes à la fontaine aux Soupirs. Les pièces disparaissent, je suis sûre que les fées veillent sur eux.

— Tu gaspilles ton argent, répond Hélène, moqueuse. Ce ne sont que des superstitions !

— Comment des croyances transmises depuis des siècles pourraient-elles se résumer à de vulgaires superstitions ?

— Je ne crois qu'en la science ! Le reste n'a aucune valeur pour moi.

— Comme tu es sûre de toi ! se moque Lucie. Crois-moi, le bois des Corneilles recèle bien des créatures étranges…

— Nous en avons discuté mille fois déjà et tu ne parviendras pas à me convaincre ! Je ne prie pas le Dieu que mon père m'impose à l'église, ce n'est pas pour adopter d'autres croyances absurdes ! Bon, je dois finir ma tournée. Je repasserai ce soir si tu veux, pour te distraire de ta vie d'esclave !

— Dis plutôt que tu préfères dîner ici plutôt qu'avec ton père !

Une voix grince soudain derrière elles :

— Qu'est-ce que vous faites là, à bayer aux corneilles, mes

filles ? proteste la vieille Mahe en s'installant dans son fauteuil à bascule à l'entrée de la maison. Lucie, tu ne sais donc pas que ta mère t'attend pour refaire la clôture du champ aux Coquelicots ?

— J'y vais, j'y vais… maugrée Lucie en se relevant.

La vieille la regarde se remettre au travail d'un air satisfait. Ses vêtements de deuil et sa maigreur lui donnent l'air d'une araignée toute tordue. Elle sort sa pipe de sa poche et la prépare.

— À ce soir alors, lance Hélène à Lucie en reprenant son vélo.

— À ce soir ! répond Lucie en grimpant vers les champs, suivie de Patience.

Hélène dévale la pente vers le village, laissant le vent frais sécher ses larmes. Malgré ce qu'elle a affirmé à Lucie, cela lui arrive de prier. Et quand elle prie, c'est pour Michel. Pour qu'il revienne en bonne santé, et qu'ils se marient au plus vite à son retour. Enfin ils seront libérés de la vie monotone du village, et de l'autorité de leurs parents ! Ces pensées redonnent le sourire à Hélène.

Oui, cela lui arrive de prier. Pour Michel. Pour elle.

Et pour l'enfant qu'elle porte.

LUCIE

Les pièces tintent dans la poche de Lucie pendant qu'elle progresse dans le chemin creux. La marche délasse ses membres endoloris par les travaux de la ferme et chasse la colère provoquée par sa mère.

— Croit-elle donc que je suis son esclave ? marmonne la jeune fille en allongeant son pas de façon décidée. « Rentre les vaches à l'étable ! Va couper du bois ! Ramasse les œufs ! Va laver le linge ! »

Ses mains sont encore rouges d'avoir serré la hache pour fendre les bûches et les rapporter à la maison. Elle pense aux héroïnes des contes qu'elle affectionne tant : l'infortunée souillon, la pauvresse aux dons ignorés, la jeune fille qui ose fuir sa modeste condition. Elle perçoit au creux de son corps des élans réprimés, un désir puissant d'ailleurs. Quel coup du sort provoquera son aventure ? Quel objet mystérieux, quelle rencontre inattendue, la sortiront de l'ennui et du labeur ?

Lucie grimace en percevant la tonalité pathétique de ses pensées. Elle croit entendre la voix de sa grand-mère entre deux bouffées de pipe. « Tu n'exagères pas un peu, ma fille ? Ce n'est quand même pas le bagne, ici ! » Et la voix de son père, le jour de sa mobilisation : « Aide ta mère. Tu es forte et astucieuse. Sois le soutien que je ne pourrai plus être pendant quelque temps. »

Puis il est mort. La culpabilité et la douleur l'étreignent. Son père lui manque horriblement. Elle seule partageait son humour subtil. Ils étaient parfois reliés par des regards de connivence d'une force inouïe, au-dessus des autres et du bruit ambiant.

Les larmes glissent sur ses joues comme des ruisseaux, la délivrant du poids de sa colère.

Autour d'elle, la forêt palpite de sons et d'odeurs familières. Elle hume l'air délicieux de fin de journée, chargé de terre, de mousse et de feuilles sèches. L'air d'avril sent la promesse du renouveau. Le soleil illumine les premières feuilles vert tendre, les jonquilles et les jacinthes sauvages, chassant le souvenir du givre du matin.

Au sommet de la colline, la chapelle abandonnée se pare de l'or du couchant, retrouvant pendant quelques minutes son lustre d'autrefois. À son flanc, la fontaine aux Soupirs murmure, pleine de grâce, dans son écrin de granite en forme de coquille Saint-Jacques. L'eau s'y écoule tranquillement depuis des centaines d'années. Bien avant les chrétiens, leurs chapelles et leurs coquilles, la source était déjà sacrée. Mémé Mahe raconte que les femmes celtes y faisaient des vœux, laissant des pièces ou de menus cadeaux pour le petit peuple au bord de la source, priant pour avoir un enfant, protéger un être cher, avoir de bonnes récoltes, lancer un sort sur un ennemi.

Parvenue au sommet, elle se retourne et observe le hameau de l'Angeluère, qui lui semble minuscule et étriqué.

Les silhouettes des trois femmes du hameau s'affairent dans le grand potager telles d'industrieuses fourmis. Lucie devine leurs plaisanteries et leurs rires.

D'un coup, sans le voile de son regard d'enfant, sa mère lui apparaît comme elle est vraiment : une femme forte, prisonnière de la terre, qui gâche sa puissance dans des travaux domestiques. Cette vie ne lui fait pas envie.

Le soleil se dissimule derrière les nuages mauves du crépuscule, plongeant la chapelle dans la pénombre. Le granite se débarrasse peu à peu de sa robe d'or. L'eau coule, imperturbable, murmurant des chants mystérieux.

Elle sort les pièces de sa poche, leur souffle dessus au creux de sa main et prononce les mots secrets de Mémé Mahe :

— Petit peuple des bois, je souffle trois fois. Petit peuple des loups, je dépose trois sous. Petit peuple des eaux bleues, je réclame trois vœux. Protégez mon frère. Protégez Antoine. Et… aidez-moi à sortir de l'ennui.

Lucie dépose les pièces au bord du petit bassin. Puis elle feint de repartir. Cachée derrière le tronc d'un énorme chêne, elle guette les fées. Elle le fait depuis son enfance, jusqu'à s'en brûler les yeux. Aucune fée ne lui est jamais apparue. Seule la Dame Verte a surgi ce fameux soir de ses dix ans. Elle porte la main au médaillon de la Vierge que lui a donné Mémé Mahe pour la protéger.

La pénombre s'épaissit, l'air se trouble. Le vent glisse entre les feuilles nouvelles. La jeune fille se redresse et frissonne violemment. N'est-ce pas son prénom que les branches sifflent ? « Lucie… Lucie… » Elle tend l'oreille, pleine d'espoir.

Mais non. Ce soir encore, rien ne trouble les chuchotements de la forêt. Lucie reprend le sentier vers l'Angeluère, découragée.

Pas de destin exceptionnel pour moi, se dit-elle en marchant d'un pas lourd. *Seulement les journées à la ferme, longues, épuisantes. Vivement que Michel revienne en permission.*

Au moins avec son frère, elle ne s'ennuie jamais.

— Lucie ?

Jean, le petit frère de Lucie, s'est dressé dans son lit. Sa voix la retient au moment où elle s'apprête à fermer la porte de la chambre.

— Qu'y a-t-il ?

— Je n'arrive pas à dormir.

Lucie distingue son visage dans le rai de lumière qui vient du couloir. Un petit garçon perdu au seuil d'une nuit de cauchemars. Ses grands yeux ouverts dans la nuit lui fendent le cœur.

— Tu veux bien me raconter encore l'histoire des fées de la grotte du Tertre[1] ?

— Oui, si tu promets de dormir après.

— C'est promis.

Lucie sourit. Elle aime répéter les légendes que Mémé Mahe lui a transmises. Il n'est pas rare qu'on lui réclame ces récits lors de veillées en famille, ou de fêtes de village.

— Non loin d'ici, dans un champ inculte, existe une caverne peuplée de fées bienveillantes. Les habitants ne s'approchent jamais de cette grotte de peur de déranger les créatures qui y vivent. L'endroit est si sacré qu'autrefois nos ancêtres y bâtirent une chapelle. Un matin, alors que les artisans reprenaient leur travail, ils remarquèrent que leurs outils avaient été déplacés, que des pierres de granite avaient

1. L'histoire des fées de la grotte du Tertre est relatée dans le livre de Georges Soreau et Marc Langlais, *Contes et légendes du Maine*, Communication Presse Édition, 2016.

été amenées là et assemblées, facilitant ainsi leur tâche. Qui avait bien pu soulever et déplacer ces grosses pierres à travers la forêt en une seule nuit ?

— Les fées ! crie Jean, ravi, agitant les jambes sous sa couverture.

— Exactement, les fées ! La nuit, on pouvait entendre les bruits des outils s'activant dans l'obscurité, maniés par des mains invisibles. Au matin, les ouvriers trouvaient un mur érigé, une sculpture délicatement ouvragée, des guirlandes de fleurs ciselées dans la pierre. La chapelle s'acheva ainsi, bâtie le jour par les artisans de la région, la nuit par les mains expertes et la magie des fées. Le résultat fut si merveilleux que tous les ans, à Noël, les habitants des villages alentour prirent l'habitude de se rendre à la grotte du Tertre pour y déposer des offrandes et remercier ainsi les fées. Parfois elles se montrent, distribuant des petits gâteaux ou des pièces d'or. Mais à minuit le 24 décembre, il faut avoir quitté la grotte, sous peine d'y rester enfermé une année entière !

— Une année ! C'est déjà arrivé ?

— Bien sûr ! Certains en veulent toujours plus ! Si quelqu'un s'attarde dans la grotte après le dernier coup de minuit, la porte se referme brusquement, et le malheureux devient le compagnon des fées pendant douze mois jusqu'au Noël suivant.

Jean garde le silence, réfléchissant aux propos de sa sœur. Ses joues rondes sont rosies par l'excitation.

— Je préférerais être enfermé un an chez les fées plutôt qu'aller à la guerre, murmure-t-il.

Lucie observe son frère et son cœur se serre. Ses yeux vert et brun, miroirs des siens, sont traversés de sombres nuées. Elle repousse machinalement ses cheveux sur son jeune front déjà plissé d'inquiétude.

— Tu n'iras pas à la guerre, mon petit loup. Les enfants de six ans ne vont pas au combat. Tu resteras ici, auprès de nous, et rien ne pourra t'arriver. La guerre sera bientôt terminée, j'en suis sûre, et tout redeviendra comme avant.

Lucie dépose un baiser farouche sur les joues rouges de son frère et se lève.

— Lucie, laisse la fenêtre entrouverte. Pour les fées, si elles veulent me visiter !

— Très bien ! Mais si c'est un korrigan qui entre, méfie-toi ! Il pourrait te voler tes souliers, ou mouiller ton matelas !

Jean sourit et se retourne dans son lit.

— Ils ne font jamais ça, murmure-t-il.

En revenant dans la pièce commune, Lucie trouve Ernestine installée sur sa chaise, près de la cheminée. Patience est à ses pieds, étalé sur le flanc. Enveloppée dans un grand châle, sa mère a repris son travail de broderie : un petit renard assis y guette un début de corbeau sur une branche d'arbre inachevée. La vieille Mahe, quant à elle, ronfle bruyamment sur son fauteuil. Lucie reprend sa place près de l'âtre, se glissant avec un soupir d'aise dans leur petit rituel du soir, sirotant une tisane parfumée au miel et au calva. Leurs membres sont engourdis par le travail aux champs et ce moment est précieux. Lucie se recroqueville dans son fauteuil, disparaissant presque elle aussi dans son châle de laine rouge, cachant ses pieds sous les bords de sa chemise de nuit.

— Le vent souffle ce soir, dit Ernestine en piquant son aiguille dans son ouvrage. As-tu bien fermé la porte de l'étable ?

— Bien sûr, maman, répond Lucie en levant les yeux au ciel. Tu me poses cette question tous les soirs ! Violette est de plus en plus agitée. Elle ne va pas tarder à mettre bas.

— Oui, c'est pour demain ou après-demain.

Un silence réconfortant s'établit entre elles, ponctué par les craquements du feu et les ronflements de la vieille Mahe. Lucie mâchouille un bâton de réglisse, songeuse.

Elle se lève et ouvre le tiroir du petit secrétaire en bois pour en sortir une feuille et un crayon.

— Tu vas écrire à ton frère ? demande sa mère.

— Oui, il m'a demandé des nouvelles de la ferme. Il a rempli deux pages pour me rappeler dans quel ordre faire les travaux de printemps. Il nous croit incapables, ma parole ! Il oublie que je lui ai appris tout ce qu'il sait !

Lucie souffle sur les boucles qui rebondissent devant son nez, s'assied devant le secrétaire et trempe sa plume dans l'encrier. Elle rédige ses premiers mots.

— Il s'inquiète, avance Ernestine en s'étirant.

— S'il s'inquiétait tant de nous laisser seules à la ferme, il écrirait plus souvent, affirme Lucie en tapotant rageusement son buvard sur une tache d'encre. Pourquoi faut-il que tous les hommes soient mobilisés ?

— Tu es furieuse qu'il soit parti, ou jalouse de ne pas pouvoir l'accompagner ?

Lucie jette un regard noir à sa mère.

— Il avait promis que jamais rien ne nous séparerait…

— J'ai hâte moi aussi qu'il rentre sain et sauf. Mais ça ne vous fait pas de mal à tous les deux de vivre un peu l'un sans l'autre. Vous êtes adultes maintenant, vous ne pourrez pas rester éternellement collés comme les deux faces de la même médaille !

Ernestine ajoute :

— Ça me fait un drôle d'effet de te voir la journée dans ses pantalons…

— Mais maman, répond Lucie, agacée, ici personne ne me

voit et je suis plus à l'aise pour travailler. Papa aurait approuvé.

Ernestine se crispe. Lucie s'en veut d'avoir parlé de son père, mais elle a raison. Si Charles n'avait pas été tué, il l'aurait soutenue, comme il le faisait autrefois.

— Personne d'autre n'a vu des loups ou des chiens sauvages au village ? lui demande sa mère après un moment.

Lucie lève la tête de sa lettre.

— Non, personne. Mais il paraît que le vieux Bridonne a vu des traces dans le bois des Corneilles. Le maire montre partout son air suffisant pour crier à tue-tête qu'il n'y a plus de loups dans les bois depuis au moins vingt ans et que ce sont des histoires de bonnes femmes !

— Lucie…

— Quoi ?

— Sois respectueuse.

— Je respecte ceux qui méritent de l'être, maman ! Il te traite de menteuse ! Renée et Élise ont vu les bêtes, elles aussi. En plus, il accuse Séraphin d'avoir mis le feu à sa grange alors que c'est lui qui l'a alerté ! C'est injuste ! Que fait-il pour le village à part se montrer partout comme s'il était le Roi-Soleil ? Rien du tout ! Il nous laisse nous débrouiller et s'empresse de livrer nos récoltes à l'armée !

— Il n'a pas le choix.

— Il pourrait nous défendre. Nous avons rédigé une lettre pour réclamer des bras en plus, le retour de certains des gars du village, au moins pendant les moissons. L'a-t-il seulement transmise ?

Les ronflements de la vieille Mahe enflent soudain et Patience se redresse brusquement, l'œil hagard, surpris par ce bruit qui le tire du sommeil. Ernestine et Lucie se mettent à rire.

Réveillée par leurs éclats de voix, la vieille Mahe se lève en grognant et se dirige vers sa chambre, une petite pièce derrière la cuisine.

— Pas moyen de dormir tranquille avec ce raffut, grommelle-t-elle.

Ernestine se lève à son tour.

— Je vais me coucher. Bonne nuit, ma fille, dit-elle en embrassant le front de Lucie, perdu au milieu de ses boucles. Et tu as raison : ton père t'aurait approuvée…

Lucie sent l'émotion lui serrer la gorge. Non, assez de pleurs. Elle ne veut plus être écrasée de chagrin.

Ernestine monte les escaliers à pas lourds, suivie par le fidèle Patience à moitié endormi. La peau du visage de sa mère se tend sur ses traits fatigués, comme une chemise trop étroite. Lucie songe tristement qu'elle a vieilli d'un seul coup.

Cher Michel,

Je suis heureuse d'entendre que, malgré le temps glacé, vous vous portez bien, Antoine et toi. Tu te moques du chandail que je t'ai tricoté, mais, au moins, il te garde du froid. On ne lui demande pas d'être beau ou de respecter les proportions du corps humain ! Maman t'en enverra un autre bientôt, ainsi que quelques vivres pour compléter votre ration. Ici, tout le monde se porte bien. Jean grandit très vite. Tu serais fier de lui : il travaille bien à l'école et se montre très courageux. Les travaux de la ferme avancent bien, même si nous sommes fatiguées en raison de la réquisition du cheval de trait. Comment va Antoine ? Je suis curieuse de savoir s'il a accompli d'autres actes de bravoure, lui qui était si timide avant de partir…

Lucie s'assoupit à demi sur les lignes d'encre qu'elle destine à son frère, plongée dans la torpeur provoquée par l'épuisement et la chaleur de l'âtre. Sa tête glisse et s'alourdit sur ses bras, happée par le sommeil.

Le feu meurt peu à peu, et le vent glacé de la nuit se glisse sournoisement sous la porte, s'enroulant autour de ses chevilles nues. Lucie frissonne soudain, à demi réveillée par le froid. Elle tend l'oreille. N'est-ce que le vent ? Elle a l'impression qu'on lui parle, qu'une voix familière chuchote et gémit à l'extérieur. Lucie s'ébroue, étourdie, et se lève, les yeux à peine ouverts. Elle veut monter se coucher dans la chambre, près de son jeune frère. Mais quelque chose la retient. Elle se sent attirée vers la nuit comme une marionnette dont on tirerait les fils.

Sans y songer, elle se retrouve devant la porte et l'ouvre. Dehors, la cour de la ferme est déserte, la nuit sombre. De grands nuages courent au-dessus de sa tête, poussés par des rafales, libérant la lune pâle par intermittence.

Le chuchotement se glisse de nouveau autour d'elle. Tout son corps se tend vers lui. L'angoisse la réveille soudain tout à fait, mais elle ne peut faire demi-tour. Elle doit voir.

Poussée par la curiosité, Lucie resserre son châle autour d'elle et s'avance de quelques pas. Le vent froid perce le tissu fin de sa chemise de nuit. Aussitôt, une petite lueur argentée traverse son champ de vision, au fond de la cour, et entre dans la grange. Intriguée, la jeune fille saisit la lampe tempête allumée dans la cuisine et s'enfonce dans le noir. Est-ce un feu follet, une fée de la forêt qui se serait égarée ? Elle progresse jusqu'à la dépendance, s'approche de la lueur qui s'agite, qui la nargue en disparaissant, puis en apparaissant à plusieurs endroits : sous les hautes poutres, dans le foin, sur la carcasse d'une vieille charrue rouillée. Elle danse fébrilement, fuyant et attirant la jeune fille en même temps. Enfin, Lucie s'immobilise au milieu du bâtiment.

— Vas-tu te montrer ? Je ne te veux aucun mal…

Soudain, un air glacé la traverse et sa lampe s'éteint. Tout est plongé dans les ténèbres.

Malgré elle, Lucie inspire un souffle épais et glacé qui lui brûle les poumons. Elle se prend la gorge à deux mains, cherchant à le chasser. Il s'est infiltré par son nez, sa bouche, ses oreilles, et parcourt à présent tout son corps comme un courant électrique. L'angoisse la saisit. Le souffle froid est devenu une masse compacte qui obstrue ses voies respiratoires. Elle tend les bras vers la maison et veut crier, mais aucun son ne sort de sa bouche tordue de douleur. Elle étouffe.

La jeune fille tombe à genoux, presque asphyxiée, les mains crispées sur son cou.

Puis, au moment où elle croit qu'elle va perdre connaissance, tout s'arrête. Elle retrouve sa respiration, inspirant à grandes goulées l'air de la nuit, tremblante.

Le calme revient. La lueur est en elle à présent, vive, brûlante. Elle s'agite dans sa cage thoracique et vibre comme un essaim d'abeilles. Lucie reconnaît aussitôt cette présence familière.

— C'est donc toi ?

Un cri enfle soudain dans tout son corps comme une fièvre. Ce cri ne lui appartient pas, mais elle le reçoit comme s'il était à elle. C'est un cri de désespoir, un cri de douleur. Une colère brûlante qui appelle à la violence.

La présence dans son thorax se déploie, la met en mouvement et la projette hors de l'étable. Malgré elle, ses jambes se mettent à courir. Le vent de la nuit froide lui fouette le visage, tandis qu'elle descend vers le village à pleine vitesse, les pieds nus. Où va-t-elle ? Effrayée, elle se sent écrasée par cette fureur étrangère.

Elle a perdu le contrôle de son propre corps.

ERNESTINE

À chaque fois que Joseph Lecomte frappe à la porte d'une maison, la peur étreint les femmes. Le maire commence à s'y habituer, et même à s'en réjouir. Annoncer la mort des hommes du village tombés au front lui donne du pouvoir. Jamais plus personne ne le croise sans lui jeter un coup d'œil inquiet, et notamment les femmes qui, mères, épouses, sœurs, filles, tremblent pour la vie de celui qu'elles aiment.

Avant 1914, il était un riche fermier, propriétaire de plusieurs terrains en métayage, respecté et craint de tous. À présent, il est aussi pour chacun le seul repère dans cette période troublée. Il n'a pas été mobilisé en raison de ses cinquante ans passés et s'est bien gardé de se porter volontaire. Le village n'a-t-il pas besoin de lui pour affronter la tempête ? Son devoir est de maintenir l'ordre. Ainsi cette vagabonde qui a mis le feu à sa grange il y a deux jours doit-elle être appréhendée. Son épouse, Berthe, l'a finalement convaincu qu'il ne s'agissait pas de ce petit voyou de Séraphin, car elle a vu une silhouette s'éloigner de leur ferme en direction de la forêt au moment où celui-ci a tambouriné à la porte pour les alerter. Sa femme a bien des défauts, mais elle est honnête. Elle ne défendrait pas le fils de Renée, qu'elle déteste autant que lui, si elle était certaine que c'était lui. D'autres dégâts ont été rapportés la nuit dernière : des poules et une chèvre ont été égorgées chez les Mahe, des caisses pillées dans la réserve de Gaston Fleury, un champ saccagé chez les Poirier.

Qui sont-ils, ces vagabonds qui cherchent à nuire ? Des mendiants jetés sur les routes par la guerre ? Des jeunes ayant fui la faible autorité des mères, restées seules et démunies ? Des déserteurs ou des embusqués, ces lâches qui fuient leur devoir ? En tout cas, il ne se laissera pas faire : il a déjà prévenu les gendarmes. Au besoin, il réglera ses comptes seul, avec son fusil de chasse. Il suffira de mobiliser les hommes qui sont restés au village pour faire le ménage.

Il apprend à ses fils que le monde est divisé en deux catégories d'hommes : les forts, qui dominent et montrent la voie, et les faibles, qu'il faut guider, et punir quand c'est nécessaire. Il n'a pas laissé le choix à ses fils : ils devront être des forts. César lui donne satisfaction : il est grand et costaud pour ses quatorze ans, et déjà autoritaire comme son père. Auguste, quant à lui, est plus faible. C'est un suiveur. Mais tant qu'il obéit à son jumeau, tout ira bien. Au moins ses fils pèseront dans le monde qui s'annonce.

Emmitouflé dans son épais manteau noir, il pose sa bicyclette contre le mur de la ferme des Mahe et jette un coup d'œil aux alentours. Plus loin derrière la maison, il voit la grande et belle Lucie et son petit frère Jean qui désherbent le potager. Joseph trouve les nouvelles formes de la jeune fille bien appétissantes. À présent que son père et son frère sont morts au front, il pourra peut-être l'approcher sans crainte de représailles…

Il cherche Ernestine des yeux. Personne. Pas même la vieille Mahe qui, hiver comme été, et malgré ses quatre-vingt-trois ans, passe la majeure partie de ses journées sur une chaise devant la maison de son fils. Soudain, des voix attirent l'attention du maire vers l'étable. Une vache serait-elle en train de mettre bas ? Un haut-le-cœur le saisit. Il a toujours détesté la vue et l'odeur du sang. Le mieux serait de rester à la porte de l'étable, sinon les effluves risquent d'imprégner ses vêtements. Il a rendez-vous chez la veuve Poirier pour la « consoler » de nouveau. Il ne peut pas se permettre de sentir mauvais. Il faudra faire vite. De toute façon, il a toujours détesté entendre les femmes geindre.

Depuis une heure déjà, Ernestine a commencé la délivrance de sa vache. Mais le petit se présente mal, les pattes arrière en premier au lieu des pattes avant et de la tête, et la bête souffre. Élise Lefresne et Renée Robin sont là pour l'aider. Dans un coin, assise sur un tabouret à traire, la vieille Mahe observe et prodigue ses conseils. Ernestine plonge son bras droit dans le ventre de la vache. Elle parvient enfin à attraper le veau et à le repositionner pour pouvoir le faire sortir. Renée et Élise entourent la mère et l'encouragent. Elles s'essoufflent dans l'odeur du sang et de la paille humide.

Dans l'encadrement de la porte, une silhouette cache soudain le soleil. Ernestine tourne la tête et reconnaît le maire. Elle sent les mouvements du petit, est prête à le sortir. Le maire a l'enveloppe aux couleurs du drapeau à la main. Un cri d'alarme grandit à l'intérieur de son ventre. Elle voit qu'Élise a le même cri dans ses yeux.

Ernestine tire le veau de toutes ses forces avec un gémissement d'effort jusqu'à ce que ses pattes avant serrées et sa tête aux yeux clos apparaissent, puis son corps humide et froissé, et enfin ses pattes arrière, dans un dernier soubresaut. Renée, qui se tient à ses côtés, attrape le corps du petit et le pose sur la paille. Sa chaleur s'échappe dans l'air frais. Épuisée, la vache se tourne vers lui et lui donne ses premiers coups de langue. Le veau tend maladroitement sa tête fripée. Il ne tardera pas à se dresser sur ses pattes. Les trois femmes, manches retroussées sur leurs bras ballants, reportent leur attention vers la porte.

Le maire commence à parler. Ses paroles parviennent jusqu'à elles, mais elles n'entendent qu'un mot : le nom de celui dont elles chercheront en vain le visage. Le cri d'Ernestine retentit comme celui d'une bête blessée et elle tombe dans les bras de Renée. Elle hurle dans la paille souillée.

Tandis que la douleur enfle, insupportable, elle aperçoit la silhouette de sa fille dans l'encadrement de la porte de l'étable. Ombre noire et silencieuse, Lucie jette un regard plein de haine à Joseph Lecomte. Un regard qu'elle n'avait jamais eu auparavant.

— Dehors ! crache-t-elle.

Le maire, l'air pincé, fait volte-face et quitte la ferme. Ernestine sent les bras de Lucie qui l'entourent et la serrent. Comment sa fille va-t-elle supporter la mort de son frère ? Et le petit Jean ? Comment lui dire ? Ernestine sanglote de plus belle. Lucie la berce et répète d'une voix étrangement calme :

— Ça ira, maman, ça ira. Je suis là.

ANTOINE

Antoine flotte entre l'éveil et le sommeil. Il se tord de fièvre et de douleur, et voudrait échapper à son propre corps. Ses pensées s'emmêlent et se bousculent. Sa volonté cherche à les saisir, mais en vain. Il sent les doigts frais de sa mère sur son front. Le parfum de l'eau de Cologne à la lavande qu'elle met sur ses mains. Une voix qu'il ne reconnaît pas traverse les brumes dans lesquelles il est égaré :

— Ça ira, Antoine, ça ira. La fièvre va baisser peu à peu. Bois.

Toute cette douceur dont elle est capable tout à coup. On le soulève. Il boit l'eau qu'on verse dans sa bouche et qui glisse dans son cou brûlant.

— C'est bien, voilà encore un peu, c'est bien.

Est-ce que c'est sa mère ? Elle n'est pas si prévenante d'habitude. Mais Antoine veut tellement être auprès d'elle. Il replonge dans son rêve et se blottit contre elle.

Une odeur de transpiration mêlée d'alcool la chasse. Une main claque sur sa joue et le goût du sang surgit dans sa bouche.

Les coups pleuvent. Toujours la même position du corps pour échapper aux larges poings qui l'écrasent. *Je suis un escargot dans sa coquille.* Un cri : « Laisse-le tranquille ! »

Puis courir sous le feu, agrippé au fusil, dans le souffle de la mort. La course accélérée par la peur, et le regard rivé sur le prochain trou d'obus qui lui servira d'abri. Ses camarades tombent, explosent, se disloquent. Un homme rugit en face de lui, dans lequel il enfonce sa baïonnette. Son premier mort. Il s'écroule, hébété, mais Michel crie par-dessus le vacarme infernal, son sourire disparu dans son visage noirci de terre. « Lève-toi, Antoine ! Viens ! » Il le prend par le bras et le tire derrière lui, le fait courir. Les revoilà qui tirent sur d'autres hommes aux visages aussi enragés que les leurs. La violence, la volonté de vivre, les projettent hors de l'enfance et les soudent encore plus qu'ils ne l'étaient. Ils combattent côte à côte, rapides et redoutables, pendant tant d'autres batailles comme celle-là. Antoine gémit sur son lit d'hôpital.

— Chut, Antoine, chut, tout ira bientôt mieux.

Une main fraîche encore sur son front. Et soudain il retrouve le calme de la rivière. Les miroitements de l'eau sous les branches des saules, quand ils pêchent dans le soleil d'une fin d'après-midi de printemps. Ils taillent des arcs et des flèches, se prenant pour des Mohicans qui affrontent les Iroquois. Une écharde, énorme et douloureuse, s'est plantée dans sa paume. Lucie la retire d'un coup sec en se moquant de ses pleurs. Son rire est une fontaine magique qui ouvre le ciel.

Des rires, il y en a dans la classe, mais des rires cruels, quand il bégaye, debout devant le tableau, et que les mots franchissent douloureusement ses lèvres crispées : « De… demain d… dès l'aube à l… l… l'heure où blan… chit la cam…

pagne. » Lucie qui le fixe de ses yeux d'émeraude, comme si elle pouvait elle-même extraire les syllabes de sa gorge.

Puis la baignade un après-midi d'été, des années plus tard. Il fait très chaud. L'eau est délicieuse. Il découvre, ébloui et gêné par les réactions de son corps, les formes délicatement arrondies de Lucie sous sa chemise blanche, quand elle essore ses cheveux. Plongé pendant des heures dans ses cauchemars, Antoine se tourne et se retourne dans ses draps humides de sueur. Autour de lui, les autres malades ronflent, geignent. Des respirations sifflantes lui parviennent, douloureuses.

Une nuit, un craquement sinistre l'extirpe de sa fièvre. Antoine soulève péniblement ses paupières brûlantes : il distingue de longues tiges qui grimpent sur les murs de la salle de l'hôpital. Elles ondulent et s'entrelacent, fissurant les murs, formant au-dessus de lui une sombre voûte. Antoine sent son cœur cogner dans sa poitrine affaiblie. Tout a l'air si réel. Face à lui, un hêtre au tronc énorme grandit, perçant le sol dans un grand fracas, déployant ses branches feuillues. L'odeur de mousse et de terre humide lui assaille les narines. Les lits des autres blessés ont disparu dans ce bois lugubre, soudain écrasé par le silence. Antoine se dresse, repoussant ses draps. Il projette ses bras en avant pour se protéger. Ses deux bras. Comment est-ce possible ? Puis, tandis que son esprit cherche à comprendre ce qu'il voit, deux mains aux longues griffes noires surgissent du hêtre, brisant le tronc de l'arbre centenaire. Vêtue d'un manteau de branches et de feuilles, une longue silhouette en sort à son tour, surmontée d'un visage maigre et d'une chevelure fauve, qui brûle autour de ses yeux noirs. Antoine voudrait s'enfuir, mais la terreur le cloue à son lit. Son souffle lui manque. Il articule un cri silencieux, bloqué dans sa gorge.

La créature s'avance, le fixant de ses yeux sombres, et se

penche au-dessus de lui. Sa figure sauvage à l'haleine fétide est suspendue à quelques centimètres du sien, et le froid s'insinue sous sa peau. Une voix rauque lui parvient :

— Le moment est venu de payer ta dette.

Effrayé, il voit la foudre se déchaîner au-dessus d'eux, illuminant la voûte de zébrures noires, puis s'abattre sur lui dans une brûlure terrible, arrachant son bras gauche. Le cri enfle dans sa gorge tandis que son membre se consume à ses pieds comme un morceau de bois. Antoine a hurlé si fort que l'infirmière se précipite. Elle le prend dans ses bras et le laisse sangloter comme un enfant.

C'est ainsi que se déroulent les nuits qui suivent son réveil à l'hôpital militaire. Les cauchemars enfiévrés, les visions terrifiantes, la douleur dans son épaule gauche et dans son membre amputé, qui laisse penser à Antoine que sa fin est proche. Chaque nuit, la Dame Verte lui apparaît. Que viendra-t-elle réclamer auprès de lui ? La perte de son bras, la mort de son meilleur ami, ne sont-elles pas des prix suffisants ?

Finalement, après plusieurs jours de fièvre et de délire, le corps d'Antoine semble survivre à sa blessure.

Pas son âme.

Penser à Michel lui fait mal. Chaque jour, sa raison est projetée contre l'évidence. Il le cherche, ne peut se résoudre à l'insupportable vide. Sa présence est si familière qu'Antoine se surprend à lui parler parfois. Il le sent près de lui à chaque instant, comme il sent son bras pourtant absent au bout de son épaule.

Si le docteur Lévy ne lui avait pas montré son moignon

encore douloureux, Antoine aurait juré qu'il avait encore son bras. Il perçoit avec une acuité accablante les élancements dans son membre amputé, les fourmillements dans ses doigts disparus, les échos des morsures des éclats d'obus. Pourtant, il est là, au bout de son épaule, ce moignon grotesque qu'il n'ose pas regarder. Son bras, broyé par les fragments métalliques, a été coupé dix centimètres au-dessus du coude. Son extrémité en forme de cône est irrégulière et marquée par une large cicatrice encore rouge et enflammée. S'il avait un rabot, il l'aurait bien poncée comme il le faisait autrefois pour les pièces de bois, afin d'en rendre la forme plus lisse et harmonieuse. Cet ouvrage imparfait le rend encore plus monstrueux. Que fera-t-il sans ses mains si habiles ? Comment pourra-t-il travailler et retrouver sa place à la ferme ?

Et *elle* ? Pourra-t-elle encore le regarder sans détourner les yeux ? Aura-t-elle pitié de lui, comme s'il était devenu un infirme inutile et pathétique ? Cette pensée lui fait horreur.

La douleur est incessante. Le docteur Lévy lui a administré de la morphine, mais, après les premiers jours qui suivent l'opération, Antoine refuse d'en prendre. Il a vu à l'hôpital des soldats prisonniers de cette drogue. Par ailleurs, le jeune homme connaît bien les effets dévastateurs du manque. Il est hanté par l'image de son père, devenu fou, en quête de la moindre goutte d'alcool, ingurgitant les bouteilles d'eau de Cologne de sa mère.

Alors, Antoine endure la douleur dans le silence.

Abdoulaye et Noël, ses compagnons des tranchées, viennent s'enquérir de son état, mais il reste amorphe en leur présence. Ils déposent près de lui les affaires qu'il avait laissées à l'arrière : ses vêtements, ses lettres et son sac avec ses précieux outils ainsi que les petits objets qu'il a fabriqués.

— Michel nous manque beaucoup à nous aussi, lui dit Noël en reniflant. Mais on est bien contents que t'aies survécu.

— Courage, mon ami, lui dit Abdoulaye en posant sa main sur son épaule. La fin de cette maudite guerre est proche. Bientôt nous rentrerons tous chez nous.

Il pose les affaires de Michel près de celles d'Antoine.

— C'est à Michel. C'est à toi de les rapporter dans ton village.

Antoine jette un regard vers les effets de son meilleur ami : un petit sac rempli de lettres, un couteau et un médaillon avec un portrait d'Hélène. Le manque lui tord le cœur. Comment rentrer au village sans lui ? Antoine ne s'est jamais senti aussi seul et perdu. Même lorsque, enfant, il vivait dans la terreur des coups de son père, il savait que, le jour venu, il retrouverait Michel et avec lui le soleil. Il savait qu'ils partiraient à l'aventure, que leurs jeux le sauveraient de sa tristesse. Quels enfants naïfs ! Comment ont-ils pu imaginer que leur départ à la guerre leur permettrait de se réaliser ? Il fait un signe de tête à ses compagnons, qui le quittent avec un air désolé.

Antoine sombre dans un mutisme douloureux qui dure des jours.

Eugénie, l'infirmière en charge de la salle de repos, ne semble pas vouloir le laisser s'enfoncer dans sa mélancolie. La jeune femme à l'énergie débordante vient le voir tous les jours pour changer ses pansements, lui apprendre à se débrouiller sans son bras gauche, l'inciter à manger malgré son apathie. Brune, rondelette, le regard noir et perçant, elle transmet sa détermination farouche aux soldats, rendant la guérison envisageable. Quand elle rit, elle réchauffe toute la chambrée.

Elle noie Antoine dans un flot de paroles ininterrompu qui le berce. Il ne lui répond pas. Il ne sait pas dans quel état ses mots vont sortir de sa bouche. Elle respecte son silence. Puis un jour, il lui répond. Un mot. Puis deux. Elle le récompense à chaque fois d'un regard brillant de plaisir.

— J'étais sûre que ta voix était aussi belle que tes yeux, lui dit-elle avec un clin d'œil.

Antoine rougit et détourne le regard.

Un matin, elle lui apporte une prothèse, comme s'il s'agissait d'un cadeau de Noël. Cet objet lui fait tout de suite horreur. Il s'agit d'une pince articulée au bout d'un appareillage métallique qui se fixe sur son moignon. Antoine grimace en serrant cet ersatz de bras dans sa main valide.

— C'est provisoire ! Ce sont les pinces-mains que les frères Lumière[1] ont livrées à l'armée. Cela te permettra au moins de saisir et serrer les objets, explique Eugénie. Après tu obtiendras une prothèse plus pratique, avec une main articulée ou un outil adapté à ton métier : une lame, un étau ou un marteau.

— Tu… tu m'annonces ça comme si c'était une bonne nouvelle…

Eugénie pose la pince-main sur la table de chevet et fait face à Antoine. Elle lui relève le menton et plante son regard déterminé dans le sien.

— Ne t'apitoie pas sur ton sort, Antoine Lefresne. Tu es vivant, contrairement à ton ami et à bien d'autres. Tu es vivant, jeune et sûrement talentueux au vu des petits animaux que tu sculptes d'une seule main avec les morceaux de mie

1. Pendant la guerre, les frères Lumière inventent et fournissent à l'armée 5000 prothèses métalliques permettant aux soldats mutilés de saisir et serrer des objets. Les progrès techniques et médicaux dans ce domaine sont considérables pendant la période. Plusieurs modèles sont inventés pour remplacer les membres supérieurs ou inférieurs des soldats.

de pain que tu laisses dans ton assiette. Cette prothèse va te permettre de reprendre ton travail à la ferme.

— Tu… tu crois ? bégaye Antoine, intimidé par le visage de la jeune femme presque collé au sien.

— J'en suis sûre, répond Eugénie en se redressant. Laisse-moi faire.

L'infirmière aide ainsi Antoine à positionner et à utiliser son nouveau membre de métal. Au bout de quelques jours, même s'il ne peut pas encore le porter tout le temps en attendant la cicatrisation complète de son moignon, il parvient à s'en servir pour attraper et serrer des objets, manger et s'habiller. Peu à peu, Antoine entrevoit un avenir possible.

Un matin, l'ombre d'un homme gigantesque lui cache les rayons du soleil. Antoine le reconnaît aussitôt : l'homme-oiseau. Dans la lumière crue, il voit mieux son visage brun au nez busqué, ses yeux noirs et perçants, ses longs cheveux lisses ornés de plumes. Antoine identifie sans peine l'uniforme de l'armée canadienne, qui combat aux côtés des Français et des Anglais. Il se redresse aussitôt, intimidé.

— C'est t… toi, bredouille-t-il, qui m'as sauvé la vie. Qui dois-je re… remercier ?

— On m'appelle Joseph Big Bear, dit l'homme en français avec un fort accent. Je venais voir si tu avais survécu.

— En partie du… du moins, répond Antoine en désignant son moignon.

— Tu as gardé les meilleurs morceaux ! rétorque Joseph avec un sourire goguenard.

L'effet que produit son sourire dans son large visage grave

est aussi saisissant qu'un rai de lumière sous les nuées d'orage. Antoine se surprend à rire. Voilà une plaisanterie qui aurait pu sortir de la bouche de Michel.

— Je t'ai trouvé à moitié enseveli dans ta tombe. Une lumière m'a guidé jusqu'à toi.

— N'as-tu p… pas trouvé un autre corps près de moi ? Un homme aux che… cheveux bruns ?

— Non. Tu étais le seul encore en vie. Tes camarades ont cherché les restes de ton ami mais n'ont rien trouvé.

Antoine accuse le coup. Il tire de sa chemise le pendentif de sa tante, auquel il a accroché la plume d'aigle.

— Ceci est… à toi.

Joseph secoue la tête.

— Je te la laisse. Tu as été sauvé par les Esprits ce jour-là, j'en suis sûr. Ton heure n'était pas venue. Cette plume te rappellera la chance qui t'a été donnée.

Antoine fouille maladroitement dans sa besace. Il en sort une petite médaille qu'il a sculptée dans la tranchée avec un éclat d'obus. Dessus il a gravé une tête de loup.

— Puis-je t'offrir un cadeau en échange ? demande Antoine en lui tendant l'objet.

— C'est toi qui as fait cela ?

Antoine hoche la tête. Joseph s'empare du présent délicatement ouvragé.

— Merci. Elle est magnifique. Chez moi, le loup est un animal sacré.

— Où est-ce ?

— En Ontario. Je suis iroquois. On nous emploie comme éclaireurs dans l'armée canadienne.

— Mon compagnon et moi aussi étions les éclaireurs de notre section…

— Toi aussi, tu es un chasseur ?

Antoine acquiesce, heureux d'échanger avec cet homme qu'il a pris cette nuit-là pour un messager de la mort. Joseph Big Bear reste quelques heures auprès d'Antoine, lui parlant des forêts de son pays, des animaux qu'on y trouve, de sa famille. Leur échange est si familier qu'il semble à Antoine qu'ils se connaissent depuis longtemps.

— Tu seras le bienvenu chez moi, si un jour tu souhaites quitter ton pays, propose Joseph en se levant pour partir. Remets-toi bien, Antoine.

— Merci, Joseph…

Quand la douleur de sa blessure le submerge, Antoine se plonge dans les souvenirs de son village, aux portes de la Bretagne, qu'il a tant voulu quitter, et qui lui paraît aujourd'hui un havre de paix et de délices. Antoine se souvient notamment des fiançailles de Michel et d'Hélène, au nouvel an. Cela lui paraît si loin, pourtant, cela ne fait que quelques mois. Ce jour-là, il y a eu une grande fête chez les Mahe, au hameau de l'Angeluère. On avait tué un cochon et presque tous les habitants du village avaient été invités. Dans la grange embellie pour l'occasion, Ernestine servait le cidre et le vin en abondance. Faisant fi du rationnement, trop heureuse de voir revenir son fils du front, elle avait préparé des pâtés de lapin en croûte luisant sous les chandelles, des rillettes savoureuses, des pommes d'hiver confites, des tartes à la confiture, des gâteaux au beurre. Tout cela lui donne à présent l'eau à la bouche.

Les filles portaient des robes claires sous leurs châles d'hiver, et de jolies coiffes en dentelle. Les garçons, sûrs d'eux ou faisant mine de l'être, les invitaient à danser, et tentaient un peu plus tard d'obtenir des faveurs. Le boulanger, Maurice Petit, avait donné des miches de gros pain pour fêter le retour du fils prodigue. Hélène, au bras de Michel, flottait au milieu de tous, auréolée de mèches dorées. La vieille Mahe avait déclaré que, sans aucun doute, il y avait un peu des fées dans cette jeune fille. À dix-sept ans, Hélène et Michel étaient, de l'avis d'Ernestine, un peu jeunes pour se fiancer. Mais Michel avait souhaité officialiser leur union avant de retourner au front.

Antoine se souvient aussi des rubans rouges dans les cheveux bouclés de Lucie, de la façon dont les garçons plus âgés l'avaient invitée à danser. Il avait lutté avec lui-même pendant toute la soirée pour tenter sa chance lui aussi. Mais il n'avait pas osé. Elle était son aînée, une des plus jolies filles du village, et la sœur de son meilleur ami. Antoine savait qu'il se ridiculiserait. Plus tard dans la soirée, il avait ramassé un de ses rubans tombé au sol, dans la poussière remuée par les danseurs, et l'avait gardé.

Les gars du village s'étaient fait un plaisir de verser du calva dans le verre de monsieur Fontaine, le père d'Hélène, qui n'avait pas l'habitude de boire autant, et qui s'était perdu en rentrant au village en marchant à côté de sa bicyclette. Antoine et Michel l'avaient retrouvé le lendemain, endormi et à moitié mort de froid, sur la pente moelleuse d'un fossé.

Il raconte tout cela à Eugénie. Bien vite, il se rend compte que l'infirmière passe de plus en plus de temps avec lui, s'attirant parfois les foudres du docteur Lévy. Mais Eugénie s'en moque.

— J'avais seize ans quand je me suis engagée, lui révèle-t-elle un soir. J'ai toujours été attirée par la médecine. Du coup je suis devenue infirmière. J'ai soigné des hommes de toutes les origines. Nous sommes tous logés à la même enseigne quand le chirurgien fait son travail. Tu le sais bien.

— Oui…

— Je voudrais bien devenir médecin plus tard, comme Madeleine Brès[1], ou faire des radios, comme Marie Curie[2]. Mais pour les filles, c'est une vraie chienlit d'être acceptée en faculté de médecine. Et encore, quand tu y es admise, on te dit de ne soigner que les femmes et les enfants. Le docteur Lévy dit que je me débrouille bien, alors j'ai bon espoir. Entre nous, il m'a même confié quelques gestes que les infirmières n'ont pas le droit d'exécuter d'habitude. L'autre jour, j'ai eu droit de procéder à une opération. Je suis douée, plus que les jeunes médecins qui travaillent avec lui, et j'ai l'estomac solide.

— J'ai re… remarqué. Je préfère quand c'est t… toi qui me soignes plutôt que le do… docteur Michelet.

— Oh oui quel boucher celui-là ! Tu sais que cet imbécile m'a fait des avances l'autre jour ? Il voulait m'emmener danser… J'ai dit oui bien sûr. Il n'y a pas tant de distractions ces temps-ci. Mais quand il a essayé de m'embrasser avec sa grosse moustache dégoûtante ! Pouah !

Antoine rit. Il désigne la salle de son bras valide, attirant l'attention d'Eugénie sur les regards envieux des autres patients pendant qu'elle s'éternise auprès de lui, nonchalamment assise sur son matelas.

---

1. Première femme reçue doctoresse en médecine en France en 1875. On lui demanda cependant de limiter sa pratique aux femmes et aux enfants.

2. Scientifique française spécialisée dans les recherches sur le radium, première femme à avoir reçu le prix Nobel. Elle invente les « Petites Curie », des automobiles de tourisme équipées d'unités mobiles de radiologie permettant de se déplacer sur le front pour effectuer des radiographies des blessures des soldats. Avec sa fille Irène, elle se rend sur les champs de bataille pour effectuer ces radios, très utiles pour repérer les éclats d'obus dans le corps des blessés avant les opérations.

— Tu… tu ne vois pas qu'ils sont tous amou… reux de toi, ici !

— Ça, c'est parce que j'ai de la morphine !

Antoine rit de plus belle.

— Et toi, tu n'es pas tombé amoureux de moi ? lui demande Eugénie avec un sourire espiègle et un regard plus appuyé.

Antoine reste bouche bée. Avant, les filles étaient plutôt attirées par Michel. Il ne sait pas trop comment réagir aux allusions de la jeune infirmière. Il doit bien reconnaître qu'il prend de plus en plus de plaisir en sa compagnie, mais un autre visage s'impose à lui.

— Je… je… mais… tu es très… charm… ante mais…

— Allez, ne te fatigue pas ! Je le sais bien que ton cœur est à une autre ! Tu répètes constamment son prénom dans ton sommeil. Ça m'est égal, tu sais ! Je n'ai pas le temps pour les amourettes de toute façon.

Eugénie détourne la tête et range ses instruments. Le pli amer de sa lèvre dément son ton désinvolte. Antoine s'en veut soudain de lui faire du mal.

— Il est bien… bien chanceux… celui qui t'aimera en retour… lui dit-il doucement.

Eugénie lui sourit.

— Et bien veinarde celle que tu vas bientôt retrouver. J'espère qu'elle s'en rend compte !

— Je ne… crois pas, non. Elle ne sait… même pas que je… je l'aime.

— Dis-lui, gros bêta ! S'il y a bien une chose que la guerre nous apprend, c'est qu'il n'y a pas une minute à perdre. Et si elle ne veut pas de toi, alors tant pis pour elle !

Eugénie se tourne vers lui, ses yeux noirs brillent soudain un peu trop.

— Tu m'écriras ? lui demande-t-elle.

Et d'un coup, elle dépose un baiser farouche sur les lèvres d'Antoine avant de s'éloigner. Le jeune homme reste ébahi, son cœur galopant au rythme des talons d'Eugénie dans le couloir.

Une voix retentit soudain à ses côtés :

— Lefresne !

Le docteur Lévy le toise d'un air sévère. Antoine se redresse péniblement, gêné.

— Do… docteur je…

— Ne dites rien ! l'interrompt le docteur Lévy. Vous n'aurez pas le temps de dévergonder le personnel de mon hôpital. Votre blessure a cicatrisé. Vous sortez demain.

HÉLÈNE

Hélène pédale aussi vite qu'elle le peut pour fuir la douleur. Au moment où son père lui a annoncé la mort de Michel, la jeune fille s'est fendue en deux, comme une bûche sous un coup de hache. Elle s'est réfugiée dans sa chambre et s'est écroulée. Elle a hurlé, a maudit la guerre et les hommes qui la font. Elle a maudit les gens qui la regardent comme si sa vie était finie, comme si, à dix-sept ans, elle devait porter le deuil d'une femme mariée depuis vingt ans. Elle a maudit son père qui lui a enjoint d'être fière de devenir la veuve, ou presque, d'un héros de guerre. Elle a maudit ce bébé qui grandit dans son ventre et qui, bien qu'invisible, lui rappelle tous les matins quand elle se réveille, et que la nausée la saisit, que sa vie ne sera plus jamais la même.

Après la cérémonie funèbre, Hélène est restée plusieurs heures prostrée dans sa chambre.

Puis elle s'est levée. Elle a laissé derrière elle l'autre Hélène, terrassée, recroquevillée dans sa douleur, en lui promettant qu'elle s'en sortirait. Elle a quitté la maison de son père, s'enfonçant dans la brume matinale en pédalant sur sa bicyclette. À présent, elle quitte discrètement le village et s'élance sur le chemin qui mène au bois des Corneilles. Elle passe à toute allure devant la ferme des Mahe, chargée de tant de souvenirs lumineux. Le brouillard enveloppe ses murs gris, et tout semble plongé dans le silence du deuil avant que le travail ne reprenne pour les femmes de l'Angeluère. Hélène pénètre dans le bois. Le sentier ne lui permettant plus de pédaler, elle pose sa bicyclette et poursuit à pied parmi les fougères et les ronces. Les épines retiennent ses jupes, gênant sa progression décidée.

Enfin, elle trouve la clairière des Ormes. Une sourde appréhension la saisit. Ne devrait-elle pas faire demi-tour ? Et si quelqu'un la surprenait ici ? La brume se disperse peu à peu, fendue par les rayons du soleil. Hélène découvre une vieille masure rongée par le lierre et la mousse, adossée à un orme centenaire au tronc noueux. Un grand potager bien entretenu et la fumée qui s'élève au-dessus du toit d'ardoises inégales contredisent l'impression d'abandon de la maisonnette en pierre. Elle s'avance prudemment, le cœur au bord des lèvres. Elle sait qu'elle n'a pas le choix et qu'elle doit faire vite.

Soudain, la longue silhouette d'une femme d'âge mûr surgit du bois. Les manches de sa robe noire et sobre sont retroussées jusqu'au coude, découvrant des bras robustes. Ses longs cheveux noirs sont relevés à l'arrière de sa tête, et quelques mèches grises s'échappent de son chignon autour d'un visage dur tanné par le soleil. Dans sa main gauche, elle tient un lièvre mort, dans la droite, un panier rempli d'herbes et de champignons. Il émane de sa personne une vigueur et une force qui impressionnent Hélène. Ses yeux s'arrêtent soudain sur la jeune fille, deux morceaux de charbon sous des sourcils épais, qui la détaillent des pieds à la tête. Elle retrousse le nez, comme si une odeur la dégoûtait.

— Te voilà donc, dit la femme d'une voix grave. Je savais que tu viendrais.

Hélène a déjà croisé Annette dans le village, mais, comme la plupart des gens, elle ne lui adresse la parole que pour avoir recours à ses talents de guérisseuse. Elle connaît des remèdes appris de sa grand-mère, qui savait l'usage des simples, et on la dit sorcière. Elle sait aussi comment imposer les mains sur le corps, et quels mots doivent être prononcés pour chasser le mal. Les habitants du village et des alentours viennent souvent demander son aide, mais ils se méfient d'elle, car elle est libre, et sait sur eux et sur le monde beaucoup trop de choses. Elle ne s'est jamais mariée, et on raconte dans les veillées qu'elle attire parfois les hommes jusque chez elle à l'aide de charmes puissants, car son désir est insatiable.

Annette pose son panier, pend le lièvre à un clou sur le mur à côté de la porte, donne quelques coups habiles avec un petit couteau qu'elle a sorti de sa poche, et tire d'un coup sec sur la peau de l'animal, révélant sa chair crue des pattes jusqu'à la tête, comme si elle lui retirait un vêtement d'hiver. Hélène sent le contenu de son estomac remonter jusqu'à sa gorge. Elle plaque la main sur sa bouche, inspirant un grand coup pour ne pas vomir. Annette entre dans la maison avec son panier, le lièvre et la peau.

— Viens, dit-elle en se tournant soudain vers Hélène. N'aie pas peur. Je ne mange que les petits enfants.

Un sourire ironique éclaire alors son visage buriné. Hélène la suit à l'intérieur. Jamais elle ne s'est sentie aussi petite. Dans l'unique pièce de la maison, Hélène respire l'odeur des herbes disposées de toutes parts, alignées sur des étagères, pendues aux poutres du plafond, séchées dans de grands paniers. Quelque chose mijote dans une petite marmite au milieu de la cheminée, répandant une odeur alléchante. Sur la table au centre de la pièce, Annette dépose le lièvre et son panier, puis pend la peau à un crochet au-dessus de l'âtre. Près du poêle, sur la couverture douillette du lit, un long chat couleur d'orage est étendu et observe Hélène de ses yeux mi-clos.

— Assieds-toi, ma fille, murmure Annette.

Elle lui sert une tasse d'une tisane odorante.

— Bois, cela te réchauffera.

Hélène hausse un sourcil, regardant avec méfiance le liquide fumant. Elle reconnaît l'odeur de la menthe et du thym, mais qui sait ce que la guérisseuse y a ajouté ?

— Allons, allons, se moque Annette en riant, une fille intelligente comme toi ne croit pas aux histoires de sorcière !

Hélène avale quelques gorgées. La tisane détend un peu son cœur serré d'angoisse. Elle se met à respirer de nouveau. Tandis que la guérisseuse se lave les mains dans un baquet d'eau, Hélène remarque une large cicatrice le long de son avant-bras gauche.

— Je… Je suis venue…

— Je sais pourquoi tu es venue, l'interrompt Annette.

— Comment cela ? s'étonne Hélène.

— Pourquoi une jeune fille intelligente dont le fiancé vient de mourir au front viendrait-elle voir une femme comme moi ?

— Vous ne me connaissez pas, s'indigne Hélène.

— Nous nous ressemblons plus que tu ne crois. Mais peu importe ! Comment va le dos de ton père, ce vieux radoteur pétri de grands principes ?

— Mon père est déjà venu ici ?

— Bien sûr, mais il est trop fier pour le dire. Je lui donne des herbes et je le masse pour soulager sa sciatique. Il gagnerait à se détendre un peu.

Hélène a du mal à imaginer son père laissant Annette le soigner ou le manipuler.

— Il ne souffre plus depuis quelque temps, concède Hélène.

— Bien, c'est qu'il a suivi mes conseils.

Annette s'installe à son tour face à Hélène, buvant sa tisane en la scrutant de ses yeux d'onyx.

— Depuis combien de temps es-tu enceinte ?

Hélène a un hoquet de stupeur.

— Tes traits sont tirés, tes seins sont gonflés et, encore une fois, que viendrais-tu faire ici si ce n'est pour te débarrasser d'un enfant indésirable ? Combien de retard as-tu dans tes saignements ?

— Deux mois, dit Hélène en posant instinctivement les mains sur son ventre.

— As-tu des douleurs ?

— Non. Mais j'ai souvent mal au cœur le matin.

Le mot « indésirable » résonne dans la tête d'Hélène. Veut-elle vraiment se débarrasser de cet enfant ? Il n'était pas souhaité, pour autant est-il indésirable ? Comment elle, une jeune fille ambitieuse, pourrait-elle construire sa vie avec un enfant illégitime ? Elle serait la honte de son père, jugée par les villageois. Elle-même regarde Séraphin d'un mauvais œil quand elle le croise. C'est un bâtard, qui a grandi sans père. Ce n'est pas ce qu'Hélène veut pour ses enfants, ni pour elle-même. Elle voit bien que la mère de Séraphin est méprisée dans le village et jugée comme une femme sans morale. Qu'est-ce que la morale a à voir là-dedans ? Ce qu'elle a partagé avec Michel, pendant une de ses permissions, c'était de l'amour, pur et simple. Une promesse faite avec le corps, conjurant la mort. Hélène repense à cette nuit comme à une bulle hors du temps et de l'espace. Comment cet enfant pourrait-il grandir sans la lumière et le rire de son père, dans ce monde devenu soudain sec et froid ?

— Ce n'est pas juste, n'est-ce pas ? dit Annette, en écho aux pensées d'Hélène.

— Ne le dites pas à mon père, répond Hélène. Nous allions nous marier de toute façon. Michel était bon et respectueux, et je ne suis pas devenue une fille de mauvaise vie juste parce que j'ai…

— Je ne te juge pas, explique Annette en se levant et en récupérant des herbes dans ses pots alignés sur les étagères. Je pense que ce monde est hypocrite et qu'on blâme les filles pour des actes commis par des filles et des garçons. Si on ne vous laissait pas dans l'ignorance, si on vous expliquait comment éviter une grossesse avant que vous ne soyez en mesure d'élever un enfant, bien des drames seraient évités. Cet imbécile de curé à l'église vous farcit la tête d'idioties aussi inutiles que fausses. L'instruction, la connaissance, voilà ce qui aiderait les jeunes filles. Si vous connaissiez mieux votre corps, vous pourriez choisir. Hélas, je ne crois pas que ton cher père, ou le curé, ou tous les hommes de ce village, soient prêts à entendre ce que j'ai à dire.

— Certaines femmes luttent pour avoir plus de droits, avance timidement Hélène. Elles manifestent pour le droit de vote.

— Tiens tiens, dit Annette en plaçant les herbes dans un petit sachet de cuir. Une jeune fille instruite et une suffragette ! Nous aurions beaucoup de choses à nous dire, toutes les deux ! Tu seras la bienvenue si tu souhaites revenir.

— Je… Personne ne doit me voir ici.

— Dommage, je te croyais d'une autre trempe, déclare Annette en la clouant de son regard noir.

Elle lui tend le sachet.

— Fais infuser ces herbes dans l'eau bouillante. Bois une tasse de la décoction obtenue, mais pas plus ! Écoute bien ce que je te dis ! Sinon tu risques de t'empoisonner. Quelques heures plus tard, tu devrais être soulagée de ton fardeau.

— Vais-je souffrir ? demande timidement Hélène.

— Oui, tu vas souffrir. Mais ce sera rapide. Reviens me voir si jamais tu saignes pendant plusieurs jours.

— Combien je vous dois ?

— Rien, dit Annette. Tu m'es sympathique et, à l'occasion, apporte-moi des fruits du verger des Mahe ou un poulet. Et l'affaire sera conclue.

Hélène se lève, tremblante, serrant le sachet dans ses mains. Elle remercie Annette et se dirige vers la porte.

— Une dernière chose, lui dit Annette. Tu as encore le choix. Tu n'es pas obligée de prendre ces herbes abortives.

Le mot déclenche des frissons dans le dos d'Hélène.

— Ma vie sera un enfer si je ne les prends pas, murmure-t-elle.

— Quoi que tu choisisses, ne le fais pas pour les autres, mais pour toi. Ce n'est pas parce qu'on enseigne aux filles qu'elles sont incapables de prendre leur vie en main, de tracer leur propre chemin, que c'est la vérité. Pense à cela, ma fille. Le monde change avec cette maudite guerre. Les femmes doivent prendre leur place. Sur la terre brûlée, la nature pousse vigoureusement.

Hélène sort de la maison. La brume s'est levée. Le paysage sinistre qu'elle a traversé en arrivant est devenu une forêt pleine de vie, qui brille de mille feux sous le soleil matinal. Elle regarde le sachet de cuir dans sa main. Toute sa vie était tracée. Épouser Michel. Devenir journaliste. Mais à présent tout s'écroule. Et si du chaos elle décidait de sortir plus forte ?

SÉRAPHIN

Les feuilles vert tendre des chênes bruissent doucement au-dessus de sa tête, laissant le soleil de début mai l'éblouir par intermittence. Séraphin tient mollement sa canne à pêche, allongé dans les hautes herbes. L'hameçon dérive au gré du courant de la rivière. C'est son coin favori, celui où il aimait se réfugier lorsqu'il faisait l'école buissonnière. Les après-midi avaient alors la saveur de la liberté, et un avant-goût amer et inquiétant des punitions à venir. Mais rien n'était pire que de s'ennuyer à mourir dans la classe de monsieur Fontaine, et de subir les brimades des garçons du village pendant les récréations. Le jour de ses treize ans, Séraphin déclara à sa mère qu'il ne mettrait plus jamais les pieds à l'école et il travailla comme ouvrier agricole.

Ce beau matin, goûtant la chaleur du soleil malgré l'air encore frais, ce n'est pas la classe que Séraphin évite, mais la cérémonie funèbre pour Michel Mahe. L'adolescent déteste l'église à peu près autant que l'école, encore plus quand elle est remplie d'hypocrites et de bien-pensants prompts à juger la

Terre entière. Ainsi a-t-il croisé Caroline ce matin même devant la boulangerie de son père : la jeune fille l'a copieusement ignoré, alors qu'elle était dans ses bras quelques jours auparavant. Les filles veulent bien s'encanailler avec lui, mais pas se montrer avec un bâtard, un petit voleur à la mauvaise réputation. Sous son apparente désinvolture, il est blessé par cette attitude. Il pensait Caroline différente. *Tant pis pour elle,* se dit-il, amer.

C'est donc dans son coin de pêche favori, là où Michel lui a appris à placer un ver sur un hameçon, que Séraphin a décidé d'accorder une pensée à son aîné. Pas besoin de prières, de curé, d'un endroit froid, sombre et étouffant. Le ciel, le soleil, la rivière, la terre sous son corps alangui, feront une cathédrale bien plus sacrée. Ici, sa tristesse peut prendre place, à l'abri du regard des autres.

Tous les sons, toutes les couleurs et les odeurs résonnent en lui plus fort que d'habitude. Est-ce en raison du caractère sacré de cet hommage silencieux ? Ou de sa sensibilité exacerbée par la mort de son ami ? Jamais Séraphin n'avait perçu si précisément le monde qui l'entoure.

Dans le seau près de lui, des gardons s'agitent, plongés dans l'eau, agitant leurs élégantes queues orangées. Leurs écailles argentées, ourlées de vert émeraude, scintillent dans la lumière du soleil qui filtre entre les feuilles de chêne. Les effluves s'infiltrent puissamment dans ses narines, ceux de la terre encore humide des pluies de la veille, des fleurs printanières. La musique de la rivière caresse ses oreilles, agrémentée çà et là de chants d'oiseaux. La beauté de l'instant prend Séraphin à la gorge. Il saisit une bouteille de vin doux dans sa besace et la brandit.

— À la tienne, Michel, dit-il, sa voix surgissant étrangement au milieu des sons naturels. J'espère que, là où tu es, il y a de beaux coins de pêche.

La journée s'étire lentement. Après avoir mangé un morceau de pain et un fromage de chèvre, Séraphin s'allonge, la nuque dans les trèfles et les pâquerettes. Il porte la main à la griffure sur sa joue, celle que lui a laissée la vagabonde qui a incendié la grange du maire. Séraphin a entendu les vieux au café parler d'une fille qui rôde la nuit autour du village. Est-ce une fille sauvage ? Une fille jetée sur les routes par la misère ? Mais pourquoi mettre le feu ? Est-ce une fée, un de ces esprits des bois ? Ou la Dame Verte, dont sa mère lui disait de toujours se méfier : « Elle attire les enfants et les dévore sans sourciller. Ne t'enfonce pas dans la forêt. »

La silhouette aperçue dans la nuit était agile et rapide. Il a essayé de retrouver sa trace dans les bois, mais il n'est pas un aussi bon pisteur qu'Antoine. Quoi qu'il en soit, si Joseph Lecomte se comporte avec tout le monde comme avec sa mère et lui, il a dû se faire pas mal d'ennemis. Quelle satisfaction ce serait d'écraser l'arrogance de cette famille insupportable, que tout le monde craint de contredire ! Savourant une vengeance future, qu'il a l'habitude d'imaginer en employant les châtiments les plus cruels, il s'endort, satisfait.

Le froid crépuscule le réveille. Séraphin frissonne. La douleur dans son ventre est revenue, moins violente mais plus lancinante. Il se frotte l'abdomen et boit un peu d'eau, cherchant à soulager son trouble. La petite clairière au bord de la rivière est plongée dans la pénombre. Quelque chose l'intrigue. Oui, le silence. Il règne dans ce lieu d'habitude si bruissant un calme inhabituel. Séraphin ramasse ses affaires. Sa mère va s'inquiéter s'il rentre trop tard.

Ce n'est rien, se dit-il. *C'est le soir, voilà tout.*

Mais aucun oiseau ne chante. La rivière elle-même est figée dans le silence. Autour de lui, les chênes, les hêtres et les saules se dressent dans une ombre opaque. Au moment où il jette sa besace sur son épaule, Séraphin se pétrifie : suspendus dans la pénombre devant lui, deux yeux d'or le fixent.

L'adolescent sent les battements de son cœur s'accélérer, projetant dans ses membres l'énergie nécessaire pour s'échapper. Pourtant il reste hypnotisé par ce regard surnaturel. Est-ce une bête ? Séraphin saisit le couteau dans son étui de cuir qu'il suspend toujours à sa ceinture.

— Montre-toi, marmonne-t-il entre ses dents.

Un grondement sourd lui répond. Séraphin recule, réfléchissant à toute vitesse à ses possibilités de fuite.

Soudain, les yeux s'avancent, sortant du sous-bois, et avec eux le corps d'un énorme loup gris. La bête le scrute, la langue pendante, inclinant la tête de droite et de gauche comme pour le jauger. Séraphin ne savait pas que les loups pouvaient être aussi gros. Il est presque aussi haut que lui, et son poitrail, au poil plus clair, est énorme. Ses yeux profonds sont deux disques dorés à l'iris noir. Ils semblent si intelligents, si sages. L'adolescent est tétanisé, incapable de bouger, fasciné par ce regard qui semble sonder le sien.

Il sort soudain de sa torpeur et lève son couteau. Le loup grogne aussitôt.

— Très bien, dit-il en lâchant son arme dans l'herbe, très bien, je le pose.

Aussitôt les grognements cessent.

Allons, se dit Séraphin, *tu es un garçon intelligent. Réagis, cours, fais quelque chose.*

Mais il reste suspendu à ce regard. Une impulsion stupide le prend, prémices peut-être d'une mort prochaine. Il tend la main, paume ouverte vers le ciel, comme il le ferait avec un chien de ferme, et s'approche. Le loup gronde. Séraphin s'arrête.

— Très bien, très bien, je reste là.

Le loup agite de nouveau la tête de droite et de gauche, comme intrigué par sa voix.

Puis il trotte vers Séraphin.

C'est le moment où je meurs, se dit l'adolescent, qui ferme les yeux.

Un museau humide se pose sur sa main. Le loup le renifle, emplissant de sa masse énorme le champ de vision du garçon. Son souffle est chaud. Séraphin l'observe, fasciné. Il se rend compte que l'animal est en fait une louve. Elle sent une odeur chaude, comme les relents de la terre en fin d'après-midi, l'été. Son pelage gris mêlé de blanc frotte le bras nu de l'adolescent, dont les poils se hérissent à ce contact.

Le vent se lève d'un coup. La louve hume l'air nocturne. Puis, à une vitesse surprenante, elle bouscule Séraphin et plonge sous le couvert des arbres.

L'adolescent ne demande pas son reste. Il saisit ses affaires et court dans le sens opposé, vers le village.

Au bout de sa course folle, la nuit est presque tombée. Les maisons du hameau de l'Angeluère luisent, rassurantes, en contrebas de la colline.

Séraphin est encore secoué par cette étrange rencontre. Quelle chance de ne pas avoir été dévoré par la bête féroce ! Son enfance n'a-t-elle pas été bercée par des histoires de loups terrifiant les villageois, dévorant les poules et le bétail, n'hésitant pas à s'attaquer aux imprudents qui s'éloignaient, seuls, dans la forêt ? Sa mère elle-même l'a alerté quelques jours plus tôt à propos de chiens sauvages rôdant autour de l'Angeluère, et lui-même les a vus cavaler dans les bois la nuit de l'incendie chez le maire. Et pourtant cette louve n'avait pas l'air agressive. En tout cas elle ne s'est pas attaquée à lui.

— Il n'y a pas assez de viande sur mes os, ricane-t-il, tandis que son souffle reprend son rythme normal.

La douleur qui lui perçait le ventre un peu plus tôt a disparu. La rencontre avec la Louve lui a fait oublier son trouble. Quelle bête fascinante !

Soudain un bruit de bicyclette fonçant sur le chemin du village l'alerte, mais trop tard.

— Attention !

Un violent choc dans son dos et le voilà projeté quelques mètres plus loin, dans le fossé, le corps endolori. Quand il se relève, il reconnaît cette insupportable bêcheuse d'Hélène Fontaine, les quatre fers en l'air, et sa bicyclette échouée à côté d'elle, les roues poursuivant leur course dans le vide.

— Tu ne peux pas regarder autour de toi ! crie-t-elle.

Stupéfait par son culot, Séraphin s'apprête à l'envoyer paître vertement, quand il se souvient qu'elle vient de perdre son fiancé. Il respire, frottant son dos douloureux.

— C'est toi qui fonces sur le chemin sans regarder où tu vas, dit-il, le plus calmement possible.

— Je ne m'attendais pas à y trouver quelqu'un, rôdant le soir autour des maisons, crache Hélène avec ce petit pli hautain habituel au coin des lèvres.

— Je ne rôde pas ! J'habite dans ce hameau, je te rappelle ! lui répond Séraphin, qui perd patience. Et non, je ne suis pas blessé, merci de demander !

Hélène ouvre la bouche pour répondre, puis la referme, se baissant pour relever sa bicyclette.

— Je ne voulais pas te renverser, lâche-t-elle d'un ton pincé en remontant en selle.

— Et toi, remarque soudain Séraphin, que faisais-tu sur le chemin venant du bois des Corneilles ?

— Je rentre chez moi après avoir distribué le courrier, et ça ne te regarde pas ! Je ne vais pas me justifier devant un gosse comme toi. Tu as toujours été comme un pou dans mes cheveux !

Séraphin se dit que deux animaux sauvages en une seule soirée, c'est bien trop. En outre, il est pressé de faire le récit de son étrange rencontre à sa mère. Il tourne le dos à Hélène et lui jette, en se dirigeant vers sa maison :

— Bien sûr, Madame la Duchesse, tu es une personne tellement importante ! Comment peut-on l'oublier ? Bon retour chez toi ! Évite juste de faire d'autres victimes sur ta route !

Séraphin entend la jeune fille grimper sur sa bicyclette en maugréant. Il a le temps de saisir le mot « Crétin ! » avant qu'elle ne disparaisse dans la nuit.

LUCIE

Laisse-moi tranquille.

Pourchassant l'aube, Lucie marche dans la forêt, pressée de laisser derrière elle le malaise qui l'a saisie quand elle s'est rendu compte qu'elle n'était plus dans son lit.

Voilà déjà deux semaines qu'elle a fait cette étrange rencontre. Depuis, une voix l'envahit. Elle résonne dans son crâne, plus forte de jour en jour.

Ses pas avalent la terre et les fougères. Elle est rapide. Plus rapide. Ses bras qui repoussent les branches sur son chemin sont plus robustes. À quel moment est-elle devenue aussi forte ? Avant, elle ne se préoccupait que de s'amuser. Rire avec Michel. Raconter des histoires à Jean. Attendre le prochain bal avec Juliette et Hélène. Tout était lumière. Aujourd'hui, une tache d'encre s'étale sur son cœur comme sur un buvard. À quel moment la petite fille a-t-elle disparu ? Celle qui portait des rubans dans ses cheveux, toujours des rouges ? Celle qui s'écorchait les genoux, qui sautait dans la rivière glacée sans réfléchir ? Celle qui tressait la chevelure de laine de sa poupée ? Depuis quand n'est-elle plus portée par ses rêves, confiante en l'avenir et remplie d'espoir ? Il n'y a plus que le labeur, accompli par ce corps plein de forces nouvelles dont elle ne sait que faire. Et cette voix. Sa colère. Tout ce qu'elle veut accomplir par elle.

Laisse-moi tranquille !

Elle court. Voilà qu'aujourd'hui ce n'est pas son esprit seulement qui se perd, mais son corps. Comment est-elle arrivée là ? Hier soir, elle s'est promenée avec Victor Renard. Le jeune homme est venu la chercher, comme il le fait souvent. Réformé à cause de la fragilité de ses poumons, Victor est le dernier garçon de sa génération à être encore au village. Il est drôle et plutôt charmant. En sa compagnie, elle pensait trouver du réconfort, la légèreté et l'amusement de sa vie d'avant. Mais ce fut vain. Un poids énorme pesait sur sa poitrine tandis que Victor cherchait à lui agripper la taille d'un geste un peu trop sûr.

« Chasse-le », lui disait la voix, du fin fond de sa conscience.

Ce qu'elle a fait.

Elle est rentrée chez elle, oui, elle en est sûre. Elle se revoit dans son lit, près de Jean, son petit frère, blotti contre elle. Elle dormait. Oui, c'est sûr, elle a sombré dans l'inconscience. Et la voix s'était tue.

Mais ce matin, l'aube l'a cueillie, couchée sur les fougères, au milieu des bois. Et cette voix qui n'en finit pas d'enfler ! La voix rugit à présent, et ses propos sont incompréhensibles.

Vas-tu te taire à la fin ? Je n'arrive pas à réfléchir.

Des images surgissent, éphémères, vite repoussées par sa conscience. Une course dans les bois la nuit. Des grognements. Des mains griffues autour de son visage. Un regard noir plein de cauchemars. Des brûlures sur ses bras. Une colère terrible. Du sang. Des gémissements. Lucie secoue la tête, accélère le pas. Rien de tout cela n'a de sens. Ce doit être un cauchemar.

Elle reconnaît soudain une petite clairière. Elle n'est pas loin de la maison. Vite, il faut courir. A-t-elle toujours su courir aussi vite ? Les arbres défilent autour d'elle à une vitesse vertigineuse. Le vent défait sa tresse de nuit, délivre ses boucles sauvages. Cette nouvelle puissance la grise, tandis que ses pieds nus projettent son corps dans la course avec une force inouïe.

Enfin, dans les premières lueurs du jour, elle revient à l'Angeluère. Il est tôt, sa mère ne s'est pas encore levée pour traire les vaches. Elle se glisse derrière la grange, aussi furtive et silencieuse que la vipère. La fenêtre de sa chambre est ouverte. Elle a dû sortir par là et descendre dans la cour en s'accrochant aux branches du pommier. De fait, en faisant le trajet en sens inverse, il lui paraît familier. Est-elle devenue somnambule, comme la tante Martine, qui se levait la nuit pour filer sa laine ? Lucie agrippe les rebords de sa fenêtre et bondit sans effort dans sa chambre. Le petit Jean dort encore, emmitouflé dans ses couvertures. Elle le rejoint. Elle sent le froid, la terre et les feuilles. Cette voix encore. Cette voix qui veut l'engloutir. Elle serre contre elle le petit Jean pour retrouver la chaleur de la vie.

Laisse-moi un peu tranquille, je t'écouterai demain. Il n'y a plus de place pour toi ici. J'ai déjà un frère dans mes bras.

SÉRAPHIN

L'épicerie de Gaston Fleury, véritable corne d'abondance, a toujours été pour Séraphin un lieu attirant. Mais en temps de guerre, c'est devenu la caverne d'Ali Baba. Il observe le comptoir en bois fraîchement ciré, les étagères remplies de bocaux et de conserves, les grands sacs de farine, les sucreries multicolores. Gaston Fleury, un homme au sourire chaleureux, au ventre proéminent et à la moustache élégante, veuf et sans enfants, règne sur son domaine avec une joie de vivre communicative. Les petits du village l'adorent car il distribue parfois des bonbons et des fruits confits, même s'il le fait moins depuis le début de la guerre en raison du rationnement. Comme toutes les semaines, à la demande de sa mère, Séraphin livre les œufs de son poulailler à l'épicier, ainsi que des travaux de broderie. En échange, ce dernier lui fournit la farine et le sucre à un prix moins élevé, et ajoute souvent quelques extras en rétribution de ses talents de couturière.

— Et voilà, mon garçon, dit Gaston de sa voix de ténor d'opérette, tout est dans le panier. Il manque juste la farine et le sucre que je vais aller te chercher.

Séraphin soupire et, tandis que le commerçant s'éloigne dans son arrière-boutique, songe avec dépit à l'interdiction formulée par sa mère de retourner pêcher dans la forêt. Il voudrait tant revoir la louve mystérieuse.

— Des chiens sauvages rôdent et, tant qu'ils n'auront pas été chassés, je t'interdis d'y retourner, lui a-t-elle dit d'un ton qui ne supportait aucune réplique.

Séraphin doit bien avouer que sa mésaventure lui a laissé une impression mitigée : il évite en général de s'attirer des ennuis volontairement, ils arrivent jusqu'à lui tout seuls. Et pourtant, le regard profond de la louve le hante. Il s'est senti si proche d'elle. Peut-être peut-il l'apprivoiser ?

La cloche de la porte de l'épicerie retentit soudain, interrompant ses réflexions. Berthe Lecomte, la femme du maire, entre comme une reine chez les lépreux. Les jumeaux Auguste et César la suivent s'adossent mollement sur le comptoir du vieux Fleury. Leurs membres inégaux, étirés par les affres de l'adolescence, sont engoncés dans des vêtements luxueux. Une même masse de boucles blondes surmonte leur visage porcin aux yeux enfoncés. Dès l'âge de cinq ans, dans la cour de l'école, Séraphin a su les distinguer. César a les yeux plus vicieux et Auguste tape le plus fort.

— Pouvons-nous être servis ?

La voix aigre de Berthe interrompt les comptes de Gaston Fleury, qui s'apprête à donner à Séraphin la farine et le sucre pour sa mère. Il pose ses paquets et se précipite, jetant un regard désolé à l'adolescent.

— Attends une minute ici, mon garçon. Que puis-je pour vous, Madame Lecomte ?

— Je viens chercher du tissu pour une nouvelle robe, et peut-être quelques friandises pour les jumeaux.

— Bien sûr, Madame Lecomte !

— J'aimerais aussi revoir cette broche que vous avez reçue la semaine dernière.

— Tout de suite, Madame Lecomte.

Gaston Fleury sort d'une armoire vitrée, fermée avec deux clés suspendues à son cou, une broche en argent en forme de papillon. Ses ailes légères et délicatement ouvragées, parsemées de petites pierres précieuses vertes et bleues, sont ouvertes comme en plein vol. Il semble à Séraphin que le papillon frémit sur le comptoir où Gaston Fleury l'a posé, scintillant dans la lumière de fin de journée.

Berthe surprend le regard fasciné du garçon et lui jette un coup d'œil méprisant.

— Rangez-la pour l'instant, monsieur Fleury. Il ne faudrait pas qu'un bijou aussi beau et cher soit chapardé comme une pomme. Je vais réfléchir encore un peu. Mon mari, le maire, précise-t-elle comme s'il était possible de l'oublier, tient à m'offrir un bijou précieux pour mon anniversaire, lundi prochain.

Pendant que Gaston remet la broche dans l'armoire vitrée, Berthe s'approche de Séraphin et lui dit :

— Rappelle à ta mère que mon linge doit être lavé ce soir. Et mieux que la semaine passée : la dernière fois, il avait une odeur.

Elle renifle avec mépris comme si Séraphin était la source de ce désagrément. Les jumeaux s'esclaffent. Les poings de l'adolescent se serrent et tout son corps prend feu. Renée lui a défendu de répondre aux insultes des Lecomte, mais l'humiliation le submerge. L'image de sa mère courbée sous l'effort, frottant dans l'eau glacée du lavoir le linge de cette horrible mégère, s'impose à lui, insupportable. Le vieux Fleury semble deviner sa colère et lui jette un regard désolé.

Séraphin a envie de s'enfuir mais il ne peut pas : il doit attendre et regarder les Lecomte se faire servir avant que Gaston Fleury ne lui donne les paquets pour sa mère. S'il ne rapporte pas ce qu'elle a demandé, elle sera furieuse. Il tremble de rage. Si cette harpie entendait ce que les villageois disent d'elle : « Ne voit-elle pas que son mari couche à tous les vents ? Elle a plus de cornes sur la tête que le diable ! Pas la peine de faire autant sa bêcheuse quand on est aussi cocue. Pas étonnant que son mari ne veuille plus d'elle, sèche et vilaine comme elle est. » Sa mère lui a toujours interdit de participer à ces ragots cruels.

« Tu n'aimes pas qu'on médise dans ton dos, alors ne le fais pas aux autres. Cette pauvre Berthe, aussi méchante soit-elle, ne mérite pas qu'on parle d'elle ainsi. » La bonté de sa mère confine selon lui à la stupidité, mais qu'y faire ?

Le vieil épicier grimpe en équilibre précaire sur un escabeau pour dérouler les mètres de tissus colorés posés sur la dernière étagère. Berthe tente de choisir un motif pour coudre une nouvelle robe. Séraphin se dit qu'aucune étoffe, aussi riche et soyeuse soit-elle, ne pourrait rendre attrayante cette femme acide. Elle oblige le vieux Fleury à déplacer son escabeau d'un morceau de tissu à l'autre, indécise, le faisant suer dans sa blouse grise.

Séraphin jette de nouveau un œil vers les broches que Gaston fait venir de Paris. Elles scintillent et chuchotent sur le velours rouge. « Nous ne sommes ni pour toi ni pour ta mère, nous sommes trop délicates et précieuses. Qui voudrait d'un bâtard maigrichon comme toi ou de ta souillon de mère ? » À ces pensées, son ventre se serre, et la douleur familière revient. Séraphin refuse de se laisser impressionner par les jugements de la femme du maire. Il regarde attentivement l'armoire vitrée. La serrure a été mal refermée. Séraphin a entendu Gaston Fleury pester contre le mécanisme cassé quelques jours auparavant. La voix de Berthe s'élève avec la douceur d'une rage de dents.

— Non, pas celui-ci, il est trop terne. Non pas celui-là. Le gris, celui du haut… Non, l'autre gris, vous voyez bien que celui-ci ne convient pas à une femme de ma condition.

Séraphin se retourne. Personne n'entre dans l'épicerie, Gaston Fleury est à l'opposé de la pièce, juché sur son escabeau, et les jumeaux martyrisent Oscar, le vieux chat. La broche papillon est toujours là : un entrelacs de tiges et de courbes en argent, ornées de pierres couleur d'eau. Il a déjà vu sa mère l'admirer quand elle vend ses œufs au vieux Fleury. Un grand calme envahit Séraphin. De ses doigts habiles, il ouvre silencieusement l'armoire et glisse sa main vers le bijou. Il tremble un peu. Jusqu'à présent, il n'a volé que de la nourriture ou des petits objets sans grande valeur. Là, c'est différent.

Mais pourquoi sa mère n'aurait-elle pas elle aussi d'élégants vêtements et des bijoux ? Renée Robin n'est-elle pas la femme la plus courageuse, la plus digne, la plus forte ? Son corps endolori par les lessives et les petits labeurs ne mérite-t-il pas les plus délicats ornements ? Séraphin veut lui offrir le plus beau des cadeaux. Sa main emprisonne la broche et il referme délicatement l'armoire, replaçant la serrure cassée. Un sentiment de triomphe l'envahit. Il cache le fruit de son larcin dans sa poche et attend. La broche palpite dans sa main comme si elle voulait s'envoler.

Quelques instants plus tard, Berthe Lecomte repart avec ses jumeaux maléfiques, leurs bouches épaisses pleines de berlingots multicolores, méprisant finalement les bijoux et les tissus de cette épicerie « bien trop vulgaire ». Gaston revient vers Séraphin, agacé, lui tend ses paquets en grommelant. Il lui glisse un berlingot dans la main.

— Tiens, mon garçon, lui dit-il avec un clin d'œil, pour avoir attendu !

Horriblement gêné par la gentillesse de l'épicier, Séraphin sort sans demander son reste, la broche volée bien au chaud dans sa poche.

Malheureusement, son présent n'a pas l'effet escompté.

— As-tu perdu la tête ? rugit Renée. À quel moment as-tu pensé qu'il serait possible pour moi de porter une broche volée ? Ne t'ai-je donc rien appris ?

La pièce unique de la petite maison en pierre, surmontée du grenier où il dort, semble trembler sous la colère de sa mère. Séraphin évite son regard, fixant leur minuscule table en bois et leurs deux chaises, devant l'âtre. La douleur dans son ventre est revenue, sonnant comme une alarme furieuse.

— Je voulais te faire plaisir !

— Me faire plaisir ? Me faire plaisir ? En devenant un voleur ? En prêtant foi aux ragots qui courent sur toi ? Voleur ? Vaurien ? Vagabond ? Fils de gitan ?

Séraphin baisse la tête, les poings serrés de rage. L'air dans la masure crépite autour d'eux. Renée va et vient comme une lionne en cage devant son fils, regardant la broche de Gaston Fleury, posée sur la table, comme s'il s'agissait d'un serpent venimeux.

— Qu'est-ce que j'en sais ? marmonne-t-il. Tu refuses de me dire qui est mon père…

— Même si ton père avait été un voleur, ce qu'il n'était pas, crois-tu qu'il serait sage de suivre ce chemin ? crie sa mère, rouge de colère. Crois-tu me « faire plaisir » quand les gendarmes viendront te chercher ? Crois-tu que c'est ce qu'une mère souhaite pour son fils unique ?

— J'en ai assez de leurs regards hautains, de leurs insultes ! J'en ai assez de cette cabane puante dans laquelle nous vivons ! Et j'en ai assez que tu sois obligée de laver le linge de ce salaud de maire et de sa femme, et que tu fasses leur ménage ! Tu mérites plus que cette femme de porter des bijoux comme celui-là ! J'en ai assez que les gens nous considèrent comme des moins que rien ! Peut-être que toi tu t'es habituée à courber le dos, mais moi j'ai encore de la dignité !

Les yeux clairs de Renée se rétrécissent dangereusement. Quand elle cesse de crier, ce n'est jamais bon signe. Séraphin sait qu'il est allé trop loin, mais c'est plus fort que lui. La rage le submerge. Il reste bien droit, empêtré dans sa mauvaise foi, mais trop fier pour le reconnaître, tandis que sa mère s'approche lentement, telle une mante religieuse prête à le dévorer.

— Crois-tu qu'il me plaise de « courber le dos » ? dit-elle d'une voix basse. Qui es-tu, toi, pour me dire où se trouve mon honneur ? En tout cas tu n'es pas encore un homme, tu viens de le prouver à l'instant.

Des larmes noient soudain ses yeux, des larmes qui dégonflent la colère de Séraphin. Renée ne pleure jamais. Elle ne se détourne pas, le laisse voir ce qu'il a fait d'elle pendant cet échange. Elle siffle, perfide :

— Cette cabane puante, mon fils, est celle dans laquelle je t'ai enfanté, nourri et élevé pour devenir meilleur que tous ceux qui nous maltraitent. Rien que pour cela, elle mérite ton respect, et moi aussi.

Séraphin baisse les yeux, les lèvres serrées. La honte lui brûle la gorge.

— Demain, à l'aube, nous irons chez Gaston Fleury. Tu lui rendras sa broche et tu le supplieras de ne pas te dénoncer aux gendarmes. Nous nous connaissons depuis l'enfance, j'espère qu'il te pardonnera pour moi. Ensuite, tu trouveras un moyen de réparer ce vol. Quant à mon pardon à moi, il te faudra travailler dur si tu veux le gagner.

Le lendemain, Séraphin assiste au dialogue silencieux qui se déroule entre sa mère et Gaston Fleury. Ces deux-là ont partagé assez de vies pour ne pas avoir besoin de tout se dire avec les mots. Il rend la broche, blême et tremblant. Gaston Fleury le toise d'un air sévère. Ses grosses joues se soulèvent autour de son imposante moustache brune. Il met les mains dans les poches de sa blouse de travail.

— Eh bien, mon garçon, par respect pour ta mère, je n'appellerai pas les gendarmes. Mais je considère que tu me dois une réparation. Je savais que tu chapardais quelques fruits par-ci, par-là… Oui, mon garçon, je ne suis pas aveugle… Mais là tu dépasses les bornes.

Il se racle la gorge. Séraphin sent sa mère auprès de lui qui retient son souffle.

— Ta mère est une femme respectable, qui travaille dur, et elle ne mérite pas que tu te comportes de cette façon, ajoute Gaston.

— Oui, monsieur, répond Séraphin, les dents serrées.

— Tu vas donc travailler pour moi pendant quelque temps. Quand je considérerai que tu as remboursé ta dette, je te libérerai de tes obligations.

— Je travaillerai sans salaire ? demande Séraphin d'un ton indigné.

Sa mère lui donne une tape sur la tête.

— Tu feras ce qu'on te dit, lui assène-t-elle.

Gaston Fleury sourit d'un air satisfait.

— Absolument ! Tu commences aujourd'hui ! Ça tombe bien, c'est le jour du grand nettoyage de la réserve.

LUCIE

Lucie ne savait pas qu'une âme pesait aussi lourd.

Jour après jour, elle sent son propre corps s'alourdir sous le poids de son frère Michel. Depuis ce matin, ses pieds s'enfoncent un peu plus profondément dans la terre molle du champ des Eaux. Après l'explosion de l'obus qui a tué son frère, l'esprit de ce dernier a erré plusieurs jours avant de venir se réfugier auprès d'elle. Partagée entre la tristesse de le savoir mort et la joie de le retrouver, elle lui a promis de ne pas l'abandonner. Elle emmène partout avec elle son âme pleine d'éclats, et la laisse regarder à travers ses yeux. Mais depuis, tout son corps est plus lourd à déplacer, et rien ne la rassasie. Elle a beau manger, elle a toujours faim.

— Dépêche-toi ! appelle sa mère qui l'attend. Je ne vais pas semer l'avoine toute seule !

Ernestine se tient les poings sur les hanches, un sac de graines accroché en travers de son buste. Elle lui tend le même sac, que la jeune fille passe autour de son cou. Elle plonge ses mains dans les graines et les jette dans les sillons qu'elles ont creusés la veille. Non loin d'elles, la vieille Mahe fait le tour du champ, s'arrêtant à chaque poteau pour y déposer une substance qu'elle sort d'une petite bourse en cuir.

— Que fait mémé ? demande Lucie à sa mère.

— Elle dépose du sel bénit pour protéger les récoltes du mauvais œil.

« Mémé Mahe n'a plus toute sa tête », dit la voix.

L'esprit de Michel est une présence bruissante et bavarde qui navigue entre la gorge et l'estomac de Lucie. Elle bourdonne aussi autour de son corps, comme un nuage de guêpes. Parfois elle se rétracte dans son ventre. Parfois cette boule brûlante s'agite comme un oiseau en cage, et Lucie doit lui dire de se tenir tranquille.

Il arrive aussi que Michel s'absente. Alors, Lucie se sent plus légère. La première fois, elle a bien cru qu'il rejoignait le monde des morts. Elle a pleuré toute la nuit. Puis il est revenu au petit matin, un nuage de brume argenté plein de fureur, emprisonnant son visage. Triste et épuisé, il s'est réfugié dans son thorax. Elle a accueilli son retour avec soulagement.

Parfois, sa présence grandit tellement que la jeune fille s'absente d'elle-même, comme repoussée dans les confins de son corps. Michel utilise alors son enveloppe charnelle pour se déplacer et agir. Elle reprend conscience plusieurs heures plus tard, dans un endroit différent, sale et fatiguée.

« Pardonne-moi, ma Lulu, dit-il à chaque fois. C'est plus fort que moi ! J'ai besoin de tes jambes, de tes bras, pour accomplir ce que j'ai décidé. »

— Et que veux-tu, à la fin ? lui a-t-elle demandé une nuit, en colère, après avoir repris conscience dans sa chambre, les vêtements couverts de boue.

« La vengeance, lui répond-il, d'une voix plus déterminée

que jamais. Ceux qui nous ont envoyés au front doivent payer. »

— Que t'arrive-t-il, Lucie ? demande sa mère inquiète. Tu es toute pâle.

Ernestine s'approche et serre les mains écorchées de sa fille dans les siennes.

— Je te demande d'être forte, Lucie, dit-elle, mais je sais que tu souffres toi aussi. Alors sois courageuse. Nous arriverons à surmonter notre peine.

Lucie se laisse aller dans les bras réconfortants de sa mère. Elle sent la présence de Michel s'agiter et se tendre, comme s'il voulait lui aussi étreindre Ernestine. La tentation est grande de se confier à elle, mais comprendrait-elle ?

« Maman ! » entend-elle dans sa tête. Ses émotions et celles de son frère se confondent tellement qu'elle ne sait plus ce qui lui appartient. Les larmes ruissellent sur ses joues, mais sont-elles bien à elle ?

— Ne t'inquiète pas, maman, lui murmure-t-elle. Ça ira mieux bientôt.

— Quand les semailles seront terminées, tu pourras aller t'amuser un peu, d'accord ? Victor ne t'a-t-il pas proposé d'aller danser aux Genêts ?

« Victor ! rugit la voix de son frère. Encore cet imbécile ?! »

Ernestine sourit devant la mine déconfite de sa fille.

— Allons, ma chérie, dit-elle. Je ne suis pas stupide. J'ai bien remarqué qu'il venait souvent te voir. C'est un garçon charmant !

« C'est un âne, oui ! hurle la voix de Michel. Un cerveau de poule dans un corps de dindon ! »

Lucie secoue la tête.

— Il m'a invitée demain soir au bal des Genêts, c'est vrai, mais aller danser en ce moment…

— Allons, mais tu adorais ça avant ! Je ne pouvais plus te tenir quand il y avait un bal au village. Ce n'est pas parce que c'est la guerre que tu n'as pas le droit de t'amuser. Tu as largement fait ta part à la ferme. Et ton frère n'aurait pas voulu que tu te morfondes ainsi. En outre, les bénéfices du bal sont au profit des blessés de guerre.

« Mais de là à aller danser avec le premier imbécile venu ! »

— Merci, maman. Oui, je vais y penser.

« Et puis quoi encore ? crie Michel. Hors de question que je passe une soirée à te voir roucouler avec ce benêt ! »

Ça ne te regarde pas ! pense-t-elle.

— Tu as bien raison, ma chérie. Et Antoine ?

— Quoi, Antoine ?

« Quoi, Antoine ? »

Lucie lève les yeux au ciel. La voix de son frère l'empêche de se concentrer sur la conversation avec sa mère. Celle-ci reprend :

— Antoine rentrera d'ici peu. Il aura besoin de se changer les idées. Vous vous entendiez bien, tous les deux, non ? Pourquoi ne pas lui proposer d'aller danser, à lui aussi ?

« Lucie et Antoine au bal tous les deux ? Quelle idiotie ! » ricane Michel.

Tais-toi !

— Maman, Antoine est comme mon frère. Je n'ai pas envie d'aller danser avec lui.

« Voilà ! »

Ernestine encadre le visage de sa fille de ses deux mains. Son regard est plein de tendresse. L'âme de Michel remue furieusement.

— Va nous chercher un peu d'eau. Je termine cette rangée et nous pourrons nous reposer.

Lucie sourit. Michel s'agite de nouveau au-dessus de son estomac, frustré de ne pas pouvoir profiter des caresses maternelles. Ernestine reprend ses semailles, tandis que Lucie s'éloigne.

« Emmène-moi voir Hélène », supplie Michel encore une fois.

Lucie soupire. Son frère lui fait cette demande tous les jours.

— Non, dit Lucie avec un soupir. C'est trop tôt.

« Mais j'ai besoin de la voir ! De savoir si elle va bien. »

— Elle va bien ! Tu ne pourras pas lui dire que tu es là. Et encore moins la toucher ! Hélène a souffert. On doit la laisser tranquille.

« S'il te plaît, juste une minute. J'ai des choses importantes à lui dire. »

— Plus tard ! Laisse-moi réfléchir à la façon de procéder ! « Oh Hélène, tu vas bien ? Très joli chemisier. Au fait, ton fiancé mort au front est revenu. Il vit en moi en ce moment même. »

— Qu'est-ce que tu fais là à parler toute seule, ma fille ?! s'exclame la vieille Mahe avec un air bourru. Tu n'as rien de mieux à faire ? Va donc me chercher des pommes de terre, je vais les préparer tant que je suis encore bonne à quelque chose !

Lucie va chercher un panier dans la fraîcheur de la maison et sort par la porte de derrière dans le potager.

— Tu vois, tu vas nous attirer des ennuis ! dit-elle à son frère entre ses dents serrées.

ANTOINE

Deux jours plus tard, Antoine arrive au bout du chemin, là où les haies foisonnantes laissent apparaître les maisons de l'Angeluère.

La lumière de fin d'après midi s'empare peu à peu des formes et des contours, parant le paysage de poussière d'or. La terre exhale ses parfums, paresseusement suspendus dans l'air frais. Il entend Patience aboyer au fond de la cour. Le chien l'a sûrement reconnu. Enfin, tout est familier, et son corps résonne de chaque parcelle, de chaque feuille, de chaque pierre. Le bonheur s'engouffre dans ses veines, mais Antoine sent qu'une force nouvelle et profonde fait contrepoids. D'un seul coup, il a l'impression qu'il lui sera pour toujours impossible de retrouver les sensations d'avant la guerre. Bien sûr, ses jambes le conduisent comme par habitude au bout du chemin creux, devant la cour des Mahe. Bien sûr, il reconnaît les deux maisons qui se font face de chaque côté du Pré aux Vaches.

Mais celui qu'il était auparavant est resté dans la tranchée, et celui-là ne retrouvera pas sa place dans la maison de sa mère, sur le bord de la cheminée. Sa tendresse d'enfant balayée, reste de lui une matière plus dure et froide, consolidée par la violence. Ses espoirs luttent contre cette force nouvelle dont il ne sait pas quoi faire. Et finalement, c'est mieux qu'il n'ait pas compris cela avant, car il ne serait jamais rentré. Il s'avance de quelques pas, hésitant entre l'ombre des feuillages et le soleil.

Sur le flanc de la colline verdoyante, à quelques mètres au-dessus des deux maisons, Antoine reconnaît les silhouettes des trois femmes pliées dans l'effort, tirant derrière elles un tronc d'arbre renversé au milieu du champ des Eaux : sa mère Élise, Ernestine et Hélène. Il passe une main nerveuse dans ses longs cheveux couleur de sable qui encadrent à présent son visage amaigri et tire sur sa veste grise pour cacher sa main artificielle. Peu avant son départ, Eugénie lui a apporté une nouvelle prothèse : une main en métal, peinte de la couleur de la peau humaine, fixée sur un support en cuir articulé destiné à remplacer son bras. L'appareillage est fixé à son moignon et à son torse. Lorsqu'il soulève son épaule droite, sa main artificielle s'ouvre et se referme, lui permettant de saisir les objets. Ce nouveau membre est lourd et inconfortable. Les attaches en cuir et en tissu frottent sur sa peau et provoquent des irritations, mais Eugénie l'a convaincu de le porter tout de même avant de lui dire au revoir et de lui faire promettre qu'il lui écrirait. Bien sûr qu'il lui écrira : ne l'a-t-elle pas rendu à la lumière ?

Michel n'est pas là pour lancer une plaisanterie qui rendrait ce moment moins grave. Il sent les larmes monter lorsqu'il prononce d'une voix tremblante :

— Je rentre sans toi, mon frère. Mais je te jure de les protéger.

— Voilà enfin le héros de guerre ! dit une voix ironique dans son dos.

Antoine sursaute et se retourne. Il reconnaît Séraphin qui lui sourit avec chaleur. Il a grandi depuis son départ, mais il ressemble toujours à un farfadet trop maigre, avec un champ de ronces sur la tête. Antoine lui serre chaleureusement la main. Le regard de Séraphin s'attarde sur sa manche qui s'affaisse sur sa prothèse.

— Ce n'est pas si terrible, le rassure-t-il. Et les filles adorent les gars qui ont des blessures.

Antoine sourit. L'espièglerie de Séraphin lui rappelle celle de son meilleur ami disparu.

— C… C… comment vont-elles ? demande Antoine.

— Elles me mènent à la baguette comme un esclave ! répond Séraphin. Je suis soulagé que tu reviennes, histoire qu'elles aient un autre souffre-douleur. Elles t'attendent avec impatience.

Un appel retentit et Antoine voit sa mère, suivie d'Ernestine, dévaler la pente du champ des Eaux en courant pour le rejoindre. Elle se précipite vers lui, puis s'écarte rapidement, avant même de l'avoir touché. Ses yeux, écarquillés d'horreur, fixent sa main artificielle sans mot dire.

Le regard d'Ernestine, assombri par le deuil, est plus doux.

— Bienvenue, mon garçon, dit-elle en l'enlaçant.

Antoine lui chuchote quelques mots à l'oreille. Les larmes coulent sur le visage de la mère de Michel.

— Merci… Tu sais ce qui me console ? lui confie-t-elle. C'est que ses dernières minutes, il les a passées avec toi.

Hélène le salue à son tour. Son visage diaphane est moins lisse qu'auparavant. Antoine y lit une détermination nouvelle et farouche. Il lui tend les affaires de Michel. Son visage ne tremble pas, ses yeux ne vacillent pas.

— Merci.

Elle fait volte-face et s'éloigne vers la maison des Mahe, droite comme un soldat.

— Pauvre petite, dit Ernestine. Elle n'a pas prononcé un mot depuis la mort de Michel. Elle qui était si bavarde.

De tous les visages qu'il a tant espéré revoir, il manque celui qu'il désire et qu'il craint le plus. Antoine sent l'impatience grandir dans son ventre. Où est Lucie ? Le petit Jean accourt à son tour, arborant le même sourire que son frère Michel, et se pend à lui. Des questions enfantines sortent de sa bouche, comme des papillons s'agitant impatiemment dans l'air du soir.

— Ton bras te fait mal ?

— P… p… parfois, mais je me suis habitué.

— Comment tu fais pour t'habiller ?

— J… j… je me d… d… débrouille, mais j… j… je v… vais sûrement moins vite que toi.

— Tu as tué beaucoup d'ennemis ?

— Qu… qu… quelques-uns, m… mais ça ne m'a pas fait plaisir.

— Viens, mon garçon, dit Élise sans regarder son fils dans les yeux, tu dois avoir faim.

Sa mère n'a jamais été très douée pour montrer de l'affection, mais il avait tout de même imaginé un accueil plus chaleureux. Il la suit vers la maison, en compagnie de Jean qui continue à l'interroger.

— Tu sais te battre maintenant, n'est-ce pas ? Parce que tu sais…

— Jean, ça suffit ! gronde Ernestine. Laisse Antoine respirer, il vient à peine d'arriver.

Jean se tait, son visage marqué d'une moue contrariée. Il triture nerveusement un objet dans sa poche.

— Très bien, je l'interrogerai plus tard.

— Et je… te… di… rai ce que tu veux savoir, dit Antoine en ébouriffant les cheveux bruns de l'enfant.

Il observe la ferme autour de lui pendant que les femmes lui font le récit des dernières avancées. Le champ d'orge est semé, le blé pousse avec vigueur, le potager est prometteur, les vaches se portent bien, et le cochon, contrairement au cheval de trait, n'a pas été réquisitionné. Antoine écoute distraitement, cherchant la silhouette dont il a tant rêvé. Est-elle au poulailler ?

La vieille Mahe les attend, assise sur un tabouret devant la maison des Lefresne, courbée sur sa canne. Elle ressemble toujours à une vieille corneille revêche.

— Te voilà bien chanceux d'être revenu. Et ne crois pas que, parce que tu es blessé, on ne te fera pas travailler ! Allez, viens là mon petit, que je t'embrasse toi, à défaut d'embrasser tous les autres.

Antoine se laisse enlacer par la vieille femme aux joues piquantes. Derrière son masque de matrone, il devine ses lèvres qui tremblent. Il relève la tête.

Enfin, dans la lumière du couchant, il la voit. Elle remonte le chemin qui vient du village, un panier à son bras. Antoine reconnaît sa démarche décidée. Sa chevelure est tirée en arrière, et ses boucles qui prennent des reflets roux sous le soleil déclinant peinent à tenir sous son ruban rouge. Il se souvient de celui qu'il lui a volé, et qui se trouve dans la poche de sa veste. Les bras de la jeune fille semblent plus forts, ses épaules plus robustes, son visage plus allongé. L'enfance l'a quittée elle aussi. Il l'entend marmonner sur le chemin, comme si elle se parlait à elle-même. Soudain leurs regards s'accrochent. Tout est suspendu. Les silhouettes autour de lui, les particules de poussière dans la lumière dorée, les battements de cœur d'Antoine. Elle pousse un cri, lâche son panier et court pour se jeter dans ses bras. Elle le percute avec violence, le déséquilibrant. Il ne distingue pas le flot des mots qu'elle crie à son oreille. Il sait juste qu'elle rit et pleure en même temps, que sa voix l'enveloppe comme l'eau après une journée de labeur. Il la serre contre lui de son bras valide, et ça chasse tout le froid qui est resté en lui. Il sourit.

Finalement, il est chez lui.

Le lendemain, Antoine brosse le poil de l'âne, décollant des poussières, croûtes et autres saletés recouvrant le pelage grisâtre de l'animal. Il refuse pour l'instant d'être attelé à la charrette des Mahe, et frappe d'un méchant coup de sabot tous ceux qui s'approchent de lui.

La veille, juste après son retour, Antoine a négocié avec le vieux Bridonne, le garde-chasse, pour qu'il lui cède son âne Cabriole en échange du fusil de son père. Sa mère était furieuse, mais Antoine s'en moque. Lui-même a sa propre arme de chasse, et il n'accorde aucune importance aux objets ayant appartenu à son géniteur. Ce qui lui importe, c'est d'apporter sa contribution aux travaux de la ferme. Or, avoir un animal de trait, aussi décrépit soit-il, facilitera la charge de travail de tout le monde. L'animal est en piteux état : mal soigné et mal nourri, il est aussi agressif que son ancien maître. Antoine compte bien lui faire comprendre qu'il sera mieux traité dans sa nouvelle maison.

— Je… je sais, mon beau, tu n'es p… pas chez toi, lui dit le jeune homme.

Il continue à apaiser le baudet par son pansage et se penche à son oreille. Il lui murmure des paroles apaisantes, dans la langue qu'il a inventée enfant pour s'adresser aux bêtes sans que les mots heurtent ses lèvres. C'est un langage secret, qui coule comme par magie de sa bouche aussi facilement qu'un ruisseau paisible. L'animal se détend peu à peu.

Au bout d'un certain temps, il le récompense par un morceau de carotte et l'harnache doucement pour l'atteler à la charrette des Mahe, tout en continuant à le flatter et à lui parler.

— Comment fais-tu cela ?

La voix grave fait sursauter le jeune homme et la bête à l'unisson.

Antoine jette un coup d'œil à l'entrée de la grange. Lucie se tient les mains sur les hanches, dardant un œil sévère sur l'animal qui lui a donné un coup de sabot dans le ventre une heure auparavant. Le soleil matinal auréole sa chevelure broussailleuse de reflets cuivrés. Depuis son retour, elle lui a à peine adressé la parole, fuyant son regard et sa présence.

— Tu… tu as moins mal ? demande Antoine.

— Oui, répond la jeune fille en se frottant les côtes avec une grimace. Mais cette bête ne l'emportera pas au paradis. Qui va te nourrir, à ton avis, dans cette maison, tête de bois ?

Antoine rit en la voyant menacer du doigt le vieil âne qui semble s'en préoccuper comme d'une guigne. Elle souffle sur ses cheveux qui rebondissent devant son nez, furieuse. Antoine reste un instant suspendu en observant la silhouette de son ancienne camarade de jeu, dans un pantalon et une chemise d'homme, tandis qu'elle se rapproche prudemment de l'animal. Il détourne la tête et reprend bien vite son pansage, interdisant à ses yeux d'aller fureter plus avant.

De la sentir si proche, une brusque chaleur l'envahit.

Elle tend la main vers la bête. Aussitôt, Cabriole tourne la tête et fait claquer ses dents. Antoine lui parle à l'oreille pour le calmer. Elle recule, contrariée, tandis qu'Antoine éclate de rire.

— Il a failli me manger les doigts !

— Je cr… crois qu'il est préférable que tu… tu me laisses m'en occuper !

— C'est agaçant ! Nous nous sommes démenées pendant votre absence pour faire en sorte que la ferme tienne debout. Quand le cheval de trait a été réquisitionné, j'ai négocié avec presque tout le village pour qu'on me prête une bête sans obtenir de résultats et, toi tu trouves un âne en une journée !

— Tu n'as… peut-être pas de… demandé aux b… bonnes personnes, dit Antoine d'un ton espiègle. Le vieux Bridonne m'a appris à chasser. Il m'a toujours eu à la b… bonne.

— C'est surtout que, même si je porte un pantalon, je n'ai pas ce qu'il faut dedans pour qu'on me prenne vraiment au sérieux !

Antoine rit. Lucie lui sourit, l'œil plein de malice.

— Alors, comment fais-tu ? répète-t-elle en l'examinant, à l'écart. Je me suis toujours dit que tu possédais des pouvoirs magiques avec les animaux.

Elle s'appuie nonchalamment sur une poutre de la grange, restant à une distance respectueuse. De l'autre côté de l'âne qui les sépare, Antoine observe son visage amaigri, aux traits tirés. Ses joues sont moins rondes qu'auparavant. Malgré tout, son corps respire la vigueur et l'énergie.

— Faut-il de la magie ou de la pa… patience ? répond-il en souriant.

— C'est vrai que ce n'est pas ma qualité principale ! avoue Lucie en levant les mains en signe d'impuissance. Tu t'es occupé des bêtes aussi sur le front ?

Antoine hésite. Évoquer le champ de bataille le met mal à l'aise. Finalement, il hoche la tête.

— Oui. Beau… beaucoup de chevaux de trait ont été réqui… sitionnés. Ils étaient souvent agressifs, perdus. Du coup… quand… le ca… capitaine a vu que je savais m'y prendre avec les bêtes, il m'a cha… chargé de les préparer.

— Michel écrivait dans ses lettres que tu as de nombreuses fois fait preuve de courage. Que tu as même sauvé un de vos camarades, Noël.

Elle semble admirative. Antoine rougit.

— Oh ! Il t'a ra… raconté ça. Je ne sais pas… si c'est de la bravoure. Nous avons fait… ce qu'il faut pour survivre.

Lucie lève les yeux au ciel d'un air agacé.

— Ne fais pas ton modeste avec moi, Antoine Lefresne ! Qu'as-tu fait pour le sauver ?

Elle l'observe, dans l'ombre de la grange, et Antoine se sent privilégié. Depuis son retour, il la surprend parfois à l'observer de loin, mais elle détourne aussitôt la tête. Il a pensé au départ qu'elle éprouvait des difficultés à s'habituer à son infirmité. Mais là il retrouve son regard franc et ouvert, son rire grave et communicatif.

Tandis qu'il brosse les poils crasseux de Cabriole, il tente de libérer les mots prisonniers de sa gorge.

— Noël est un pêcheur de Saint-Malo aussi d… doux qu'un agneau. Il n'avait que… quinze ans quand il s'est engagé. Nous av… avions l'impression, avec Michel, qu'il était notre petit frère des tranchées. Ce jour-là, le ciel pre… prenait feu au-dessus de nos têtes, et il ne pouvait pas sortir.

— Sortir ?

— So… sortir de la tranchée pour aller à l'assaut dans le… le *no man's land*. Le capitaine Verger sifflait, sifflait, mais Noël ne bougeait pas. Seulement, ceux qui… qui cherchent à s'enfuir, qui refusent d'aller tuer l'ennemi, ou qui ne parviennent pas à sortir de la tranchée sous le feu, ceux-là sont…

— … fusillés. Oui je sais, Michel me l'a écrit.

Antoine hoche la tête. Il se sent glacé tout d'un coup et sa respiration s'accélère. Les échos des coups de feu retentissent dans son crâne. Il accentue la pression de la brosse dans les poils de Cabriole.

— Alors je l'ai pris dans mes bras et je l'ai po… porté au feu. Il ne pesait rien. Je me souviens qu'il pleurait de peur comme un enfant. Michel m'a rejoint et nous deux on l'a protégé, jusqu'à ce que l'assaut prenne fin. On l'a mis à terre, d… dans un trou d'obus, on lui a dit, tu ne bouges pas, tu f… fais le mort.

— Il a survécu ?

Antoine relève les yeux. Lucie s'est approchée. Ses yeux couleur de forêt le scrutent de l'autre côté du dos de l'âne, brillants, émus. Il acquiesce.

— Je l'ai re… revu à l'hôpital. Il a été blessé à la jambe et il a… pu rentrer chez lui.

— Tu l'as sauvé, Antoine.

— Mais pas… ton frère.

La voix d'Antoine se brise.

— Tu ne pouvais pas, lui dit doucement Lucie.

— Il me… manque beaucoup.

— Je sais.

Lucie tend la main vers la sienne en souriant et la saisit avec force.

Ce geste le ramène brutalement vers la vie. D'un seul coup plus rien ne compte que ses doigts sur les siens. Ce simple contact a le même effet qu'un coup de canon.

Soudain, elle se recule en criant. Qu'a-t-il fait pour lui faire peur ainsi ?

— Bougre d'andouille ! Tu m'as mordu les fesses ! Saleté de bestiole !

Antoine ne peut s'empêcher de rire en la voyant se tortiller dans tous les sens en se frottant le postérieur. Depuis quand n'avait-il pas ri comme ça ? Il jette un coup d'œil à l'âne, qui ignore superbement sa victime.

— Je te préviens ! Tu es privé de ration pour ce soir ! crie la jeune fille en se dirigeant vers la sortie de la grange.

Antoine la regarde s'éloigner, le cœur joyeux. Elle se retourne soudain.

— Antoine, je suis heureuse que tu sois là. Au moins, j'ai retrouvé un de mes frères.

Puis elle sort. Antoine reste un instant bouche bée. Une pierre vient de tomber au fond de son estomac.

Cabriole rue d'un coup, le faisant sortir de sa rêverie. Antoine frappe sa tête contre le dos de l'âne.

— T… tu ne me facilites pas la vie, toi, tu sais ! murmure-t-il au vieux baudet en l'entraînant, attelé à la charrette, vers le champ des Eaux.

« Je suis heureuse que tu sois là. Au moins, j'ai retrouvé un de mes frères. »

Les paroles de Lucie tournent en boucle dans l'esprit d'Antoine tandis que le sommeil le fuit. Tous les bruits de la maison de sa mère sont une agression : le grincement du sommier de son lit, les craquements des poutres, le vent qui s'engouffre dans la toiture. Tout est familier et pourtant inconfortable. Ne devrait-il pas être soulagé de dormir dans son lit, au chaud, en sécurité ?

« J'ai retrouvé un de mes frères. »

Un frère. Voilà ce qu'il a toujours été pour Lucie. Il se retourne sur son matelas, agacé. *Tu es pathétique,* pense-t-il. Il revit l'étreinte de la jeune fille le jour de son retour. Tandis qu'elle le serrait contre lui, inondant de toutes ses couleurs son corps encore gris, il s'est plongé dans sa lumière.

Pour la première fois depuis longtemps, ses rêveries se déploient. Lucie apparaît dans des centaines de versions différentes dans son esprit brouillé par l'insomnie. Jamais en la présence de Michel il ne s'autorisait à penser à elle aussi fort. Jamais il n'aurait osé en faire part à son meilleur ami. Celui-ci brandissait toujours des menaces contre les garçons qui s'approchaient trop de sa sœur aînée. Un jour, il a même entraîné Antoine pour se battre avec un gars du village des Genêts, qui se vantait partout d'avoir réussi à obtenir les faveurs de sa sœur. « C'est à nous, ses frères, de la protéger », disait-il. Antoine se moquait de lui, assurant que Lucie avait assez de force et de caractère pour remettre à leur place les imbéciles qui prétendaient l'avoir séduite.

Leur enfance partagée au hameau les a certes unis comme une famille, mais jamais Antoine n'a regardé Lucie comme sa sœur. Jamais.

Elle a toujours été sa fée.

Et ça, depuis le jour où elle est apparue dans son champ de vision rétréci par son œil tuméfié, le surprenant dans sa cachette. Il avait sept ans, et son père lui avait mis une raclée pour avoir voulu jouer avec son fusil. Son frère Paul s'était interposé, comme toujours, et avait pris la fin des coups à sa place. Antoine s'était enfui, loin de la violence de son père et des pleurs de sa mère. La chapelle aux Soupirs constituait alors un refuge idéal. Antoine y venait et y déposait des cierges volés dans l'église pour les brûler auprès de la statue de la Vierge pour qu'elle le protège de son père. Pour cela, Lucie l'appelait « voleur de prières ».

Ce jour-là, il voyait trouble car pour la première fois son père l'avait frappé au visage. Il avait la sensation que son œil allait exploser. Son visage était en feu. La douleur et la peur d'avoir le nez brisé lui soulevaient le cœur. Pire encore, son cœur plongeait dans un abîme de désespoir. Était-il si insupportable, si débile, si incapable, pour que son père veuille ainsi le détruire dès qu'il avait bu ? Les pleurs le secouaient, tandis qu'il se recroquevillait dans l'abri, aux pieds de la Vierge aveugle. Lucie avait soulevé délicatement ses mains. Elle avait posé un linge humide et froid sur son œil. La fureur tordait son visage aux joues rondes et au nez pointu.

— Comment ose-t-il ? Cette brute ! Ce lâche ! fulminait-elle.

Elle le soignait, apaisant ses chairs endolories et son cœur las. Il observait ses boucles danser autour de son visage, légères, tandis que ses yeux brillaient de haine.

— Je vais lui jeter un sort ! siffla-t-elle.

Antoine écarquilla les yeux.

— Un s… sort ?

Le mot évoquait sa tante Annette : sa maison pleine de remèdes et de pots mystérieux au fond des bois, son bâton aux serpents, la langue qu'elle parlait parfois et qu'il ne comprenait pas. Il prit la chose très au sérieux, d'autant plus que Lucie avait un an de plus que lui.

— Oui, répondit Lucie en s'asseyant auprès de lui. Mémé Mahe m'a appris : je vais lui jeter un sort d'impuissance. Il suffit que tu me donnes une mèche de ses cheveux.

Sa détermination avait impressionné Antoine. Comment aurait-il un jour autant de force ?

— Cela v… va-t-il le tuer ? demanda-t-il, horrifié.

— Non, mais il sera affaibli. Mémé Mahe dit que c'est un sort qui prive les hommes de leur virilité afin qu'ils laissent les femmes tranquilles.

Il songeait aux bras énormes de son père s'abattant sur eux, du corps de sa mère en position de soumission.

Les deux enfants avaient alors mélangé des herbes et des cheveux qu'Antoine avait récupérés sur la veste de son père. La fabrication de leur potion leur avait pris plusieurs jours. C'était devenu un jeu. Chaque jour ils se retrouvaient pour la mélanger, y adjoindre d'autres herbes, donnant au liquide noirâtre et pestilentiel qui en résulta des propriétés magiques. Michel se moquait d'eux mais les accompagnait dans leurs recherches de plantes. Ensuite, ils mélangèrent la potion au vin de son père, qui fut malade pendant plusieurs jours. Pour la première fois, Antoine s'était senti fort. Et cela grâce à Lucie.

La violence de son père continua après cela, mais Antoine ne se sentait plus aussi seul, plus aussi faible. Grâce au sort qu'elle avait jeté, Lucie résistait avec lui. Il lui semblait que les coups faisaient moins mal, que son regard défiant son père faisait hésiter celui-ci. Il grandit et devint plus agile, plus rapide. Souvent, il anticipait la violence, et sa fuite vers la chapelle ou chez Annette le protégeait.

Un frère. Il faudra bien qu'il s'en contente, pour ne pas trahir la mémoire de Michel. Antoine cherche de sa main droite son bras perdu. Ses doigts touchent les draps humides de sueur. Il éprouve un dégoût familier au contact de son moignon difforme. Il sait bien qu'il n'a plus de bras. Pourtant, il peut localiser l'origine de sa douleur là où il n'y a plus rien. Un va-et-vient insupportable de vagues sourdes à quelques centimètres en dessous du coude. La colère monte en lui comme une nausée. Il a peur que le cri s'échappe de ses dents serrées et se lève.

Il quitte la chambre et descend dans la cuisine. Le feu éteint a laissé entrer le froid de la nuit. Il sort quand même. Le vent enveloppe aussitôt son torse nu, raidit sa nuque, brûle ses yeux. Il laisse le froid l'engourdir, le faire trembler jusqu'à ce que la douleur soit étouffée par cette autre sensation. Quand le vacarme de ses pensées s'éloigne, il se résigne à retourner dans la maison.

Un mouvement sur son côté gauche attire son attention. Une silhouette traverse furtivement le champ des Eaux, se dirigeant vers la ferme des Mahe. D'un coup, tous les sens d'Antoine sont en alerte. Le jeune homme se cache dans l'ombre de la grange. Il saisit une fourche de sa main valide. Est-ce la vagabonde qui erre autour du village, celle que le maire accuse d'avoir mis le feu à sa grange ? Que vient-elle faire chez eux ? Ou bien la Dame Verte vient-elle réclamer son dû ? La silhouette semble pourtant si humaine…

Elle atteint bientôt les habitations, et Antoine la rejoint dans l'ombre. Son pas est silencieux, comme dans les missions de repérage entre deux tranchées.

L'intruse saute aisément au-dessus de la clôture du champ des Eaux, puis court vers l'arrière de la maison des Mahe. Il reconnaît cette silhouette et ce pas décidé.

Lucie.

Elle parvient au mur à l'arrière de sa maison : elle bondit et se hisse de ses deux bras sur les branches du pommier. Son ascension est si rapide qu'Antoine en a le souffle coupé. Il ne la savait pas si agile. Elle arrive bientôt à la plus haute branche et saute vers la fenêtre du premier étage, celle de sa chambre, se souvient-il, puis s'y engouffre. Antoine n'en croit pas ses yeux.

Il surveille un instant les alentours, puis retourne se coucher, mal à l'aise.

Que faisait Lucie seule, dehors, en pleine nuit ? Est-elle partie retrouver un amant ? Antoine serre les dents. Il faudra bien qu'il accepte de la voir fréquenter d'autres garçons. Seulement en partant combattre, il a changé. Il n'est plus le jeune adolescent timide et secret dont tout le monde se moquait. Il a appris à se battre. D'autres ont reconnu sa valeur. Ça va être plus difficile maintenant de se résigner. Il regagne son lit, persuadé que le sommeil ne le délivrera pas de ses pensées.

Cette nuit-là, Antoine rêve d'un arbre géant. Un hêtre. Son tronc est large comme plusieurs hommes. Lui-même est si petit qu'il sait, sans en douter, qu'il est redevenu un enfant. Il a peur. Il cherche son souffle dans l'obscurité glacée piégée par les branches du grand arbre. Aucune lumière ne filtre à travers l'épaisse frondaison. Ses pieds nus s'enfoncent dans un sol humide et visqueux. Il écarte les branches basses de ses deux mains d'enfant, libérant l'accès vers une grotte percée dans la roche noire, cachée derrière le tronc. « Viens, l'appelle une voix. Entre. » Il sait qu'il devrait s'enfuir, mais la voix l'en empêche. Elle l'attire irrésistiblement. Elle est si douce, si rassurante. C'est la voix d'une mère. « Tu ne peux plus faire marche arrière, dit-elle. Viens, je vais te réchauffer. »

Plus il s'enfonce dans la grotte, plus l'air est froid. Il tremble à présent de tous ses membres. Il tressaille en entendant des craquements sinistres sous ses pas. En baissant les yeux, il découvre de petits os disséminés ici et là sur la terre. Une faible lumière orangée l'appelle vers le fond, toujours plus loin, toujours plus froid. Les os s'accumulent à présent le long des parois, assemblés comme de terribles ornements. À quels animaux appartiennent-ils ? Des lapins ? Des renards ? Et quelle bête peut en manger autant ?

« Viens, tu n'auras bientôt plus froid. Tu n'auras bientôt plus faim. »

La lumière va en augmentant, le guidant, lui promettant la fin des grelottements et de la peur. Enfin, le boyau dans lequel il s'est engagé s'ouvre, dévoilant une salle plus large baignant dans une chaude lueur. Il y fait doux et Antoine sent son corps d'enfant se détendre. « Viens, approche encore. » La voix est réconfortante.

En relevant la tête, Antoine découvre une grande et belle femme aux cheveux de feu. Ce sont eux qui illuminent et réchauffent la grotte de leur lumière. Son visage est beau et lumineux, ses joues rondes et roses, ses yeux pleins d'étoiles. Elle l'accueille et l'appelle dans son giron. « Viens, mon petit, viens. » Ses bras l'enferment un peu trop, mais ils sont si chauds, si ronds. Antoine se sent enfin en sécurité.

Au-delà de la douce laine du vêtement de la dame, couleur des tendres feuilles de printemps, il devine des meubles richement ouvragés brillants de cire, des matelas de plume sur lesquels sont posées des couvertures colorées, des gâteaux savoureux dégoulinants de miel et parés de fruits confits. Son ventre crie famine. Au-delà des bras qui l'entourent, le long des parois de la grotte, il reconnaît des os empilés. Pourquoi ces formes lui paraissent-elles si familières ? Oui, il les a vues dans la tranchée. Des crânes, des crânes humains. Mais ils sont si petits. Pas plus gros que son propre crâne d'enfant. Un sentiment de danger l'envahit de nouveau, mais les bras le compriment de plus belle. « Tout ira bien, je suis là. »

La femme pleure et chante. Et ses bras serrent, serrent. Ils serrent si fort que le souffle lui manque. Les meubles étincelants, les gâteaux, les fins draps de lin, disparaissent, laissant place au froid et à l'humidité minérale. Il s'élève au-dessus de son corps d'enfant, et le voit depuis ses yeux d'adulte. Il contemple la scène, impuissant. L'enfant meurt, étouffé par les bras maigres et les mains griffues. Les cheveux de flammes sont devenus des mèches fauves lestées de terre. La robe soyeuse, des haillons de feuilles et de branchages, et le visage plein de lumière a disparu, déformé par la folie. Le petit être se brise dans un craquement sinistre. Antoine ne ressent aucune douleur car ce n'est plus lui. La femme jette l'enfant parmi les ossements, dans un geste plein de rage. Elle crie, supplie, se penche sur un berceau creusé dans la pierre de la grotte, aussi vide que son regard, puis elle se tourne vers lui.

— Ramène-le-moi, Antoine. Ramène-moi mon enfant ! C'est le prix que tu me dois.

SÉRAPHIN

— Il te reste encore deux caisses à vider mon garçon, et ensuite tu pourras rentrer chez ta mère !

Séraphin peste en frottant ses bras douloureux. Gaston Fleury l'a fait travailler toute la journée : frotter les sols carrelés et les étagères en bois, vider les caisses de conserves, nettoyer sous la pluie l'arrière-cour envahie de mauvaises herbes. Maudit soit l'épicier et ses bavardages incessants ! Comment un être humain peut-il parler autant sans s'étourdir lui-même ? Tout en exécutant les tâches qu'il lui impose, Séraphin imagine qu'il enferme le vieux Fleury dans sa réserve avec les souris et s'enfuit, le laissant tambouriner à la porte durant la nuit.

— Je connais ce regard, mon garçon ! Ta mère avait le même à ton âge. Tu peux me souhaiter tout le mal que tu veux, mais tu finiras le travail que tu me dois pour le vol que tu as commis. C'est en réparant ses erreurs qu'on apprend à être un homme, crois-moi.

L'épicier, juché sur son échelle, lui adresse un sourire

goguenard sous ses volumineuses moustaches. Séraphin serre les dents et lui tend les conserves de sardines afin que Gaston les dispose sur les plus hautes étagères. Il se demande ce que le vieil épicier sait sur sa mère, mais il est trop fier pour le lui demander. Le garçon ignore ce qui est le plus pénible : frotter les sols et les meubles de l'épicerie toute la journée, ou bien supporter les interminables conversations à sens unique de son tortionnaire. Il en veut à sa mère de l'avoir dénoncé à l'épicier. Le sentiment de trahison et la honte se mélangent en lui comme un poison acide.

— Ta mère avait un sacré caractère, déjà toute petite, reprend Gaston en rangeant les boîtes. Une vraie tête brûlée, comme toi. Elle s'est calmée quand elle a dû travailler dans les fermes et les maisons du village comme bonne à tout faire. Elle ne pouvait plus se permettre d'être insolente. Mais sous le calme apparent, on la sentait bouillir ! Elle est restée longtemps au service de mon père quand il tenait l'épicerie. C'est comme ça que nous sommes devenus bons amis. Elle faisait le ménage dans la boutique, et moi j'apprenais mon métier. J'ai quelques années de plus qu'elle, mais nous nous entendions bien. Mon père n'était pas commode. C'était un homme de l'ancienne génération. Il avait la main lourde, crois-moi. Chaque fois qu'il me punissait avec son martinet, ta mère venait me réconforter. Ah ! Si tout le monde avait le cœur aussi grand ! D'ailleurs, je ne t'ai pas raconté que mon père n'a pas toujours été l'épicier de ce village. Après la guerre de 1870…

Séraphin laisse les paroles de l'épicier devenir un flot indistinct dont son oreille ne saisit qu'une bouillie informe. Ses pensées s'échappent tandis que ses bras douloureux soulèvent les caisses à vider. Il n'aime pas qu'on lui rappelle que sa mère est bonne à tout faire. Il profite cependant des confidences de Gaston pour reconstituer le puzzle de sa jeunesse. Ses grands-parents étaient des ouvriers agricoles pauvres et sa mère, fille unique, a commencé à travailler à l'âge de dix ans. Il sait, car les jumeaux Lecomte lui ont souvent rappelé, qu'elle faisait alors déjà le ménage et la lessive pour les familles les plus riches afin d'assurer sa subsistance. Il sait aussi qu'à seize ans, elle a été renvoyée par le père de Gaston Fleury quand il a découvert qu'elle était enceinte. Sa mère ne lui en a pas dit plus.

Et si son père était Gaston Fleury lui-même ? Cette éventualité prend forme peu à peu dans son esprit. L'adolescent n'ose pas imaginer sa mère céder aux avances de ce bavard et pourtant…

— Bien, je dois me rendre à la réunion organisée par le maire. Les incidents se multiplient dans le village depuis cette histoire d'incendie. Nous devons régler ça au plus vite. Les gens commencent à s'accuser les uns les autres.

Une fois son travail terminé, Gaston le libère enfin avec un grand sourire. Comme tous les jours, il lui donne un petit quelque chose pour sa mère. La veille c'était un paquet de farine, aujourd'hui des restes de viande non vendus. Séraphin déteste qu'on leur fasse la charité. Et encore pire, il déteste que Gaston soit sympathique alors qu'il aimerait bien le haïr pour avoir été témoin de sa malhonnêteté. Aucun adulte, à part sa mère ou Ernestine, n'a jamais passé autant de temps avec lui sans l'insulter. Il ignore comment réagir à la gentillesse de Gaston, ni à sa volonté de le remettre dans le droit chemin.

Perclus de fatigue, Séraphin quitte l'épicerie par la porte de derrière. Il s'étire, puis se roule une cigarette et l'allume. L'épuisement pèse sur ses pas lourds. Et dire qu'il n'a jamais autant travaillé sans être payé ! Il devra se rendre le lendemain chez les Mahe pour effecteur ses tâches quotidiennes. Rien que l'idée de soulever les outils de la ferme lui soulève le cœur.

— Qu'as-tu fait pour trimer ainsi, comme un esclave, chez Gaston Fleury ?

La voix mutine tire Séraphin de ses réflexions. Dans la pénombre, une silhouette familière le scrute : il reconnaît malgré l'obscurité les cheveux roux de Caroline et son visage parsemé de taches de rousseur. Sa vue a-t-elle toujours été aussi perçante ? La jeune fille porte une jolie robe qui met en valeur ses courbes rondes. Elle a ce sourire charmant, un peu de travers, qui l'a attiré dans ses bras. Malgré lui, il hume le parfum subtil de sa peau mêlé à l'huile essentielle de lavande.

Séraphin tire sur sa cigarette. La douleur dans son ventre se réveille, comme un serpent sournois lové dans son estomac. Il regarde derrière lui pour vérifier qu'il n'y a personne d'autre.

— Tu me parles, maintenant ? dit-il à la jeune fille d'une voix glaciale.

Caroline perd d'un coup son sourire. Elle s'approche, l'air ennuyé.

— Je… Je t'ai vu à l'œuvre dans l'épicerie toute la journée, et j'ai attendu que tu aies fini pour te parler.

— Dans l'arrière-cour. Quand personne ne peut te voir avec moi.

— Allons, tu sais bien que, quand mon père est dans les parages, je n'ai pas le droit de te parler.

— Mais tu peux m'embrasser en cachette…

— Ne me dis pas que ça t'embête ! Tout le monde sait que tu collectionnes les filles et que tu te moques bien d'elles !

Séraphin se crispe.

— Tout le monde dit ça ?

— Évidemment ! Tu crois que j'ignore que je ne suis qu'une fille parmi d'autres ? Avant moi il y a eu Jeanne, et Marie, et…

— Et ?

— Et toutes les autres !

— Quelles autres ? demande Séraphin en jetant sa cigarette au sol. Et moi, que suis-je pour toi ? Une distraction ?

Malgré lui, Séraphin a parlé d'un ton amer. Caroline s'approche, l'air intrigué.

— Non, je t'aime bien, Séraphin. Tu es drôle et gentil, malgré tes airs de mauvais garçon. Mais il ne peut rien y avoir de sérieux entre nous, tu le sais, n'est-ce pas ? Les filles comme moi ne fréquentent pas les…

— Les bâtards ? Les voleurs ? Les moins que rien ?

— Ce n'est pas ce que j'ai voulu dire, mais enfin tu te rends bien compte que tu n'es pas le gendre idéal…

Séraphin se détourne, agacé. Caroline ne fait qu'énoncer à voix haute tout ce que le village pense, alors pourquoi cela le blesse-t-il autant ? Qu'y a-t-il de différent chez elle ? Les autres filles qu'il a fréquentées n'agissaient pas autrement avec lui. Le fait qu'avec Caroline ils aient échangé plus que des baisers, qu'avec elle il se soit senti écouté, en confiance… Séraphin a cru qu'il avait de la valeur à ses yeux. Quel imbécile ! Il fouille dans sa poche et en sort la blague à tabac en cuir qu'il a volée chez le boulanger le soir où Caroline l'a invité dans son grenier.

— Tu as raison, je ne suis qu'un voleur ! dit-il avec un sourire mauvais en lui lançant l'objet. Tiens, redonne ça à ton père, j'en ai bien profité !

La jeune fille fronce les sourcils.

— Comment as-tu osé nous voler ? Tu n'as aucun scrupule !

Il s'approche un peu plus, la contraignant à reculer contre le mur de l'épicerie, se collant à elle. Dans cette heure entre chien et loup, la jeune fille ouvre de grands yeux inquiets.

— Alors comme ça, tu as voulu jouer avec moi ? lui demande-t-il. Mais sauve-toi vite, avant que je ne profite de l'obscurité pour te voler autre chose. On ne t'a pas dit que les renards aimaient bien plumer les poules naïves comme toi à la nuit tombée ?

Caroline pousse une exclamation indignée et le repousse.

— Tu n'es qu'un goujat, un imbécile !

Séraphin ricane en s'éloignant d'un pas nonchalant, laissant Caroline rouge de fureur.

— Mais ça, tu le savais déjà, non ? lui lance-t-il.

Séraphin quitte précipitamment le village. L'échange avec Caroline lui a laissé un goût amer. Au diapason avec sa colère, la douleur qui pulse dans son ventre devient de plus en plus désagréable. Il s'arrête un instant, respire, puis reprend sa marche. Qu'importe Caroline ! Bientôt il quittera ce village maudit où tout lui pèse. Il réunira assez d'argent pour partir en ville, où personne ne le connaît, et il trouvera un emploi bien payé. Il reviendra ensuite chercher sa mère, pour que plus jamais elle n'ait à laver le linge de ces sales hypocrites qui la méprisent. Ils auront la belle vie. Finis les ménages, les lessives, les humiliations ! Et si son travail ne lui rapporte pas assez d'argent, alors il le volera.

Il s'enfonce dans le sentier qui mène au hameau de l'Angeluère, savourant le calme après le bavardage incessant de l'épicier et son échange avec la jeune fille. La nuit tombe à présent, entraînant les dernières lueurs du jour derrière les cimes des chênes et des châtaigniers. Il frotte son ventre dans lequel la douleur s'est apaisée.

Une sensation étrange freine soudain le pas de l'adolescent. Un fourmillement familier dans son dos l'incite à se retourner.

Il ne voit rien et reprend sa progression. Mais bientôt la certitude de ne pas être seul s'impose à lui, et il fait de nouveau volte-face, son petit couteau à la main.

Personne.

Pourtant Séraphin sent, sans en connaître la raison, qu'on l'observe. Caroline l'aurait-elle suivi ? Non, jamais elle n'oserait. Et il compte bien l'avoir effrayée en lui faisant croire qu'il pouvait se montrer agressif avec elle. Comme s'il était capable de commettre de tels actes !

Les haies épaisses enferment l'obscurité dans le chemin creux. Les chants d'oiseaux résonnent à son oreille, comme décuplés, et la terre semble frémir sous ses bottillons. Serait-ce la vagabonde ?

Un bruissement sur sa gauche. Sa main qui serre le couteau. Une tête poilue apparaît entre les branches de la haie sauvage. Le soulagement qu'il éprouve en reconnaissant les yeux dorés de la louve grise.

— Te revoilà, murmure Séraphin, fasciné par le regard profond de l'animal.

Son cœur cogne violemment dans sa poitrine. Il a l'impression qu'il va pleurer comme un enfant. Voilà longtemps que tant d'émotions ne l'avaient pas assailli avec une telle violence. Il a tellement espéré revoir la louve qu'il en oublie d'avoir peur. Son pelage gris est à peine visible au milieu des branches. Seules brillent ses prunelles hypnotiques. Elle s'approche de quelques pas et Séraphin remarque qu'elle tient dans sa gueule un lièvre mort.

— La chasse a été bonne, à ce que je vois, dit Séraphin d'une drôle de voix.

La louve s'approche et dépose devant lui sa proie, puis recule.

Séraphin sourit, stupéfait.

— C'est pour moi ? lui demande-t-il.

La louve incline la tête.

Séraphin ramasse le lièvre. L'animal est encore tiède.

— Merci.

La bête attend, assise sur son arrière-train. Séraphin s'approche, la main tendue. Ses doigts ne sont qu'à quelques centimètres de sa tête majestueuse, qui lui arrive aux épaules, de ses crocs luisants, de sa langue pendante.

— Je peux ? murmure l'adolescent.

La louve ne bougeant pas, il plonge la main dans son pelage tiède. La sensation est délicieuse. À la gratitude et à la fierté d'être ainsi privilégié s'ajoute la sensation de puissance quand il parcourt la tête et les épaules de la louve de ses doigts tremblants. C'est la créature la plus belle, la plus fascinante qu'il ait jamais vue. Son regard glisse vers les yeux dorés qui le jaugent, vers la cicatrice boursouflée qui surgit des poils de sa patte avant gauche. Une chaleur réconfortante le gagne. La douleur de son abdomen a disparu. Seul subsiste un serrement d'impatience dans le creux de son ventre, comme si quelque chose d'extraordinaire allait se produire. Sa peau est parcourue de fourmillements qu'il n'avait jamais éprouvés auparavant.

Soudain, la louve se redresse, se soustrayant à la main de Séraphin. Elle adopte une position d'attaque, entre le garçon et l'obscurité qui envahit le chemin. L'adolescent scrute la nuit mais ne voit rien. Cependant, une sensation de menace imminente l'assaille.

— Qu'y a-t-il ?

Comme si elle lui répondait, la louve se tourne vers lui et le pousse avec sa tête.

— Tu veux que je parte ?

L'animal saisit la chemise de l'adolescent et le tire, l'obligeant à se mettre en mouvement.

— Très bien, très bien ! On y va !

Il ramasse le lièvre et reprend sa marche vers le hameau de l'Angeluère. La louve à ses côtés commence à trotter, lui imposant une allure similaire. Avant qu'il ait pu se demander pourquoi, Séraphin se met à courir.

Quand il comprend que quelque chose est derrière lui, il accélère, le cœur battant. Le bruit d'une course, des halètements les poursuivent. Séraphin distingue trois silhouettes sombres à quelques mètres derrière eux, qui filent entre les arbres. Encore ces bêtes errantes ! La peur l'étreint. La louve se retourne, menaçante, faisant face à trois grands chiens noirs qu'elle domine d'une tête. Leurs yeux rouges et brûlants sont fixés sur eux. La louve grogne. Le son résonne et se répercute contre les troncs alentour comme s'il s'était démultiplié. Les trois molosses, les babines retroussées sur leurs crocs terrifiants, hésitent. Un long cri retentit au fond des bois, semblable à un appel. Les chiens font demi-tour et disparaissent.

La louve se retourne prestement et pousse Séraphin du museau pour qu'il reprenne sa course.

Enfin, il parvient en vue de sa maison. Sa mère est sur le seuil, les mains sur les hanches, dans la posture qui précède une bonne réprimande. Il rentre tard, et elle a dû s'inquiéter. Que va-t-elle dire en voyant la louve gigantesque derrière son fils ?

— Te voilà enfin ! crie-t-elle.

Séraphin se retourne, étonné par la réaction de sa mère. Mais il est seul à sortir du chemin creux qui s'ouvre sur la cour de la petite ferme. Stupéfait, il scrute le sous-bois. Où est la louve ? Et ses poursuivants ? Aucun bruit, aucun mouvement, ne trahit leur présence.

— Où as-tu traîné ? lui demande sa mère qui le saisit aux épaules, plantant ses yeux incisifs dans les siens.

— Nulle part ! Tu ne croiras jamais ce que j'ai vu !

— Et qu'est-ce que c'est que ce lièvre ? Ne me dis pas que tu es allé relever tes pièges alors que la nuit tombe et que des chiens rôdent en ce moment dans les bois ?

— Si, mais justement je voulais te dire…

— Séraphin, que vais-je faire de toi ? Tu veux me rendre folle ?

— Non, mais…

— Tu connais les règles ! Tu dois rentrer dès que tu sors de chez Gaston !

— Oui, c'est ce que j'ai fait, mais…

— J'espère que tu te comportes bien chez lui.

— Bien sûr que je me comporte bien ! Lui en revanche me traite comme un esclave ! Mais maman…

— Ne te plains pas ! Tu as déjà de la chance qu'il ne t'ait pas envoyé chez les gendarmes !

Renée entraîne son fils derrière elle dans la maison. Ses grandes mains robustes effectuent les gestes familiers : lui retirer sa veste, ranger sa besace, lisser ses cheveux épars qui rebondissent sous ses doigts comme des ressorts.

— Maman, je…

— Va te laver les mains et le visage, la soupe est chaude !

L'exaspération envahit Séraphin. Encore remué par sa rencontre avec la louve et leurs poursuivants, il plonge ses mains dans l'eau de la bassine en métal et les savonne. Des poils gris s'échappent de ses doigts. N'est-il pas préférable de ne rien dire à sa mère ? Elle ne comprendrait pas. Ou bien elle serait terrifiée à l'idée que son fils puisse s'approcher d'un animal sauvage. Ne lui a-t-elle pas interdit de s'aventurer dans les bois tant que les chiens rôdent et attaquent le bétail dans certaines fermes ? S'il en parle, la louve risque d'être chassée. Séraphin frissonne. Il se sent encore tout ému d'avoir caressé cette bête merveilleuse qui l'a protégé avec tant de férocité.

Soudain, un long hurlement retentit au loin. Renée se fige.

— Tu vois ! s'exclame-t-elle, le regard inquiet. Tu ne me crois pas, mais il y a bien des loups dans la forêt !

LUCIE

Lucie sent qu'on la berce doucement, comme le balancier des bras de sa mère quand elle a fait un cauchemar. La sensation de réconfort ne flotte qu'en surface, trompeuse. Dans les profondeurs du sommeil dont elle tente de s'extirper, Lucie perçoit qu'elle n'a rien à faire là. Elle se souvient qu'elle marchait dans le bois des Corneilles, puis le brouillard l'a enveloppée. Comme à chaque fois que son frère s'empare de sa conscience.

La berceuse à son oreille déraille. Les bras qui l'enserrent sont froids et humides, la voix pleine de cailloux. Une forte odeur de terre et de feuilles pourries lui pique les narines. Le tout est glaçant et, pourtant, quelque chose la retient d'ouvrir les yeux.

« Attends, c'est presque fini, dit la voix de Michel quelque part dans son ventre. Nous serons plus forts après. »

Lucie lutte contre la volonté de son frère pour revenir à la conscience. Elle entrouvre les yeux. Des frondaisons vertes et remuantes s'offrent à son regard, formant un abri sombre et protecteur. Le soleil filtre péniblement à travers les branches, jetant çà et là des rais de lumière poudrée. Si le froid des bras qui la tiennent ne la mordait pas si cruellement, elle se serait rendormie. Des feuilles frottent sa joue tandis qu'elle tourne la tête pour faire entrer dans son champ de vision le visage qui la surplombe.

La panique la saisit quand elle le reconnaît. Encadrée de cheveux fauves entremêlés de feuilles, la créature se penche au-dessus d'elle. Sa figure grise semble surgir de ses cauchemars.. Des yeux noirs et brûlants la fixent. La bouche, tordue dans un rictus absurde, marmonne le chant discordant que Lucie entendait dans son rêve.

Ce visage, c'est celui qui l'a hantée à la suite de leur première rencontre lors de cette fameuse nuit, il y a huit ans. Rêve-t-elle à présent ? Pourtant, tout son corps palpite, agressé par la peur, le froid, l'odeur de pourriture. La Dame Verte est bien là, la tenant dans ses bras comme une enfant. Lucie se débat, écrasée de terreur. Elle pousse un cri rauque, veut se dégager d'un coup d'épaule. Mais la créature tient bon. Son visage est déformé par la stupeur. Elle lève un doigt griffu couvert de terre et secoue la tête de droite à gauche, comme si elle grondait une gamine récalcitrante.

« Tiens-toi tranquille, lui conseille encore Michel d'une voix douloureuse. Elle a presque fini. »

Quoi ? Que fait-elle ?

Lucie se tord dans tous les sens pour échapper aux griffes de la créature qui la retiennent, telles des serres de rapace. Ses ongles laissent sur sa peau de longues griffures noires qui dessinent des arabesques effrayantes. À moins que… Lucie regarde mieux. Et ce qu'elle voit lui fait horreur.

« Ne t'inquiète pas, ma Lulu, c'est pour que nous soyons

plus forts, pour que tu puisses me porter sans t'affaiblir. »

Des branches fines comme des brins de laine glissent des doigts de la Dame Verte pour s'enrouler autour de ses poignets, de ses bras, de sa poitrine. Animés d'une vie propre, ils pénètrent sa peau, formant des veines noires qui parcourent tout son corps, puis disparaissent. Elle sent comme une brûlure tandis que les filaments s'enroulent autour de ses muscles et de ses os. La douleur enfle, devient insupportable. Lucie hurle, se dégage. Elle se dresse sur ses jambes et se secoue, se frotte, pour se débarrasser de cette intrusion atroce.

— Que m'as-tu fait ? crie-t-elle, autant pour la Dame Verte que pour son frère. Que m'as-tu fait ?

Lucie croit devenir folle. La peine et l'incompréhension balayent ses pensées comme une tempête. Elle va mourir, anéantie par cette souffrance qui vrille sa conscience comme une lame brûlante. Tandis qu'elle se tord de douleur sur le sol, elle entend Michel hurler avec elle.

Soudain, tout s'arrête.

Il ne reste plus qu'une pulsation dans tout son organisme, comme une décharge d'énergie avant la course. Essoufflée, Lucie se relève péniblement. La forêt est floue autour d'elle. Elle vacille.

La Dame Verte la regarde, tend les bras vers elle pour la saisir. Est-ce de la compassion qu'elle distingue sur son visage ? La jeune fille la repousse violemment, projetant la créature à plusieurs mètres. La Dame Verte se cogne contre le tronc d'un vieux chêne et tombe, immobile.

Stupéfaite, Lucie regarde ses bras. Les veines noires y sont à peine visibles, mais la pulsation demeure. Comment a-t-elle eu la force de la repousser aussi loin ? Elle perçoit la joie de son frère, prisonnière de son souffle rétréci par la peur. Elle se rappelle soudain les sensations étranges qu'elle a éprouvées depuis déjà plusieurs jours : ses courses plus rapides, la vigueur de ses bras, cette perception accrue de tous les bruits, de toutes les odeurs.

— Ce n'est pas la première fois, murmure-t-elle.

Un terrible sentiment de trahison l'envahit.

— Tu m'as déjà amenée auprès d'elle, déclare-t-elle, amère.

La Dame Verte se relève, ricanant. Le son grince comme le râle d'un homme à l'agonie.

— J'ai partagé avec toi le pouvoir de la forêt, dit-elle de sa voix rauque et brisée. J'ai exaucé le vœu de ton frère. À présent, il a une dette envers moi.

Et la Dame Verte tend les mains de nouveau vers Lucie. L'avidité allonge son visage gris, resserre ses griffes.

— Oh, Michel, qu'as-tu fait ? sanglote Lucie, prête à riposter.

Elle se met à courir, cherchant à distancer le plus possible la créature. Sa course est si rapide que Lucie heurte les branches sur son passage et doit s'arrêter, désorientée. Un vertige la saisit. Elle reprend sa course, cette fois de façon plus mesurée, mais la vitesse la déséquilibre et elle tombe. Enfin, à la troisième tentative, elle parvient à se stabiliser. Ses jambes avalent les ronces et les fougères, s'enfonçant puissamment dans la terre molle. Dans sa tête, Michel rit. « Nous sommes si forts, si puissants ! »

Lucie s'arrête brutalement. Un regard en arrière lui permet de se rendre compte qu'elle a parcouru plusieurs kilomètres en quelques minutes et que personne ne la suit. Elle s'approche d'un vieux châtaignier, s'empare de l'une de ses branches épaisses et l'arrache comme s'il s'agissait d'une allumette. Elle la brandit, puis la lance. La branche disparaît rapidement de son champ de vision. La terreur tend toutes les particules de son être qui vibre de puissance.

— Que m'as-tu fait ? gémit-elle, désespérée. Je suis devenue un monstre.

Lucie tombe à genoux. Des veines noires apparaissent par intermittence sous sa peau, sur ses bras, ses jambes, comme si elles circulaient de façon autonome à l'intérieur de son corps. Une nausée saisit la jeune fille.

— Tu es un sale égoïste ! hurle-t-elle. Tu m'as transformée pour accomplir je ne sais quelle vengeance ! Tu m'as utilisée, souillée ! Tu m'as livrée sans vergogne à cette créature infernale. Toi, mon frère. Nous avions juré de toujours nous protéger.

« Tu ne risques rien, je le sais. Cette magie te rendra plus forte, ainsi personne ne pourra te faire de mal. J'ai voulu te protéger. »

— Menteur ! Tu as voulu te servir de moi pour accomplir ce que tu as décidé. Qui te dit que cette créature ne m'a pas transmis un poison mortel ? Et mon consentement, me l'as-tu demandé ? Non ! Tu as préféré agir dans mon dos ! Tu te sers de moi depuis que tu es revenu !

« Pardonne-moi, ma Lulu, je n'ai pas le choix. »

— Tu n'as pas le choix de revenir pour me gâcher la vie ? Je ne te reconnais pas. Tu n'es plus mon frère !

« Ne dis pas ça… »

— Que vais-je devenir à présent ? Et que va demander la Dame Verte en échange de ce don ? Y as-tu pensé ?

« Elle ne veut plus être seule. Je lui ai promis de me livrer à elle une fois ma tâche accomplie. »

— Mais ton repos, Michel, tu as droit au repos. Un jour, il faudra bien que tu rejoignes le monde des morts. C'est là qu'est ta place à présent. Avec papa.

« Je peux y échapper. Si je reste avec elle. Elle sait comment naviguer entre les morts et les vivants. Ainsi, je resterai auprès de vous. »

— C'est une créature mauvaise. As-tu oublié la légende ? Elle cherche à rompre sa solitude en enlevant les enfants.

« J'ai besoin de sa force. »

— Pourquoi ? Tu parles de vengeance, mais de qui veux-tu te venger ?

« De tous ceux qui nous ont volé nos vies en nous envoyant à la boucherie au nom de principes moraux et patriotiques. »

La révolte et l'indignation font trembler la voix de Michel.

— Et de quel droit ? De quel droit punis-tu ces hommes ? Je suis en colère moi aussi, mais ce n'est pas à toi d'exercer la justice. Tu n'es pas Dieu, Michel !

« J'ai gagné le droit de les juger quand j'ai explosé sous cet obus, quand le bras de mon meilleur ami a été arraché. Cette génération nous a privés du monde. Ils nous ont condamnés à souffrir pour leur profit. »

— Je t'ai aimé aussi fort qu'une sœur peut aimer son frère, toutefois je n'exercerai pas de violence pour toi. Je ne tuerai pas pour toi.

« Non peut-être. Mais tu pourras les punir. Et ensuite… »

— Et ensuite ? Ne me laisseras-tu pas en paix ?

« Ensuite, je protégerai mon enfant. »

HÉLÈNE

Depuis bientôt une heure que le curé a commencé son sermon, Hélène a levé tant de fois les yeux au ciel que c'est un miracle qu'ils ne se soient pas logés définitivement dans sa boîte crânienne. Hélène a toujours trouvé qu'il ressemblait à un batracien. Son teint verdâtre, ses yeux globuleux et sa bouche pincée, dont jaillissent des phrases aussi gluantes que la langue d'un crapaud, lui ont toujours donné la chair de poule.

Son père a insisté pour qu'elle assiste à la messe et c'est en souffrant le martyre, littéralement, qu'elle écoute les paroles du Père Anselme. Il est question des hommes se battant pour la patrie, de balles filant autour d'eux sans jamais les toucher, ou rebondissant sur leurs uniformes. À un moment, il attire l'attention de l'auditoire sur les devoirs des veuves de soldats en laissant son regard visqueux traîner un peu trop longtemps sur Hélène. Tous les regards ont convergé vers elle. À dix-sept ans, à peine fiancée, et la voilà déjà veuve ? La jeune femme laisse les œillades curieuses ou pleines de pitié glisser sur elle.

Les chuchotements bruissent quelques instants autour d'elle avant que le père Anselme recommence à coasser.

Hélène observe l'assemblée : du village, il ne reste presque plus que des femmes de tous âges, des enfants et des hommes âgés ou trop malades pour combattre. Le maire, assis au premier rang avec ses deux fils, dirige cette communauté incomplète, comme un capitaine dans la tempête, sans se soucier ce qui se passe à bord de son navire. Sa femme Berthe se dresse près de lui, droite et sèche, attirant les regards moqueurs de l'assemblée. N'est-elle pas notoirement cocue ?

Assises sur un banc à sa gauche, Ernestine Mahe, Élise Lefresne et Renée Robin semblent soudées par un lien indéfectible. Hélène pense aux Parques, ces maîtresses de la vie et de la mort, divinités de l'Antiquité qui filaient le temps et décidaient de la naissance, de la vie et de la mort des humains. Malheureusement, ces trois Parques-là ont perdu le fil des vies autour d'elles.

Un peu plus loin, isolée sur un banc comme si elle était une pestiférée, la mère de Marius, le jeune déserteur, tente de garder une contenance, les mains crispées sur un chapelet usé. *Au moins son fils vit-il quelque part,* songe Hélène. *Il a peut-être fait le bon choix.*

Lucie est absente, occupée à la ferme avec son jeune frère. Antoine aussi. Dès son retour, il a scandalisé sa mère en lui disant qu'il ne voulait plus entendre les mensonges des curés.

La voix nasillarde du père Anselme s'élève sous la voûte de la petite église romane.

— Les événements qui se sont produits ces derniers jours sont le signe du retour du Mal. Le diable aime les périodes de crise pour se glisser dans nos vies et semer le doute dans nos esprits. Car ne nous méprenons pas. Ici un incendie, là des bêtes malades ou égorgées, là encore une récolte pourrie sur pied. Mes chers amis, le Malin nous met à l'épreuve. Il se faufile dans chacun de nos péchés ! Le vol, le marché noir, l'adultère ! Certains d'entre vous m'ont parlé d'une vagabonde. D'autres d'une femme échevelée qui erre à la lisière de la forêt et se rapproche du village. Oui… parfois vous prononcez un nom venu des anciennes croyances païennes : la « Dame Verte ». D'autres enfin évoquent des loups affamés qui viennent tuer leurs poules ou leur petit bétail. Mais tout ceci, mes amis, est l'œuvre du diable ! Soyons à la hauteur de cette épreuve supplémentaire. Prions, respectons les enseignements de notre Seigneur, et tout rentrera dans l'ordre.

Hélène se sent seule au milieu de tant de superstitions. Près d'elle, son père écoute attentivement le sermon. Elle pousse un soupir. Elle lève les yeux vers la voûte de l'église. Les paroles du curé se noient dans ses pensées, devenant un bruit de fond, un bourdonnement indistinct et lancinant. Son regard se perd sur les vitraux multicolores par lesquels la lumière matinale colore les murs jaunis de vagues resplendissantes. Dans son cœur, le chemin qu'elle doit suivre lui paraît de plus en plus clair. Son ventre commence à gonfler légèrement, sa chemise tendue sur ses seins plus lourds. Elle doit prendre les herbes d'Annette et se débarrasser de l'enfant. Comment pourrait-elle s'occuper d'un bébé alors qu'elle se sent elle-même encore une enfant soumise à l'autorité paternelle ? À qui en parler ? Pas à son père, c'est certain. À Lucie peut-être ? La sœur de son fiancé est plus distante depuis quelque temps. Elle semble perdue dans ses rêveries. Ne serait-elle pas choquée par le fait qu'elle veuille se débarrasser de l'enfant de son frère ?

Elle jette un coup d'œil à Renée, la seule femme du village ayant mis au monde un bâtard dont personne ne connaît le père. Elle se tient bien droite au milieu des regards méprisants qu'on lui destine encore. Hélène elle-même n'a-t-elle pas plusieurs fois médit sur la situation de cette femme ? Ne l'a-t-elle pas accusée, comme les autres, d'avoir été une femme sans honneur ni vertu ? La honte l'envahit soudain. Comment a-t-elle pu se montrer aussi injuste et stupide ? La voilà à son tour au seuil d'une vie d'opprobre et de scandale. Hélène se sent lasse, petite, enfermée.

Un cri qui s'élève dans la foule des paroissiens réunis la ramène soudain à la réalité. Les gens s'agitent et se lèvent. Son père lui-même pousse une exclamation, lui toujours si maître de lui. Hélène cherche la cause de leur nervosité. Son regard se pose soudain sur le curé qui s'agite dans tous les sens comme une marionnette désarticulée. Des petits points noirs tournent autour de lui en bourdonnant. Des guêpes. Des centaines de guêpes. Un nid fracassé gît à ses pieds, et les insectes furieux remplissent l'église d'où s'échappent les villageois effrayés.

— Là ! crie Élise Lefresne en désignant une des portes latérales qui s'ouvre sur le chœur de l'église, et qui est restée entrouverte. Quelqu'un a jeté le nid par cette porte !

— La Dame Verte ! C'est la Dame Verte !

— C'est le diable !

Les villageois se précipitent hors de l'église en hurlant, bousculant Hélène qui voit avec horreur le curé tomber à genoux sous les multiples piqûres en gémissant.

— Il faut l'aider ! s'exclame-t-elle.

Renée Robin et Ernestine surgissent à côté d'elle. Ernestine la recouvre de son châle et la pousse vers la sortie. Les guêpes tournent autour d'elles, menaçantes. Une première piqûre sur le bras arrache à Hélène un cri de douleur.

— Ne reste pas là, Hélène ! dit Ernestine.

— Mais on ne peut pas laisser le curé. Elles vont le tuer !

— Donnez-moi les fleurs ! Les fleurs séchées ! Et ton chapeau de paille ! crie soudain Renée.

Le regard d'Ernestine s'éclaire.

— Tu vas faire un feu ? Tu as raison ! La fumée va les éloigner ! Prends les cierges !

Elle ramasse les fleurs séchées disposées au pied de la statue de la Vierge tandis que Renée saisit les cierges allumés à l'entrée de l'église. Gaston Fleury, qui est sorti de son épicerie en trombe pour aller au secours des paroissiens, retourne soudain dans sa boutique avant de revenir quelques instants plus tard avec un seau métallique qu'il tend à Renée. Celle-ci jette les fleurs et le chapeau d'Ernestine dans le seau et y met le feu à l'aide d'un cierge. Une épaisse fumée s'élève.

— Sortez tous ! crie Renée. Je vais les désorienter avec la fumée.

— Tu n'iras pas seule, dit Gaston. Elles risquent de te piquer aussi.

— Allons, lui répond Renée avec impatience, pas le temps de faire des manières. Je dépose le seau pour les enfumer, et tu sors le père Anselme.

Se couvrant la tête de son châle de laine noire, Renée s'approche du nid de guêpes et dépose le seau, d'où s'échappe une fumée âcre. Hélène la voit avec horreur réagir en sursautant à plusieurs piqûres.

— Revenez vite, sortons d'ici ! leur crie Ernestine, qui tire Hélène derrière elle.

En sortant de l'église, affolée, la jeune fille découvre la foule des villageois massée à quelques mètres. Le maire tente de rassurer les paroissiens. Plusieurs personnes se plaignent de piqûres, mais la plupart sont sains et saufs. Renée sort à son tour, suivie de Gaston qui porte dans ses bras massifs le père Anselme.

L'épicier dépose le corps du curé sur le sol. Hélène retient un cri d'effroi : le père Anselme est gonflé et couvert de piqûres. Il respire difficilement. Ernestine et Élise s'agenouillent auprès de lui pour évaluer son état. Le maire s'approche.

— Il faut lui trouver un médecin très vite, dit Élise.

— Erwan Lefranc est parti pour un accouchement aux Genêts, à vingt kilomètres, dit Lecomte, dont le visage sec et le crâne dégarni ont viré au vert.

— Alors, allons trouver Annette, propose Renée.

Élise blêmit.

— Ma sœur n'est pas médecin, dit-elle d'une voix blanche.

— Non, mais elle saura quoi faire. Et de toute façon, si on ne fait rien, il va mourir, réplique Renée.

Le père Anselme lutte pour respirer, horriblement déformé par les piqûres.

— Je vais la chercher ! dit Hélène.

Tous les regards convergent vers elle.

— Tu sais où elle habite ? demande Élise, l'air méfiant.

— Tout le monde le sait, dit Hélène en haussant les épaules. Et avec ma bicyclette, j'irai vite !

Elle se précipite pour aller chercher la guérisseuse et croise Séraphin, qui la bouscule en allant vers sa mère.

— Tu n'as pas été piquée ? demande-t-il à cette dernière.

— Si, une ou deux fois, mais rien de grave, répond Renée.

Joseph Lecomte s'avance alors.

— Tiens, tiens, où étais-tu, toi, pendant la messe ? On ne t'y a pas vu ! dit-il à Séraphin d'un ton rogue.

— Je ne viens jamais à la messe, dit Séraphin en haussant les épaules. On s'y ennuie trop. Sauf aujourd'hui, apparemment !

D'autres villageois l'entourent.

— C'est bien son genre, à ce petit bâtard, de faire des coups comme celui-ci ! Il a dû jeter le nid dans l'église !

— Oui, il n'en est pas à son premier méfait ! On ne peut pas se fier à lui !

Les hommes et les femmes de l'assemblée, furieux, se rapprochent de Séraphin, menaçants. Celui-ci se place en position de riposte, les poings levés, prêt à en découdre.

— Tu ne tiens pas ton fils, Renée ! dit le maire. Il lui faudrait une bonne correction ! Et là, il s'agit d'un crime grave, peut-être d'une tentative de meurtre ! Je dois alerter les gendarmes.

— Ça suffit ! crie Renée, se dressant devant Joseph Lecomte, qu'elle domine d'une tête. Mon fils n'a rien à voir avec ça ! Il n'aurait jamais fait une chose aussi dangereuse !

Hélène constate avec surprise que le maire baisse les yeux sous le regard noir de la lavandière.

— Séraphin était chez moi pendant la messe ! clame Gaston Fleury. Il m'aidait à ranger l'épicerie.

Des murmures surpris parcourent la foule.

— Il travaille pour moi depuis deux semaines, ajoute Gaston.

— Ce n'est pas en accusant les enfants du village que nous allons résoudre nos problèmes, dit Ernestine. Celui ou celle qui a jeté le nid de guêpes dans l'église voulait nuire au père Anselme. Il faut découvrir de qui il s'agit.

La foule approuve bruyamment. Séraphin, soulagé, rejoint sa mère.

— Oui, elle a raison ! crie un villageois.

— Ce n'est pas normal ce qui se passe en ce moment. Quelqu'un veut nous faire peur !

— C'est la Dame Verte !

— C'est le diable !

— Mais non, ce ne sont que des superstitions de bonnes femmes !

— Trouvons le coupable !

— Ce sont les vagabonds !

— Réunissons-nous demain soir devant la mairie, lance Joseph Lecomte, pétri de suffisance. D'ici là, j'aurai alerté les gendarmes. Nous verrons alors ce que nous pouvons faire pour nous mettre en sécurité.

ANTOINE

Antoine lâche un soupir agacé et s'éponge le front. Sa prothèse le démange horriblement, et le bout de son moignon lui fait mal. Tandis qu'il répare le soc[1] de la charrue, son dernier cauchemar le hante. Est-ce le fruit de son imagination ou la Dame Verte lui est-elle vraiment apparue pour réclamer son prix ? Quel enfant lui réclame-t-elle ? La fille qu'elle a perdue trois siècles auparavant, quand elle se nommait encore Éléonore de Bouillé ? Un frisson d'horreur le saisit en repensant aux ossements de son rêve. Se peut-il que la légende dise vrai : depuis des siècles, la Dame Verte enlèverait les enfants égarés pour les dévorer ? Une colère sourde bouillonne en lui. Dès son départ du front, cette agitation ne l'a pas quitté. Il se perd dans de terribles rêves, retrouvant les explosions, la boue, le froid, la peur.

Il sait à qui demander de l'aide. Et de toute façon, il a déjà trop attendu pour la voir.

---

1. Lame fixée à la charrue qui découpe horizontalement la terre et la soulève pour l'aérer. Le labour prépare ainsi les semailles.

— Laisse le vieux Bridonne réparer la charrue. Avec ton bras, tu ne peux pas.

Sa mère se tient devant lui, plus petite encore que dans son souvenir, tout endimanchée pour la messe.

— Pourtant, je v… viens de le faire, répond Antoine.

— Je sais bien que tu veux te rendre utile, mais tu toucheras bientôt ta pension d'invalide. Tu dois te reposer, te soigner.

— Je suis dé… déjà guéri, mon bras ne re… repoussera pas ! Et le… le… repos est la dernière chose dont j'ai besoin.

— Je dis juste qu'il ne faut pas forcer, dans ton état…

— Maman, je suis man… manchot, mais je ne suis pas incapable. Laisse-moi pa… participer aux travaux de la ferme, sinon à quoi je sers ici ? Je ne p… peux pas te laisser tr… travailler seule !

— Tu n'es pas encore assez fort, tu ne l'as jamais été. Je savais que la guerre, c'était trop pour toi…

Antoine se lève. Le feu qui bouillonne dans ses entrailles devient insupportable.

— Ce n'est p… pas le bon fils qui est revenu, n'est-ce pas ? reproche-t-il d'une voix sourde, le dos tourné.

— Qu'est-ce que tu racontes ? lui répond sa mère.

— Paul était le p… plus fort, le plus aimable. Il savait rendre les coups. Et il ne… pa… parlait pas comme un débile !

— Tu ne parles pas comme un débile ! s'indigne Élise. Tu as juste des difficultés d'élocution depuis tout petit, le docteur l'a dit. Et je n'ai jamais insinué que je préférais ton frère aîné !

— Tu pa… parles ! Tu ne peux même pas me… me regarder, maman ! Regarde-moi !…

Élise s'approche de son fils, l'air désolé, fuyant son regard. Antoine soulève sa manche, dévoilant son bras en cuir, au-dessus de la main en métal, sanglé à son épaule. Elle tend les doigts vers lui, puis renonce et détourne le regard.

— Tu vois, tu ne supportes pas de… de regarder ou de toucher mon bras.

— C'est pour ne pas te mettre mal à l'aise, pour que tu ne te sentes pas diminué.

— Mais tout… tout ce que tu fais me d… donne l'impression que je suis diminué ! Tu ne veux… pas que je tr… travaille dans les champs, que je répare les outils, mais… mais alors quoi ? Que je r… reste à me lamenter s… sur mon sort ? À vous re… garder vous épuiser au travail ? Au moins dans les tranchées les g… gars me voyaient comme un homme. Ici, j'ai tou… toujours été le pe… petit, celui qu'il faut protéger, celui qui ne sait pas… parler normalement !

De rage, Antoine saisit le premier pot de terre qui lui vient sous la main et le jette au sol. L'objet se brise avec fracas. Élise recule de quelques pas, les yeux affolés. Antoine se calme aussitôt. La terreur dans le regard de sa mère lui donne la nausée.

— Ne t'inquiète p… pas, dit-il avec dégoût. Je ne suis pas c… comme mon père.

Et il quitte la grange, laissant sa mère avec ses mauvais souvenirs.

Il est temps d'aller voir sa tante Annette.

En arrivant devant la petite maison, Antoine reconnaît la longue silhouette de la guérisseuse. Elle est penchée sur la terre de son potager, récoltant les herbes dont elle fera ses remèdes. En le voyant entrer dans la clairière, Annette se dirige vers Antoine pour l'embrasser sur ses deux joues. Il la domine à présent d'une tête.

— Te voilà enfin, mon neveu, mon cher petit, dit-elle en

levant la tête pour observer son visage.

Elle l'entraîne pour le faire entrer dans sa maison. Antoine retrouve l'odeur des herbes familières, du bois ciré et des huiles qui le remplit instantanément de réconfort dans la pénombre de la masure. Comme toujours, quelque chose mijote dans la cheminée, projetant des effluves délicieux de légumes, ouvrant l'appétit. Sur la table, un gros pain rond à la croûte brune et épaisse lui donne l'eau à la bouche. Un poulet plumé et préparé trône dans un plat, entouré d'oignons, de navets et de carottes, prêt à être enfourné dans la cuisinière à bois. Le chat l'accueille en se glissant entre ses jambes et en se frottant contre lui. Antoine le caresse de sa main valide.

— Chasseur est toujours là, remarque-t-il en avançant la main vers le museau de l'animal. Quel âge a-t-il maintenant ?

— Je ne sais pas, répond Annette en haussant les épaules. Il était déjà vieux quand je l'ai recueilli. Il n'a sans doute pas encore épuisé ses neuf vies.

Elle prend une bouteille dans son buffet et sert deux verres de cidre, qu'elle pose sur la table. Ils boivent en silence. Les grands yeux noirs de la guérisseuse détaillent soigneusement le jeune homme. Annette a une façon de vous regarder, comme si elle vous sondait jusqu'à l'âme. Ses yeux couleur de charbon s'adoucissent en suivant la ligne de sa mâchoire plus carrée, son torse robuste, son épaule orpheline.

— Qui as-tu ens… ensorcelé ces derniers temps ? demande Antoine pour tromper l'émotion que ces retrouvailles lui procurent.

— Je n'ensorcelle jamais personne. Ne me dis pas que tu crois aux histoires de toutes ces mégères ! En plus, je deviens une vieille femme. Qui pourrais-je encore ensorceler avec ces cheveux qui blanchissent ?

— Je ne sais pas… Erwan Lefranc par exemple… dit Antoine d'un air entendu.

Les lèvres d'Annette s'étirent et un sourire espiègle éclaire soudain son visage brun.

— Voyons, Antoine, un médecin et une ensorceleuse ! Tout au plus échangeons-nous parfois des remèdes, et je tente de défendre auprès de lui la valeur de mes pratiques traditionnelles… Comment va ta mère ?

— Pourquoi ne pas lui rendre visite pour le lui demander ?

— La dernière fois que j'y suis allée, quand j'ai appris la mort de ton frère, elle ne m'a pas ouvert sa porte. Seule Ernestine m'a reçue. La vieille Mahe a craché par terre en me voyant, comme d'habitude.

— Elle a dû te traiter de sorcière ! Quand allez-vous faire la paix, maman et toi ?

— De mon côté, je ne suis pas en guerre… Elle me punit pour t'avoir protégé des coups de ton père.

— Elle a honte, murmure Antoine.

— Elle se trompe : la honte ne doit pas être du côté des victimes.

Annette se lève.

— Puis-je te soulager ?

Antoine hésite un instant. Le regard d'Annette est le même qu'autrefois : plein d'amour et de respect. Alors il enlève sa chemise, puis sa prothèse. Il étire avec soulagement ses épaules libérées des sangles. Il baisse les yeux vers les fines cicatrices dessinées sur son torse par les éclats d'obus. Sa tante ne semble pas impressionnée.

Elle se place derrière Antoine et pose ses mains sur son épaule orpheline. Il ferme les paupières et garde le silence pendant qu'elle tente de le soulager. L'odeur épicée de sa peau l'entoure comme une brume.

Il l'entend marmonner quelques mots dans une langue qu'il ne comprend pas, mais qu'il a souvent entendue lorsqu'il était enfant. Peu à peu, au contact des mains de sa tante, les épaules d'Antoine s'affaissent, sa cage thoracique s'ouvre, sa mâchoire tremble. Elle le masse jusqu'au moignon, là où personne n'ose le toucher, ou même le regarder. C'est terriblement intime, mais Antoine ne ressent aucune gêne. Il se rend compte qu'Annette est bien plus sa mère qu'Élise ne l'a jamais été.

Et tout à coup, les pressions de la guérisseuse se projettent sur son avant-bras absent, le soulagent de ses douleurs fantômes. La stupeur et l'apaisement lui tirent des larmes qui coulent, silencieuses, sur ses joues mangées par sa courte barbe blonde.

— Comme tu as souffert, mon petit, dit-elle, une fois son massage terminé. Je vais te donner un remède pour soulager tes douleurs fantômes ainsi que ton esprit.

Sa tante se dirige vers les étagères remplies de pots.

Alors les mots d'Antoine surgissent :

— J'ai v… vu plus d'horreurs que ma mémoire est capable d'en contenir, et des corps sans vie par centaines. J'ai tué, Annette. J'ai arraché les vies de ces soi-disant ennemis. Michel et moi, nous étions des enfants en quête d'aventures… Mais sommes-nous devenus des hommes ? Je n'en suis pas sûr. J'ai obéi pendant un an à ce que je croyais juste, mais en face de moi les mêmes hommes se battaient pour la même chose. Nous étions en fait le jouet de puissances qui se moquent de nos vies.

Antoine reprend son souffle, étonné d'avoir réussi à parler sans être freiné par son bégaiement.

— Continue.

— Sais-tu que ch… chaque nuit, je rêve que je suis encore dans la tranchée, prêt à bondir, la peur au ventre, et les mains se… serrées à me faire mal sur le fusil ? Je prie à voix haute la Sainte Vierge pendant mon sommeil, c'est ma mère qui me l'a dit. Dans mon rêve, Michel est avec moi, il rit et plaisante sur les filles du village, comme si ce qui se passait autour de nous ne lui faisait rien du tout. Et c'est alors que son corps explose sous l'obus. Il éclate, et des morceaux de lui sont partout, sur mes vêtements, sur ma peau, sur mon visage. J'essaye de les attraper tous, de les garder entre mes deux mains. Mais il y en a trop et, tandis que j'en attrape certains, d'autres s'échappent et s'envolent comme des pétales rouges pris dans le vent, et je les vois qui s'éparpillent et s'en vont sans que je puisse les rattraper et ramener tous ses morceaux à sa mère. Au réveil, il ne me reste que la frustration d'avoir laissé Michel là-bas, sur cette terre sans nom, piétiné par ceux qui ne savent pas son rire, qui ne savent pas comme il était bon.

Antoine ignore s'il est un enfant, un homme mûr ou un vieillard. Le voilà à genoux, entourant de son bras la taille d'Annette, et fermant les yeux pour disparaître dans son odeur. Il a chaud. Des mains enveloppent son visage avec une infinie douceur, et ses larmes s'échappent dans les plis de la robe noire. C'est ainsi qu'autrefois elle seule pouvait rassurer le petit garçon qui courait jusqu'à elle pour se protéger de son père. Il s'endormait alors avec elle, et sa mère venait le reprendre le lendemain à l'aube, pleine de honte et de fureur.

— Là, là, mon petit. Pleure. Il n'y a aucune honte à pleurer. Le temps mettra du baume sur ton cœur et ton esprit, comme je l'ai fait aujourd'hui sur ton bras.

Antoine se calme peu à peu, soulagé d'avoir fait tomber les murs qui retenaient sa douleur.

— Quelle est cette plume que tu portes autour du cou ?

Le jeune homme garde le silence. Il saisit la plume noire de Joseph, suspendue à côté de l'amulette bleue que lui a donnée Annette autrefois.

— C'est une plume d'aigle. Je l'ai reçue de l'homme qui m'a sorti de ma propre tombe, Joseph Big Bear, un Iroquois. Il s'agissait d'un soldat de l'armée canadienne. En échange, il a pris une petite médaille que j'avais sculptée dans un éclat d'obus et qui le fascinait.

— Qu'y avait-il sur cette médaille ?

— Un loup… C'est un animal sacré pour les Iroquois.

— Pour les anciens Celtes aussi… Garde cette plume, c'est une magie ancienne et puissante. Je peux la sentir.

Antoine reprend ses esprits.

— La… Dame Verte… je l'ai vue en rêve. Les vi… villageois parlent d'une sauvageonne qui hante les alentours du village, de chiens errants. Je sais que c'est elle. Des incidents se produisent. Et si elle revenait pour moi ? Ne devrais-je pas m'éloigner du village pour protéger les miens ?

— Ou plutôt rester pour la combattre. Raconte-moi.

Tandis qu'Annette lui prépare un bol de soupe et des tranches d'un gros pain recouvertes de fromage frais, Antoine lui fait le récit de ses cauchemars. Le grand hêtre, la pénombre glacée, la grotte pleine d'ossements et, enfin, la demande funeste de la créature.

— Lorsque tu l'as rencontrée, la nuit de la mort de ton père, celle que tu appelles la Dame Verte errait déjà entre le monde des morts et le monde des vivants depuis trois siècles. C'est une puissante sorcière.

— Tu ne… ne m'as jamais dit cela.

— Quand tu es venu me trouver après ta rencontre avec

elle, tu étais si terrifié. Il ne servait à rien de t'alarmer tant qu'elle ne revenait pas te hanter. Je t'avais donné l'amulette. Dès la nuit de ta confrontation avec elle, je la surveillais.

— Tu la… surveillais ? Toi ?

— Il y a bien des choses sur moi que tu ignores, et pourtant tu es sans doute celui qui en sait le plus. Cela fait partie de mes… attributions de la surveiller. En tant que Gardienne du Seuil.

— Gardienne de quoi… ?

Annette s'éloigne, se saisissant de son bâton de marche qu'Antoine a toujours trouvé fascinant. Son pommeau sculpté, usé par le temps, représente deux serpents entrelacés.

— Ce bâton m'a été donné par ma grand-mère, qui le tenait de sa grand-mère, qui en avait elle-même hérité de son aïeule, et ainsi de suite, aussi loin que remonte mon sang. C'est le bâton sacré des druides.

— Les druides ? Ne m'as-tu pas raconté qu'ils ont tous disparu, exterminés par l'Empire romain ?

À ces mots, Annette brandit son bâton et en frappe le sol. Aussitôt, une vive lumière envahit la maisonnette, grandissant la silhouette de la guérisseuse. Ses yeux noirs deviennent aussi opaques que des pierres de lave. Ses cheveux noirs se dressent, comme agités par un vent furieux.

— Douterais-tu ?

Sa voix retentit comme si elle était déployée dans une caverne immense.

Antoine secoue la tête, impressionné.

— De toi, ja… jamais.

La lumière diminue et un sourire espiègle déchire le masque terrifiant de la guérisseuse. Elle pose ses mains sur le visage du jeune homme.

— Je le savais… tu pourrais être mon fils.

Antoine hoche la tête, ému.

— Guérisseuse, sorcière, enchanteresse. On nous donne de nombreux noms. Comme mes ancêtres avant moi, je suis druidesse. Nos talents varient, mais ce bâton me désigne comme la Gardienne des Portes entre le monde des morts et celui des vivants. En tout cas dans cette forêt.

— Pour… pourquoi ici ?

— Dans le bois des Corneilles, comme partout ailleurs, agissent des forces vénérées autrefois par nos ancêtres celtes. Ils les appelaient Lug, Bélénos et Dana[1]. Après eux, les Romains les ont nommées Apollon, Cérès et Pluton[2], avant que les chrétiens ne les désignent comme Dieu, la Vierge et diable. Elles sont parfois bénéfiques, parfois mauvaises, mais leur équilibre garantit la bonne marche du monde. As-tu entendu parler du Nemeton ?

— Le Bois Sacré ? Oui, tu m'as déjà raconté cette histoire. Un lieu magique interdit aux humains.

— Il y a un Bois Sacré près d'ici, au cœur de la forêt des Corneilles. C'est un lieu de culte pour les druides.

— Pourquoi me parles-tu de ce Nemeton ?

— Il existe des passages, des seuils, entre le monde des vivants et celui des morts. Les tertres, les pierres levées, certaines rivières. Ce Bois Sacré en est un. Voilà pourquoi les cérémonies druidiques s'y déroulaient. En dehors des cérémonies, ces portes doivent rester closes. Or, elles se sont ouvertes il y a peu.

— Comment ?

---

1. Lug : dieu suprême de la mythologie celtique, associé à la lumière, guerrier, guérisseur et protecteur des arts. Bélénos : dieu gaulois du soleil et de la santé. Dana : déesse mère de la mythologie celtique.

2. Apollon : dieu romain du soleil, de la beauté et des arts. Cérès : déesse romaine de l'agriculture, des moissons et de la fertilité. Pluton : dieu romain des enfers.

— En inventant des armes de guerre capables d'ouvrir la terre en deux, les hommes ont réveillé des forces anciennes, oubliées. Ils ont arraché, remué, creusé. Ils appellent cela « le progrès ». Mais les bouleversements qui secouent en ce moment notre monde ont des répercussions terribles sur les seuils. Ils s'en trouvent fragilisés. Pour les ouvrir vraiment, il n'existe cependant qu'un seul moyen : un sacrifice de sang.

— Un m… meurtre ?

— Oui. Commis par quelqu'un qui connaissait suffisamment son affaire. Ce qui veut dire, que ce soir-là, un meurtre a été commis. Des créatures de l'Autre Monde sont sorties.

— Les chiens qui rôdent autour du village ?

— Pas n'importe lesquels. Les chrétiens les nomment les chiens de l'enfer. Autrefois on les appelait les Trois Qui Ne Peuvent Pas Mourir. Les serviteurs de Lug.

— Que font-ils ici ?

— Ils obéissent à la sorcière qui a toujours su apprivoiser les bêtes sauvages : la Dame Verte.

— N'est-ce pas elle qui a ouvert le… le Seuil ?

— Non, elle n'a pas ce pouvoir, toute sorcière qu'elle est. Elle a une force surhumaine et agit sur les bois et les bêtes, mais son savoir s'arrête là. Seul un vivant au fait des connaissances druidiques le peut. Je n'ai pas encore trouvé de qui il s'agit.

— Pou… pourquoi la Dame Verte nous veut-elle du mal ?

— Comment savoir ce qui motive les esprits ? C'est difficile. Souvent, ce sont les mêmes élans qui poussent les vivants : l'amour, la colère, la vengeance. Ce qui la motive n'est certainement pas de « faire le mal », au sens où nous l'entendons. Mais ses motivations la conduisent à détruire sans distinction. Il se peut qu'elle exauce d'autres souhaits, comme le tien, et qu'elle en demande le prix ensuite.

— Annette… je… je n'ai pas vraiment souhaité la mort de mon père…

La culpabilité ronge Antoine depuis cette nuit de moissons où la Dame Verte a affirmé qu'elle avait exaucé son vœu le plus cher, et qu'il a retrouvé son père effondré dans la cuisine.

— Je le sais, mon petit, tu n'étais qu'un enfant. Même si je l'aurais volontiers égorgé moi-même pour ce qu'il te faisait. Mais la Dame Verte a dû prendre ton souhait d'être libéré des coups de ton père pour une injonction à le tuer.

— J'ai… une dette envers elle, elle me… l'a dit. Elle me réclame un enfant. Son enfant. Je ne pourrai jamais lui donner ce qu'elle veut. Son enfant est mort il y a trois siècles, et je n'ai aucune intention de lui en li… livrer un autre. Comment pourrais-je me débarrasser de cette dette ?

— En la supprimant, elle. Les esprits sont difficiles à tuer. Mais ce n'est pas impossible. Il faudrait la repousser dans le monde des morts.

— En lui faisant traverser la porte du Nemeton ?

— Oui. Il faudra l'y conduire et refermer le Seuil vers l'Autre Monde.

Les yeux de la guérisseuse brillent tandis qu'elle se rapproche de lui.

Antoine se redresse d'un coup.

— Attends… Tu… tu as dit tout à l'heure que, pour ouvrir la porte, il fallait un sa… sacrifice de sang, mais pour la fermer ?

— Il en faudra un aussi.

Antoine accuse le coup. Cela signifie-t-il qu'il lui faudra tuer encore ? La Dame Verte et un innocent, pour fermer le Seuil ? Cette pensée lui fait horreur. N'a-t-il pas déjà versé assez de sang ? Mais quel autre choix a-t-il s'il ne veut pas sacrifier un enfant à la folie de la Dame Verte ?

La guérisseuse tourne la tête avant même qu'Antoine perçoive le bruit des roues de la bicyclette. Elle retrousse son nez, reniflant l'air.

— On vient !

Elle se lève et se précipite à l'extérieur. Antoine la suit et reconnaît Hélène, rouge et essoufflée. La jeune fille a un sursaut de surprise en le reconnaissant. Il se couvre pudiquement de sa chemise, dissimulant son moignon.

— Que se passe-t-il ? demande Annette.

— Vous devez venir au plus vite ! Le curé a été attaqué par un essaim de guêpes ! Quelqu'un l'a jeté dans l'église ! Il ne respire presque plus.

Annette jette un regard entendu à Antoine.

— La Dame Verte ? demande celui-ci.

— Ce n'est pas certain, répond Annette en saisissant sa sacoche de guérisseuse. Elle n'est pas la seule à agir ces temps-ci. Allons-y, mon garçon !

HÉLÈNE

Séraphin crache le sang que le coup porté sur sa joue a fait jaillir dans sa bouche. Encore étourdi, il ne sait pas vraiment lequel des jumeaux Lecomte l'a frappé. Il devine leurs silhouettes épaisses surmontées de cheveux blonds dans son regard trouble. Il secoue la tête, soucieux de parer le prochain coup, et ne pas finir encore le nez dans la poussière.

Cette fois-ci, il ne les a pas entendus arriver. Il jetait l'eau usée du seau dans la cour, à l'arrière de l'épicerie, quand il s'est retrouvé face aux poings de César. Les jumeaux sont d'un an plus jeunes que lui, mais leur carrure de Goliath oblige Séraphin à rivaliser de ruse et de rage. D'aussi loin qu'il se souvienne, dans la rue ou dans la cour d'école, il a toujours subi leurs moqueries et leurs coups.

— Alors, bâtard, lui jette César, le plus cruel des deux, tu as cru pouvoir mettre le feu chez nous et jouer les héros ? Et puis après, tu balances un nid de guêpes aux pieds du curé, alors que ma mère est juste à côté ?

— Pour la dernière fois, je n'y suis pour rien ! répond

Séraphin en armant ses poings. Quel imbécile irait déclencher un incendie, pour ensuite appeler les habitants pour qu'ils viennent l'éteindre ? Il y avait quelqu'un d'autre, une femme. Demandez à votre père, il m'a cru.

— Une femme ? Ta complice sans doute ! Tu comptais toucher une récompense peut-être ? dit Auguste, ses petits yeux porcins cherchant l'approbation de son frère.

— Ouais ! Sûrement, renchérit César. Mon père, il est peut-être assez généreux avec les pauvres pour ne pas t'envoyer en taule, mais il va quand même pas te récompenser ! Il sait bien que tu vaux rien ! Et qu'est-ce que tu fais ici ? Comment ça se fait que tu trimes chez le vieux Fleury ?

— Il m'a donné du travail, et ce ne sont pas vos affaires ! Alors tirez-vous d'ici ! répond Séraphin.

— Il a donné du travail à un bâtard ? Un fils de gitan comme toi ? Il est au courant, le vieux Fleury, que tu piques dans son magasin depuis que tu as appris marcher ? ricane Auguste.

— Mais peut-être que ta mère a fait ce qu'il faut pour qu'il te donne du travail ? On le sait, hein, qu'elle est prête à ouvrir les cuisses si ça peut lui être utile ! le provoque César.

— Ferme ta gueule ! crie Séraphin qui voit rouge.

Il s'élance vers César, vif comme l'éclair, le ceinture et le projette au sol avec la force de son élan. Avant que son jumeau ait le temps de réagir, il lui martèle le visage de coups de poing.

— Je t'ai déjà dit de pas insulter ma mère, gros porc ! T'es même pas assez bien pour cirer ses chaussures !

Il a le temps de voir le regard de César se remplir de détresse, avant qu'on ne le tire en arrière. Auguste le maintient à son tour entre ses gros bras, tandis qu'il rue comme un cheval fou.

— Lâche-moi, sale merdeux ! crie Séraphin.

Mais ses efforts sont vains. Auguste est le plus bête, mais sans conteste le plus fort. Séraphin ne peut pas se dégager. Ce qui veut dire qu'il va encore prendre une raclée. La peur lui noue le ventre. César se relève, le sang coule de son nez épais, et il geint de douleur.

— Tu vas voir ce que tu vas prendre, sale bâtard ! Et ta mère, tout le monde sait que c'est une pute ! Elle a bien couché avec des gitans pour t'avoir !

Et les coups pleuvent de plus belle.

Après avoir rempli son panier des provisions dont elle a besoin, Hélène s'attarde afin que l'épicier lui donne son journal. Elle tire nerveusement sur les manches de son chemisier. Combien de temps encore avant que les gens ne remarquent les changements de son corps ? Hélène a soigneusement caché les herbes abortives sous son matelas, avec les journaux qu'elle n'a pas le droit de lire. Depuis qu'elle est devenue une jeune fille, son père ne s'aventure plus dans sa chambre, la laissant seule avec les épreuves imposées par son corps. Aucun risque qu'il découvre quoi que ce soit. Mais il est temps d'agir.

L'odeur des petits fromages de chèvre exposés sur les étals de Gaston Fleury lui soulève soudain l'estomac.

— Hélène, tout va bien ? lui demande l'épicier en lui tendant son journal. Tu es toute pâle.

— Oui, oui, tout va bien, bredouille Hélène en respirant profondément. Un peu de fatigue, c'est tout.

— As-tu des nouvelles du curé ?

— Annette a fait dégonfler ses piqûres et il respire de nouveau normalement. Mais il est pris de fièvre.

— Quel malheur ! dit Gaston en secouant sa moustache. Les forces du diable rôdent autour de nous.

Hélène soulève un sourcil sceptique.

— Ou bien quelqu'un a voulu nuire au curé. Selon moi, c'est un acte criminel que les gendarmes élucideront bientôt.

— J'espère ! Le maire leur a envoyé un télégramme pour leur demander de venir.

— Je vous ai apporté un panier de prunes du verger des Mahe. Ernestine vous propose de les vendre pour elle.

— Oui, je lui déduis de son compte, comme d'habitude. Va les déposer dans la réserve. Je vais chercher ton journal.

Hélène se dirige, encore nauséeuse, vers l'arrière de l'épicerie, en priant pour ne pas vomir sur les prunes d'Ernestine. L'air frais qui s'engouffre de la réserve, ouverte sur l'arrière-cour, la soulage un peu. Elle dépose son panier de prunes sur un tonneau de vin. Il fait sombre et doux. Hélène s'y sent protégée des regards indiscrets. Si les gens se rendaient compte de son infortune, ne seraient-ils pas prompts à la montrer du doigt ? Si seulement ils avaient pu se marier, tout aurait été différent. Quelques phrases insipides échangées dans l'église séparent une vie de veuve et mère respectable d'une vie de honte et de paria. Quelle absurdité !

Tandis qu'elle s'apprête à faire demi-tour, des gémissements sourds et des bruits mats attirent son attention. Hélène, intriguée, sort dans la cour : entre le puits et un tas de caisses vides, les jumeaux Lecomte martèlent de coups de poing et de pied une forme recroquevillée sur le sol. Hélène pousse un cri de rage et se précipite vers les garçons.

— Ça suffit ! Arrêtez ! crie-t-elle avec toute l'autorité que lui confère son statut de fille d'instituteur.

Les jumeaux, pris en faute, s'écartent, essoufflés et honteux d'avoir été pris en flagrant délit.

— C'est lui qui a commencé, bredouille Auguste.

Hélène reconnaît Séraphin, à moitié évanoui sur le sol en terre battue, le visage plein de sang. Elle le relève, vérifiant qu'il n'a rien de cassé. L'adolescent titube et s'appuie sur son épaule. Hélène ne connaît de Séraphin que sa réputation de garnement, et son dos tourné pendant que son père le punissait dans son bureau, quand il allait encore à l'école. Elle ne le porte pas dans son cœur, mais pas au point de le laisser se faire battre par ces deux brutes.

— Mais vous êtes fous ! hurle-t-elle. Vous auriez pu le tuer !

— Laisse-nous régler nos comptes, lui jette César avec arrogance. En l'absence des hommes partis au front, c'est à nous de faire la loi. Il faut que ce petit bâtard comprenne qu'il n'est pas à sa place ici, à travailler chez un de nos commerçants.

— De quoi te mêles-tu, César Lecomte ? lui dit Hélène en se dressant devant l'adolescent opulent qui la domine d'une tête malgré ses trois ans de moins. Tu n'es qu'une petite brute, et rien ne t'autorise à martyriser ce garçon.

— Ne fais pas ta maline, Hélène, lui répond César en s'approchant d'un air menaçant. Tu n'es plus la grande fille qui pouvait nous houspiller quand on était gosses. Aujourd'hui, on est bien plus costauds. Alors, s'il le faut, on va t'apprendre aussi les bonnes manières.

— Ne lui fais pas de mal, gémit Auguste derrière lui. Ça ne plaira pas à papa si on touche à la fille du maître d'école.

— La ferme, Auguste ! crie César à son frère. Tu n'as rien à faire ici ! ajoute-t-il en s'adressant à Séraphin. Tu quittes cette épicerie, et tant que tu y es ce village aussi !

— Qu'est-ce que ça peut vous foutre à vous tous, où je passe mes journées ?! Occupez-vous de vos affaires ! lance Séraphin, qui commence à reprendre ses esprits.

— J'ai engagé Séraphin dans mon épicerie, et ceux qui y trouvent à redire auront affaire à moi !

Les jumeaux sursautent devant la masse imposante de Gaston Fleury.

— Et toi, ajoute-t-il en désignant César, ce n'est pas parce que ton père est le maire que tu peux faire ta loi ici ! Dégagez de ma propriété et ne vous approchez plus de mon employé.

— On verra bien ce qu'en dira mon père ! jette César d'un air mauvais avant de déguerpir, suivi de son frère.

Une fois les jumeaux sortis, Hélène sort son mouchoir pour essuyer le visage de Séraphin, mais celui-ci recule comme si les mains de la jeune fille pouvaient brûler.

— Je veux juste t'aider, lui dit-elle doucement, comme si elle s'adressait à un animal sauvage.

Il acquiesce, méfiant, et accepte son mouchoir, avant de le plonger dans le seau du puits rempli d'eau fraîche. Ses yeux sont assombris de peur et de colère, et Hélène croit deviner sa lèvre qui tremble.

— Ce serait bien la première fois que tu te montres gentille avec moi, réplique-t-il avec un regard suspicieux.

Hélène recule, piquée au vif.

— Eh bien, mon garçon, lui dit Gaston avec compassion. Tu n'as rien de cassé ?

— Vous inquiétez pas, m'sieur Fleury, j'ai l'habitude. Je vais me remettre au travail.

Sa chemise est déchirée, dévoilant son épaule osseuse. Il se retourne pour replacer le vêtement dans son pantalon, grimaçant de douleur.

— On va d'abord vérifier que tu n'as rien de cassé chez le docteur Lefranc. Il est à son domicile aujourd'hui, dit Gaston.

— Pas question ! Ça ira très bien, je vais reprendre mon travail, je vous dis.

— Ah non, mon gars, dit Gaston sévèrement. C'est fini pour le moment.

Le visage de Séraphin se décompose.

— Vous me renvoyez, monsieur ? J'étais sûr que vous étiez comme les autres, dit-il avec un rire amer. Sous vos airs de bon père la morale, vous êtes un sale hypocrite.

Gaston Fleury éclate de rire.

— Mais pas du tout, mon garçon ! Tu m'as juste l'air mal en point, c'est tout ! Avant que je te trouve en train de te battre avec ces deux imbéciles, j'allais justement te donner ta première paye. Tu as travaillé dur. Ta dette est remboursée.

Séraphin reste sans voix. Si son visage n'était pas aussi abîmé par les coups, Hélène en rirait.

— En revanche, je ne veux plus te voir te battre, encore moins dans mon épicerie, reprend l'épicier en posant les mains de chaque côté de sa bedaine.

— Ils ont insulté ma mère, dit Séraphin en baissant ses yeux rageurs.

— Ta mère est assez forte pour se défendre seule, crois-moi. Ces deux-là se partagent un cerveau à deux. Tu vas apprendre à ravaler ta fierté et à réagir autrement qu'avec tes poings. On est bien d'accord ?

— Oui, monsieur, dit Séraphin, les yeux embués.

Il tourne la tête pour cacher son visage à Hélène.

— Allez, file chez ta mère pour te faire soigner, ajoute Gaston. Salue-la de ma part !

— Oui, merci monsieur, répond doucement Séraphin en lui jetant un regard aigu avant de partir.

Il passe devant Hélène et marmonne un « merci » plein de

rogne avant de conduire sa carcasse dégingandée ailleurs.

— Ces trois-là sont comme chien et chat depuis toujours, explique Hélène à Gaston. Mais là les jumeaux dépassent les bornes. Je vais en parler à leur père.

L'épicier hausse les épaules.

— Lecomte croit que ses fils sont des génies destinés à être de grands hommes. Il ne leur dira rien.

Gaston entraîne Hélène dans l'épicerie.

— Tiens, ton journal ! lui dit-il en lui tendant *L'Humanité*. J'en commande un pour Maurice Petit, et un pour toi ! Deux socialistes dans le village ! Heureusement que ton père n'est pas au courant !

S'il connaissait mon état, mes lectures seraient le cadet de ses soucis… pense Hélène.

La jeune fille sort de l'épicerie, songeuse. La remarque de Séraphin l'a déstabilisée. Il est vrai qu'elle n'a jamais été aimable avec lui, mais pour quelles raisons l'aurait-elle été ? C'est un garnement malhonnête, toujours prêt à faire un mauvais coup.

Un souvenir cuisant hante la mémoire d'Hélène. Lorsqu'elle avait treize ans, sa grand-mère maternelle lui envoya de Rennes des vêtements et sous-vêtements neufs pour son entrée au collège de jeune fille. Séraphin, alors âgé de onze ans, l'apprit par hasard de la bouche de Juliette, la sœur aînée de Caroline. Il lui vola ses dessous, en s'introduisant dans leur appartement au-dessus de l'école, et les attacha à un fil à linge dans la cour de récréation, accompagnés d'un panneau en carton : *Propriétaire : Hélène la bêcheuse.* Rouge de honte et de fureur, elle fut contrainte de ramasser ses nouvelles culottes longues de jeune fille, ses sous-chemises, ses bas, devant tous les écoliers hilares. Depuis, elle déteste Séraphin.

Toutefois, aujourd'hui, l'adolescent persécuté par les jumeaux Lecomte lui a fait de la peine. Par ailleurs, le vieux Fleury semble satisfait de lui. N'a-t-il pas droit lui aussi à une seconde chance ?

Cette nuit-là, Hélène rêve de Michel. Elle le retrouve au milieu d'un bal de Noël, un an auparavant. Les cœurs sont légers, les chandelles illuminent la salle du café, et la musique fait virevolter les danseurs. Pendant les années de collège d'Hélène, le petit garçon agité qui traînait toujours sa bande derrière lui a beaucoup changé. Elle observe à la dérobée ce grand gaillard échevelé, plein de force et de rire. Elle ne savait pas qu'on pouvait vivre avec autant d'intensité. Tout semble minuscule autour de lui. À plusieurs reprises, à travers les danses et le bruit de la foule assemblée, il lui sourit. Hélène sent les remparts qu'elle a érigés autour d'elle s'effriter. Et en même temps, ce garçon arrogant et sûr de lui l'agace. Tout lui semble trop facile. Enfin il s'approche. Elle l'entend à nouveau lui dire, plein d'aplomb : « Tu n'es pas le genre de fille à rester bien sagement à l'écart. Viens avec moi ! » Il saisit sa main glacée et l'entraîne dans une danse pleine d'entrain.

Douillettement installée dans sa rêverie, Hélène sent que le sommeil lui échappe, que la réalité veut reprendre son âme. Elle résiste, apaisée par la sensation de mains qui caressent les siennes. Des mains pourtant si froides… Des cheveux glissent sur sa joue, et des lèvres glacées se posent sur les siennes avec une douceur familière. Son cœur cogne dans sa poitrine. Michel…

Hélène ouvre les yeux dans l'obscurité. Elle croit deviner une silhouette penchée sur elle, qui se redresse brusquement. Elle pousse un cri et tend les mains pour repousser l'ombre, mais il n'y a personne. Une respiration dans le noir, un mouvement furtif.

— Qui êtes-vous ? Montrez-vous !

La fenêtre est grande ouverte, et ses rideaux brodés s'agitent. Le vent de la nuit s'engouffre dans sa chambre. Hélène se lève. Mais il n'y a plus personne. Elle a reconnu cette caresse sur ses mains, ces lèvres sur les siennes.

C'est impossible ! Elle se précipite à l'extérieur de la maison. Elle ne voit personne dans la rue. Où est-il ? A-t-elle tant besoin de revoir Michel qu'elle l'imagine dans toutes les ombres, dans tous les souffles d'air ? Hélène secoue la tête, étouffant un sanglot. Ce n'est pas lui. Elle ne croit pas aux fantômes, ni à toutes ces histoires d'apparitions que les villageois racontent. Alors qui a fait irruption dans sa chambre ?

Au loin, une petite lueur se balance comme un feu follet sur le chemin qui remonte vers le bois des Corneilles. *Calme-toi ! Réfléchis !* se dit-elle en respirant à grandes goulées. *Aucun fantôme n'a besoin de lumière pour s'éclairer dans la nuit.* Hélène serre les poings. Elle n'a pas rêvé. Quelqu'un ou quelque chose s'est introduit dans sa chambre, l'a touchée dans son sommeil. Mais qui ?

ANTOINE

Assis sur un tabouret devant la maison, Antoine coince entre ses jambes un morceau de frêne. De sa main droite prolongée par le ciseau à bois, il commence à le dégrossir maladroitement. La pièce glisse entre ses genoux et tombe. Antoine lâche un soupir agacé. Sa position n'est pas bonne. Il réajuste la pièce entre ses genoux qu'il serre et recommence. Son besoin est irrépressible. Seule la transformation de la pièce brute, l'action de son bras, de sa paume, de ses doigts, pourront calmer sa douleur et sa colère. Finalement, il quitte le tabouret et s'assied sur le sol de terre battue, le dos collé au mur envahi de lierre, les genoux relevés vers son torse. Devant lui s'étalent les collines de l'Angeluère, vertes et dorées dans la lumière de fin d'après-midi. Tout le monde est affairé. La vieille Mahe, juchée sur son fauteuil à l'ombre de la glycine, l'observe d'un œil désapprobateur.

— Tu n'as que ça à faire, mon garçon ? demande-t-elle.

Il hausse les épaules en guise de réponse. Le travail de réparation de la clôture du Pré aux Vaches n'a pas calmé la tension qui l'habite. Son corps se replie et se referme autour de la pièce qu'il replace entre ses jambes. Il laisse ses doigts guider le ciseau à bois. Ils poussent, appuient, fendent, rapides et précis. L'ombre noire qui l'envahissait coule de son âme, de son cœur, le long de son bras droit, jusqu'à sa main qui s'active. Sa prothèse suit le mouvement de son épaule. Il parvient de mieux en mieux à actionner le serrage de sa main artificielle pour maintenir la pièce. Les minutes passent, puis les heures, dans le bruit de sa respiration et des coups de ciseau. Le travail l'absorbe. Son esprit vagabonde. Il repense aux événements qui se sont produits dans le village.

Il n'aurait peut-être pas dû revenir. N'est-ce pas lui qui les met tous en danger ? Il devrait partir. Mais où ? Une chasse est prévue pour venir à bout des animaux qui rôdent autour de la ferme. Toutefois, un coup de fusil peut-il venir à bout des chiens de l'enfer ?

Ensuite il se rendra au château du Rocher. Pour cela, il doit demander conseil à Lucie, qui connaît bien la légende d'Éléonore de Bouillé. S'il trouve un objet appartenant à la Dame Verte, Annette pourra peut-être éliminer celle-ci avant qu'elle exige de lui qu'il paye sa dette.

Sur la matière au moins, il est en capacité d'agir. Et soudain le miracle se produit encore : tandis que la tête de l'animal surgit entre ses doigts, son cœur s'apaise, son corps aussi. Sa force revient. Il respire.

C'est ainsi que Lucie le surprend, le soir venu : ses épaules en mouvement au-dessus de son corps recroquevillé, les yeux enflammés et les traits détendus. Un voile de transpiration fait briller sa peau lunaire dans la lumière du couchant. Il relève la tête en l'entendant s'approcher. Une joie familière projette un sourire sur son visage. C'est l'effet qu'elle lui fait à chaque fois.

— Qu'est-ce que tu as sculpté ? demande-t-elle.

Antoine ouvre sa main : un petit renard aux formes naïves, la gueule ouverte, se tend vers l'avant.

— C'est magnifique ! s'écrie Lucie en s'agenouillant devant lui. On dirait qu'il va bondir de ta main !

— Il est pour Jean.

— Il va l'adorer !

Tandis qu'elle saisit le petit renard sculpté pour l'admirer sous toutes les coutures, Antoine remarque ses yeux cernés, ses traits tirés. Elle semble épuisée. Un parfum de savon à la rose monte à ses narines. Elle est propre et apprêtée.

— Sais-tu que les chiens sauvages ont encore rôdé autour du village la nuit dernière ? Ils ont volé deux poules chez la veuve Poirier, et blessé le fils des Breton. Ils ont essayé de le traîner dans la forêt, nous a dit sa mère. Il est gravement blessé.

— Oui, Ernestine m… m… m'a prévenu. Dans deux jours, nous partons en chasse.

— En chasse ?

Antoine observe Lucie : elle a mis sa robe bleue, celle du dimanche, qui flotte légèrement sur ses muscles secs, et ses bras sont recouverts de son châle. Ses cheveux bouclés sont relevés en chignon au-dessus de sa tête, ceints d'un ruban rouge. Son sourire adoucit soudain son visage fatigué. Le soleil déclinant la recouvre d'or. Et s'il suffisait de lui dire ? De lui dire qu'elle est belle, qu'il n'y a qu'elle qui ranime son cœur meurtri depuis toujours ? Antoine prend une grande inspiration. Les mots sont bloqués dans sa gorge.

— Le maire a conseillé de ne pas s'éloigner du village la nuit, et de ne pas laisser traîner les enfants seuls. Heureusement, je ne suis plus une enfant, dit-elle d'un air de conspiratrice.

Elle est de nouveau dans son état normal. Ce matin encore, elle était sombre et silencieuse. Son humeur semble balayée par des vents inconstants, telle une frégate dans la tempête. Il aimerait tant qu'elle se confie à lui.

— Où v… vas-tu ? demande Antoine, surpris.

Soudain, la réponse à sa question remonte le chemin de l'Angeluère : endimanché et pompeux comme un coq, Victor Renard. Antoine et Michel ont toujours détesté sa silhouette longiligne et élégante, son assurance. Antoine entend presque Michel lui susurrer à l'oreille : « Tiens, voilà le bellâtre avec son air de dindon. » Il sourit malgré lui. Et se demande quels dégâts pourrait faire un ciseau à bois sur le sourire suffisant de cette andouille.

— Vr… vr… aiment Lucie ? Victor Re… Renard ? Cet imbécile qui est resté à l'arrière ?

— Il a été réformé à cause de son asthme. Il m'emmène juste danser aux Genêts, dit Lucie d'un air pincé. Ne fais pas ton rabat-joie. En plus, les bénéfices seront reversés aux veuves de guerre.

Les épaules d'Antoine s'affaissent. Victor s'approche pour le saluer.

— Antoine, je voulais te dire que j'étais désolé pour ta blessure ! J'imagine que ce ne doit pas être facile d'être à la charge de toutes ces femmes.

Lucie lui jette un regard furieux. Antoine répond avant elle.

— Et t… toi, dit-il, c… comment va ta conscience p… pendant que tu restes au village à l'arrière quand d'autres se battent pour le pays ?

— Je n'ai pas eu le choix, figure-toi ! Et moi aussi j'ai participé à l'effort de guerre en travaillant aux champs. Je n'ai pas honte.

— Tant m… mieux pour toi si t… tu te satisfais d'être un lâche.

La tension monte d'un coup entre les deux garçons.

— Qui tu traites de lâche ? crache Victor, blême. Et toi, t'as pas honte d'avoir laissé Michel sur le champ de bataille ?

— Ne p… parle pas de Michel ! Je te l'interdis ! Il a fait son de… devoir, comme moi ! lui répond Antoine, qui n'en est plus aussi certain.

Son poing se serre, une violence devenue familière monte en lui comme une sève brûlante. Victor recule d'un pas, effrayé par son regard.

— Allez, ça suffit vos bêtises, dit Lucie en entraînant son cavalier derrière elle. Il y a assez de morts au front sans qu'on ait besoin d'en faire plus ici ! On y va !

Elle commence à descendre le chemin vers le village d'une démarche vigoureuse. Victor la suit de près, puis se retourne vers Antoine.

— Et puis moi, au moins, j'ai mes deux bras pour l'emmener danser, et le reste !

Antoine les regarde s'éloigner, déprimé. Il est de nouveau le jeune gamin de quatorze ans qui se terrait dans l'ombre et observait Lucie danser avec les garçons plus vieux. Il jette rageusement son ciseau à bois sur le sol.

— C'est pas comme ça que tu lui mettras le grappin dessus ! dit une voix nasillarde.

Antoine se retourne, agacé. Séraphin surgit par surprise de derrière la grange.

— Qu'est-ce que tu fais là ? lui lance Antoine en s'éloignant vers la pompe à eau pour se rafraîchir.

— Je travaille ici trois après-midi par semaine, je te rappelle ! Et j'habite quelques mètres plus bas. Ce qui me permet d'être témoin de tes piètres tentatives de séduction ! claironne Séraphin en sautillant derrière lui.

Antoine lève les yeux au ciel et se passe la tête sous l'eau pour cacher ses joues qui rougissent. Séraphin a le don de lui taper sur les nerfs.

— Ça ne te regarde pas, Raph, et je ne tiens p… pas à mettre le grappin sur qui que ce soit. Lucie est c… comme une sœur pour m… moi.

— Alors là, ça m'étonnerait ! Tu ne la regardes pas comme on regarde sa sœur, crois-moi ! D'ailleurs tu ne la regardes pas, tu la dévores des yeux ! Comment ça se passe, la gestion de toute cette frustration ?

Séraphin s'est juché sur le muret de pierre qui jouxte la pompe à eau, balançant nonchalamment ses jambes dans le vide et affichant un sourire des plus agaçants. Antoine remarque son visage marqué de bleus. Dans quel pétrin s'est-il encore fourré ?

— Tu n'as p… pas une grange à brûler, un n… nid de guêpes à ramasser, des bêtes à empoisonner ? lui jette Antoine en lui tournant le dos.

— Allons, allons, tu ne vas pas t'y mettre toi aussi ! dit Séraphin en riant.

Il saute du muret et le poursuit.

— Tu vaux mieux que tous ces commérages, ajoute-t-il. Je ne sais pas qui veut nuire au village, mais ce n'est pas moi. J'ai assez d'ennuis comme ça !

— Je sais bien que ce n'est pas toi. Mais tu vas… avoir encore plus d'ennuis s… si tu ne me laisses pas tranquille.

— Si tu veux, je peux te donner des conseils concernant les filles ! Tu es un héros de guerre ! Pourquoi tu mets pas ça en avant plutôt que de jouer à l'infirme ?

— La guerre n'a rien d'héroïque, crois-moi ! Et je ne joue pas à l'infirme. Je le suis.

— Tu l'es plus que tu ne le devrais ! Sors de ta coquille ! Montre-lui qui tu es, ce que tu ressens ! Je suis sûr qu'elle ne se doute pas que tu es fou d'elle.

— Ce n'est pas un gosse de quinze ans qui va me donner des conseils sur la manière de séduire les femmes, alors laisse-moi tranquille !

Antoine a empoigné le col de la chemise de Séraphin et le secoue. Cet accès d'agressivité lui fait peur et il le relâche aussitôt.

— Excuse-moi, dit-il.

— Ce n'est rien, répond Séraphin en replaçant sa chemise d'un coup d'épaule. Je sais que tu ne me ferais jamais de mal. Mais crois-moi, ne reste pas dans l'ombre ! Sinon elle ne te verra pas.

Antoine soupire d'un air las et lève les yeux au ciel.

— Bon, j'y réfléchirai.

Séraphin sourit, puis grimace. Sa lèvre fendue est douloureusement enflée.

— Avec qui t'es-tu battu ? lui demande Antoine, soucieux.

L'adolescent balaye la question de son aîné d'un geste de la main.

— Oh, ça ! Rien qui vaille la peine d'être raconté. Les jumeaux Lecomte ont retrouvé le chemin de leur punching-ball favori. Mais ne t'inquiète pas ! J'ai eu le dessus !

— Vraiment ?

— Mais oui !

— Dis-moi s'ils t'ennuient de nouveau. J'irai les trou… trouver. Et en attendant, mets de la glace sur ton œil et ta lèvre.

Séraphin hoche la tête avec un drôle d'air, puis fait demi-tour.

— Où vas-tu ? lui demande Antoine, intrigué.

— Je retourne chez le vieux Fleury ! C'est que j'ai un travail respectable maintenant !

Séraphin s'éloigne vers le village. Il se retourne soudain.

— Et au fait, dit-il d'un ton espiègle, quand tu lâches les chevaux, tu ne bégayes plus !

HÉLÈNE

Dans le petit logis du curé, les remèdes d'Annette dégagent une forte odeur de lavande. Soucieuse, Hélène ranime le feu, tandis que la guérisseuse étale une huile sur la peau encore boursouflée du père Anselme. La tisane qu'elle lui a fait boire a diminué sa fièvre et, a dégagé son souffle. Hélène n'entend plus l'horrible sifflement qui sortait de la gorge du vieux radoteur.

— Je n'aurais pas fait mieux ! a déclaré la veille le docteur Lefranc, quand il s'est présenté au chevet du malade, laissé malgré ses gémissements de protestation à la vigilance de la guérisseuse. Qu'Annette poursuive ses soins ! Parfois les remèdes traditionnels suffisent !

Chaque matin, Annette descend au village, poursuivie par les enfants curieux de voir « la sorcière » qui apparaît si rarement. Elle se rend au chevet du curé. Hélène s'empresse alors de la rejoindre. La femme en noir la fascine, et elle trouve auprès d'elle un réconfort inattendu. Elle lui raconte l'intrusion dans sa chambre la nuit précédente. Annette l'écoute attentivement, les yeux brillants.

— As-tu reconnu celui ou celle qui est entré ?

— Au début, j'ai cru que c'était… Michel. Puis je me suis réveillée. J'ai vu la silhouette d'une femme qui s'éloignait dans la rue. Se peut-il que ce soit la vagabonde que tout le monde cherche ?

— Qui te dit que ce sont des vivants qui agissent ?

— Que voulez-vous dire ? Je ne crois pas en Dieu ni aux légendes païennes. Encore moins aux revenants.

— Pourtant certaines âmes, piégées entre les deux mondes, errent parmi nous.

— Heureusement que le curé dort…

— Chrétiens ou païens, ce sont les mêmes forces. Elles sont juste appelées différemment, dit Annette en haussant les épaules.

— Admettons que ces forces existent, murmure Hélène, mal à l'aise, pourquoi se manifesteraient-elles en ce moment ?

— Elles sont tout le temps à l'œuvre, mais nous ne les regardons pas. Le soleil ne se lève-t-il pas chaque jour ? Le printemps ne succède-t-il pas à l'hiver ? Ne sommes-nous pas témoins de petits miracles que la nature produit ? Ne ressentons-nous pas parfois de grands élans de vie qui nous poussent les uns vers les autres ?

— Oui, mais qu'y aurait-il de différent aujourd'hui ? insiste Hélène.

— Autrefois, les hommes ne voyaient que leur village, leur quartier. Les fils vivaient là où étaient morts leurs pères, perpétuant des traditions ancestrales. À présent, le monde s'agrandit, et chaque nation veut le faire sien. De nouvelles machines permettent le développement de l'industrie, l'électricité éclaire nos rues, bientôt nos maisons. On creuse la terre pour en extraire des ressources. Il est plus simple aujourd'hui de quitter son village pour partir vers d'autres contrées ! Des trains, des bateaux à vapeur, nous y conduisent en quelques jours, en quelques semaines. Des soldats du monde entier ne sont-ils pas venus s'affronter sur notre sol ? Tout ceci bouleverse notre monde, pourquoi pas le monde invisible ?

— À part la guerre, c'est ce qu'on appelle le progrès, répond Hélène. On soigne mieux ! Et les plus pauvres cherchent à se faire entendre. En Russie, le peuple s'est soulevé contre un tsar injuste. Les femmes luttent pour de nouveaux droits ! Nous, les plus jeunes, voulons un monde différent de celui que vous avez connu, un monde plus juste.

— Tu as raison, dans de nombreux domaines, la société devient meilleure. Mais le progrès ne résout pas tous les problèmes. Certains s'en servent pour asservir les hommes sur d'autres continents, broyer plus sauvagement les ennemis sur le champ de bataille, creuser chaque jour plus profondément pour exploiter les ressources que la terre nous offre. Le progrès ne nous rend pas toujours plus civilisé, je le crains. La vie sauvage, la forêt, sont repoussées jusqu'à des lieux où jamais l'homme n'aurait dû pénétrer. Et cela trouble le monde invisible autant que le nôtre.

— Avec les progrès techniques, nous vivrons mieux.

— Je n'en suis pas si sûre… Tu parles du combat des femmes : il est vrai que le bouleversement de notre société en guerre nous donne de nombreuses opportunités. Mais je ne suis pas certaine que les hommes, une fois rentrés, nous laisseront autant de place.

— Alors il faudra lutter !

— Comme tu le fais actuellement, en secret ? Soumise à ton père, suffragette silencieuse ?

— Ce n'est pas si facile. Je le ferai, mais j'attends le bon moment. Pour l'instant, je ne peux pas, avec l'effort de guerre…

— Si tu voulais te révolter, rien ne t'en empêcherait.

— Et vous ? Bien embusquée dans votre cabane dans les bois, c'est facile de me donner des leçons ! Que faites-vous pour les femmes ?

Annette lève un sourcil moqueur.

— Plus que tu ne crois, petite… As-tu pris les herbes abortives ? Tu ne dois pas attendre trop longtemps si tu décides de ne pas garder l'enfant.

Hélène baisse la tête. Les larmes lui montent aux yeux.

— J'ai décidé de les prendre. Mais j'ai l'impression de trahir Michel.

— Michel n'élèvera pas cet enfant seul. Comme je te l'ai dit, quoi que tu décides, fais-le pour toi. Plusieurs générations de femmes sont venues me voir pour mettre un terme à des grossesses qu'elles ne souhaitaient pas. Elles sont pourtant respectables. Tu serais surprise si je te donnais certains noms. Ton infortune est bien plus courante que tu ne le penses. Mais peut-être veux-tu le garder, finalement ?

— Non ! Que dirait mon père ?

— Voyons, ma fille, tu ne vivras pas toute ta vie en te demandant : « Que dirait mon père ? » ! s'exclame Annette en levant les yeux au ciel.

— C'est facile pour vous, vous vivez seule. Personne ne vous dit ce que vous devez faire ou ne pas faire, répond Hélène en haussant les épaules.

— Mais ça n'a pas toujours été comme ça, ma petite. Cette liberté, je l'ai chèrement acquise, dit Annette d'un ton amer.

La guérisseuse se lève et va se rincer les mains dans le grand récipient de porcelaine posé sur la table de nuit. Tandis qu'elle retrousse ses manches, Hélène l'observe et remarque soudain une longue cicatrice blanche le long de son bras gauche. Dans le lit, le père Anselme est toujours inconscient, mais son visage a repris des couleurs et sa respiration est paisible.

— Dès mon plus jeune âge, j'ai su que j'étais différente. J'étais sans cesse assaillie par des sensations étranges, que je ne comprenais pas et que je n'arrivais donc pas à exprimer. Les bruits trop forts me faisaient mal, et les émotions, les miennes, celles des autres, me transperçaient comme des flèches brûlantes. Je m'isolais donc souvent, incapable de gérer tout ce que le monde me faisait, préférant me retrancher dans la nature. J'observais les plantes, les arbres, les animaux. Instinctivement, les autres enfants restaient à l'écart, ne m'appelant jamais pour partager leurs jeux. Je voyais sans difficulté les créatures du petit peuple de la forêt. Les fées qui gardent les rivières me faisaient signe. Les korrigans suivaient mes pas. Les esprits des bois susurraient à mon oreille. J'étais étonnée qu'il n'en soit pas de même pour les gens autour de moi.

Hélène fronce les sourcils, sceptique.

— Je te vois, toi et ta sacro-sainte rationalité. Que tu le croies ou non, peu m'importe. Seule ma jeune sœur Élise, la mère d'Antoine, semblait me comprendre et acceptait de partager mes promenades et mes jeux. Mes parents travaillaient beaucoup à la ferme pour nous nourrir, mes six frères et sœurs et moi. Ils nous aimaient mais nous accordaient peu de temps. Ma grand-mère en revanche, qui était guérisseuse, a tout de suite perçu mon penchant pour les plantes et m'a enseigné tout ce qu'elle savait. Je passais de longues journées dans sa maison, à l'écart du village. J'y apprenais l'usage des simples, les bons moments pour les cueillir et la façon de les préparer. Ma sœur n'y était pas la bienvenue : ma grand-mère disait qu'elle n'avait aucun potentiel pour soigner et préférait se consacrer à mon éducation. J'ai bien tenté de convaincre la vieille femme que ma sœur aussi pouvait apprendre, rien n'y fit. Élise en a nourri une amertume qui conduisit à notre séparation. Mon père, qui était très croyant, refusa que ma grand-mère poursuive ses leçons, une fois que je devins une jeune fille. Tout cela n'était pas convenable, disait-il, et il m'interdisait d'y aller, préférant que je travaille à la ferme et que je fasse un bon mariage. J'y allais tout de même, et j'étais souvent punie pour mon indiscipline. À quinze ans cependant, je savais soigner les hommes et les bêtes, ce que mon père trouvait tout de même bien pratique. J'accompagnais souvent ma grand-mère pour accoucher les femmes. Les gens de mon village avaient pris l'habitude de s'adresser à moi aussi bien qu'à la vieille femme. Ceux de mon âge me trouvaient inquiétante, et je les voyais s'amuser, danser, tomber amoureux, en ayant l'intime conviction que jamais je n'aurais accès à tous ces plaisirs. La solitude était le prix à payer pour mon savoir.

— N'aviez-vous donc aucun ami ? demande Hélène, émue d'entendre la guérisseuse se livrer.

— J'avais un ami. C'était l'apprenti du forgeron. Il s'appelait Arthur. Un prénom de roi !

Le long visage buriné d'Annette se fend d'un sourire triste. Hélène croit deviner, dans ses traits soudain éclairés, la jeune fille solitaire de l'époque.

— Il habitait près de chez moi et nous allions ensemble garder les brebis de notre hameau avant qu'il ne devienne apprenti. Je n'ai jamais connu quelqu'un d'aussi doux et gentil. Il avait un visage d'ange. Il parlait peu, mais nous nous comprenions bien. J'étais terriblement amoureuse de lui. Tu dois le comprendre, toi qui as connu cela. D'une certaine façon, moi qui me sentais pleine d'ombres, il me rendait la lumière. Il m'aimait aussi. Un jour, il me l'avoua. Nous n'avions que quinze ans, mais à cet âge tout te semble si grand, si important. Nous n'avions aucun doute.

Hélène hoche la tête, émue.

— Pour la première fois de ma vie, j'envisageais de ne pas mener une vie solitaire. Mon père voyait cela d'un bon œil. Il espérait sans doute que j'allais sortir de mon isolement.

La guérisseuse se retourne soudain, s'affaire à ranger ses pots d'onguents.

— Que lui est-il arrivé ? demande Hélène prudemment.

— Un jour, il y eut un accident à la forge, poursuit Annette d'une voix plus sourde. Arthur fut brûlé. Sa blessure était grave. Ses bras, son visage, son torse avaient été dévorés par le feu. J'étais présente et j'avais été brûlée aussi, mais de façon moins alarmante. Ma grand-mère et moi avons tenté de le soigner. Je restais à son chevet nuit et jour, priant, invoquant tous les esprits. Je me fichais qu'il soit défiguré. Je voulais juste qu'il vive.

Hélène sent les larmes lui monter aux yeux, tandis qu'elle devine la suite.

— Nos remèdes furent inutiles. Il est mort dans mes bras. Je n'avais jamais échoué à soigner. Ce jour-là, alors que j'apprenais que je pouvais être impuissante, alors que le seul être qui m'ait jamais comprise exhalait son dernier souffle, quelque chose s'est brisé en moi. Je me suis enfuie plusieurs jours dans la forêt. Et j'ai… j'ai changé. Je suis devenue, je dirais, plus sauvage. Bien sûr les gens ont jasé : mes remèdes avaient-ils soigné le fils du forgeron ou mes sorts l'avaient-ils au contraire précipité vers la mort ? Ma grand-mère est morte peu après, me plongeant encore plus dans la solitude. J'ai refusé dès lors de m'attacher à qui que ce soit. J'ai quitté mes parents et suis allée vivre dans le bois des Corneilles, là où tu es venue me trouver, dans l'ancienne maison de ma grand-mère. Depuis j'y suis restée. Les gens connaissent mes talents, donc ils viennent me trouver quand ils en ont besoin, mais les rumeurs ont la vie dure. J'ai gardé cette réputation de femme maudite.

— Je… Je suis désolée. N'êtes-vous plus jamais tombée amoureuse ? Il me semblait pourtant, excusez-moi si je suis indiscrète, que le docteur Lefranc et vous…

Annette sourit d'un air espiègle et ne la laisse pas terminer.

— Bien sûr que je suis retombée amoureuse. Et ce sera ton cas aussi quand le moment sera venu. Tu n'es qu'à l'aube de ta vie. J'ai simplement refusé de me marier et de fonder une famille. Alors oui, je suis libre. Je ne dépends de personne. Mais comme je te l'ai dit, cette liberté a un prix.

— Que faites-vous là ?

La voix du curé interrompt soudain leur échange, encore enrouée de sommeil. Ses yeux fixent Annette d'un air mauvais.

— Comme tous les jours, je vous soigne, répond Annette.

— Je vous ai dit que je ne voulais pas vous voir ici !

— Elle vous a sauvé la vie ! s'insurge Hélène.

— Oui, mais à présent je peux très bien me débrouiller seul, dit le père Anselme en s'agitant.

— Très bien, je vous laisse, répond Annette en levant les yeux au ciel. J'ai à faire de toute façon.

Elle ramasse ses affaires, se retourne vers le curé et lui dit :

— J'ai rendez-vous pour un sabbat de sorcières !

Et elle sort en riant.

Après avoir quitté Annette, Hélène s'empresse de rattraper son retard dans la distribution du courrier. Les propos de la guérisseuse s'agitent dans son crâne soumis à la tempête. Comme à son habitude, elle termine sa tournée par la ferme des Mahe, dans l'espoir de se confier à Lucie. Elle pose sa bicyclette contre le mur de la grange et salue Mémé Mahe, qui fume sa pipe devant la maison d'Ernestine. À ses pieds, le petit Jean agite ses soldats de plomb, qu'il a récemment repeints pour en faire des chevaliers. Ses grands yeux toujours rêveurs se posent sur Hélène. Il lui sourit en agitant sa main. En la voyant arriver, le chien Patience fait preuve de moins de retenue. Il court vers Hélène, sa grosse tête marron auréolée de longs filets de bave, et lui saute dessus.

— Va-t'en, sac à puces ! s'écrie-t-elle en essuyant sa jupe pleine de boue. Où est ta maîtresse ?

Tout en tirant sur les manches de son chemisier, elle cherche Lucie du regard.

— Dans le potager ! crie la vieille Mahe. Mais ne passez pas votre matinée à jacasser comme des pies !

Hélène lève les yeux au ciel et fait le tour de la maison. Son amie est là, agenouillée au milieu des carottes, et arrache rageusement les mauvaises herbes. Hélène comprend tout de suite que quelque chose ne va pas.

— Lucie ?

La jeune femme relève la tête. Son visage est baigné de larmes. Patience se précipite sur elle pour lécher son visage, mais Lucie le repousse avec une brutalité inhabituelle. Le gros chien s'éloigne, penaud.

— Que se passe-t-il ?

Lucie se met debout et, d'un geste brusque, jette les mauvaises herbes dans sa brouette. Ses yeux hagards alertent Hélène.

— Rien, dit Lucie. Ça va passer.

Elle est enroulée dans un grand châle malgré la douce chaleur de cette matinée de mai.

— Tout s'est bien passé avec Victor, hier ?

Lucie secoue la tête.

— Je n'aurais pas dû accepter son invitation. Il a… Il est… Peu importe, je ne le verrai plus.

— Tu peux te confier à moi, tu le sais, dit Hélène en s'approchant.

Lucie a toujours été plus grande et plus robuste qu'elle, mais ce matin elle semble toute petite, recroquevillée en elle-même. Hélène veut poser sa main sur son épaule, mais Lucie recule précipitamment. Elle frotte ses bras, mal à l'aise.

— Merci, mais je… je ne peux pas…

La douleur dans son regard déclenche une alerte dans le cœur d'Hélène. Comment a-t-elle pu être aussi égoïste ? Préoccupée par le choix qu'elle avait à faire, elle n'a pas songé que Lucie, toujours si forte, pouvait s'écrouler. Au moment où Hélène s'apprête à réconforter son amie, celle-ci fait volte-face et se dirige vers la maison des Lefresne, le pas lourd.

— Laisse-la. Personne ne peut lui parler aujourd'hui.

Hélène se retourne vers Ernestine, qu'elle n'a pas entendue approcher. Patience se tortille aussitôt contre les jambes de sa maîtresse dans l'espoir d'obtenir enfin les caresses tant attendues. Ernestine lui flatte distraitement le dos, et le chien s'éloigne, déçu. Elle reprend :

— Il faut lui laisser du temps pour s'habituer à l'absence de son frère.

Hélène hoche la tête et lui tend une lettre.

— J'ai fini ma tournée. Maintenant que je suis là, puis-je vous être utile ?

Ernestine la fixe avec un regard aigu.

— J'allais emmener les vaches au pré. Viens avec moi.

La voix autoritaire d'Ernestine, d'habitude si chaleureuse, surprend Hélène. Elle la suit docilement jusqu'à la grange, un peu refroidie par cet étrange accueil. Elles sortent les quatre vaches de l'étable et progressent en silence dans le chemin qui mène au champ. Le petit veau, né quelques semaines auparavant, trottine derrière sa mère. Une énorme tache noire sur son œil droit lui a valu le nom de Pirate. Patience le talonne pour éviter qu'il ne s'écarte. Tandis qu'Hélène guide les bêtes, les parfums d'herbe tendre, de fleurs et de lait viennent chatouiller ses narines sensibles. L'odeur d'une bouse de vache qui tombe à ses pieds lui soulève soudain le cœur.

Étrangement taciturne, Ernestine lui jette un autre regard perçant, puis ouvre la clôture du Pré aux Vaches. Les bêtes s'égaillent dans l'immense espace, et Pirate sautille de joie dans les trèfles et les pâquerettes. Dans le champ voisin, Élise et Renée épandent le fumier sur la terre noire. Hélène devine leur conversation animée, et l'odeur piquante flotte jusqu'à elles, écœurante. Soudain, Renée brandit sa fourche pleine d'engrais malodorant et leur fait signe.

— On a de quoi s'occuper ici, si vous vous ennuyez ! crie-t-elle d'un ton jovial.

— Je vois bien que tu t'amuses, répond Ernestine sur le même ton. Je ne veux pas te priver de ton plaisir !

— Garce ! répond Renée en riant.

L'humeur joyeuse des femmes détend un peu Hélène, qui respire avec plus d'aisance. Elle s'apprête à rebrousser chemin quand les paroles d'Ernestine la figent.

— Tu attends un enfant de mon fils, n'est-ce pas ?

Hélène fait volte-face.

— Quoi ? Comment ?

— Je ne suis pas stupide, Hélène, j'ai déjà eu plusieurs enfants…

Hélène se sent glacée tout à coup. Son pire cauchemar est en train de se réaliser.

— Ernestine, je suis désolée. Avec Michel nous n'avons pas voulu… Nous pensions que nous allions nous marier ensuite et…

Ernestine lève la main. Patience se met au garde-à-vous, persuadé qu'elle va lui lancer un objet à rapporter. Sa maîtresse sourit enfin.

— Comment condamner deux jeunes amoureux, qui plus est dans le contexte dans lequel vous vous êtes fiancés ? J'aurais peut-être dû être plus claire avec mon fils sur les moyens d'éviter une grossesse. Mais tu sais, c'est difficile pour une mère de parler de ces choses avec son garçon. Avec sa fille à la rigueur…

— Mon père n'aura pas la même indulgence que vous, dit Hélène d'un ton amer.

— Tu es allée voir Annette, n'est-ce pas ?

Hélène hoche la tête, honteuse.

— Je sais que c'est interdit par les lois des hommes et de Dieu mais…

Ernestine saisit le bras d'Hélène, raide comme une morte, et l'entraîne dans le chemin vers sa maison. Patience, constatant qu'on ne s'occupera pas de lui, s'engouffre dans les premiers buissons venus en quête d'aventures.

— C'est ça ! Désertez le champ de bataille ! s'exclame

Renée en les voyant s'éloigner.

La douceur d'Ernestine est ce qui la définit le mieux. C'est pourtant avec une certaine animosité qu'elle s'adresse à elle.

— Qui sont-ils, ceux qui nous jugent ? Que savent-ils des tourments d'une grossesse ? De la vie d'une mère ? De ses joies immenses, mais aussi des sacrifices, des renoncements ?

Ses doigts se resserrent sur le bras de la jeune fille.

— Je suis tombée enceinte, juste après Jean. Ma précédente grossesse avait été difficile et j'étais déjà épuisée par mes trois enfants et le travail à la ferme. Je ne voulais pas sentir mon corps se fendre de nouveau, et peiner à se réparer. Alors je suis allée voir Annette…

— Vous ?

— Oui. J'ai pris les herbes qu'elle m'a données, et la grossesse a été interrompue. J'y pense parfois, bien sûr, car, même quand on le décide, c'est un acte difficile. Mais je ne regrette pas.

— Annette ne m'a rien dit.

— Évidemment ! Sa discrétion est ce qui nous protège.

— Mais… Ce bébé que je porte… C'est tout ce qui reste de votre fils.

Ernestine a soudain les yeux pleins de larmes.

— C'est là que tu te trompes. Les morts laissent de nombreuses traces de leur passage sur Terre. Je conserve dans mon cœur l'amour qui nous unissait. Je me souviens de ses plaisanteries, son rire. Dans ma maison, chaque objet, chaque changement de lumière sur les meubles, me rappelle des souvenirs de son enfance. Pour l'instant c'est terriblement… douloureux, mais je suis sûre qu'un jour ces souvenirs me seront doux.

Ernestine sourit et s'essuie les yeux avec son tablier.

— Ne te méprends pas. Si tu choisis de garder l'enfant, je te soutiendrai, et je serai sa grand-mère. Mais si tu décides de prendre les herbes d'Annette, alors je me tiendrai aussi à tes côtés.

— Merci, chuchote Hélène, profondément émue.

Ernestine pose tendrement sa main sur la joue d'Hélène.

— C'est normal… Allez, viens ma fille, rentrons boire un café. J'ai de nombreuses choses à t'expliquer.

Avant qu'Ernestine ne précède Hélène dans sa maison, la vieille Mahe surgit devant elles.

— Mais que faites-vous là, toutes les deux, à l'heure du labeur ? Il n'y a donc que moi qui travaille ici ?

ANTOINE

— Tu viens pêcher ? Comme autrefois ?

La requête de Lucie laisse Antoine sans voix. Elle se tient devant lui dans son atelier, les épaules voûtées et les yeux ternes. Sa vivacité habituelle semble envolée. Elle est comme une coquille vide. Après un instant un peu trop long où il a gardé la bouche ouverte avec un air stupide, il répond enfin :

— Oui, b… bien sûr ! Je finirai cette chaise demain.

Il retire son tablier de cuir et la suit. Plus tard, les cannes à pêche en main, ils quittent la ferme en direction du bois des Corneilles. Antoine emporte son fusil, au cas où ils croiseraient les chiens de l'enfer.

— Bonne pêche, la jeunesse ! leur crie la vieille Mahe, courbée sur sa chaise habituelle, devant la maison. Et pas de sieste au bord de la rivière ! Ramenez-nous des brochets ! Rendez-vous utiles pour une fois !

Lucie lève les yeux au ciel et sourit.

— Elle ne chan… change pas, ta grand-mère, lui dit Antoine en riant. Toujours aussi co… coriace !

— Elle donnera du fil à retordre à l'Ankou[1], ça c'est sûr, répond-elle avec un sourire triste.

Lucie est voûtée, comme si elle portait le monde sur ses épaules.

Après une demi-heure de marche dans la forêt, les deux jeunes gens parviennent au bord de la rivière. Elle s'étire paresseusement entre les branches basses des saules qui caressent sa surface. Le mois de mai s'efface devant la chaleur de juin. Leurs pas les ont menés jusqu'à la petite crique de leurs parties de pêches, enfantines. Des senteurs puissantes, oubliées pendant la saison froide, s'enroulent autour d'Antoine. Il s'émerveille du pouvoir des sons et des parfums qui le projettent dans le passé. Le coulis de la rivière qui susurre sur les cailloux, l'odeur de l'herbe fraîche, les fragmentations de la lumière, reflétée par l'eau sur les troncs des chênes et des saules qui s'étirent et se courbent.

Antoine revoit leurs silhouettes d'enfants aux membres allongés, déjà trop grands pour leurs pantalons de toile, leurs rires puissants et pleins d'audace, leurs joies simples pendues au bout de leurs lignes. Se pourrait-il que ce lieu n'ait jamais été touché par la guerre ? Qu'une magie simple et naturelle ait conservé cette crique hors du temps, préservant les bonheurs qui s'y déployaient ?

Le jeune homme s'assied sur l'herbe, laissant la chaleur s'infiltrer par tous ses pores. Le froid en lui s'éloigne encore un peu plus. Sa peau le démange sous la prothèse, mais il n'ose pas retirer cette dernière, de peur de montrer son moignon.

Lucie s'avance vers l'eau claire, retirant ses chaussures pour y glisser les pieds. Antoine observe ses omoplates qui dansent

1. Personnification de la mort dans la mythologie bretonne. Squelette vêtu d'un linceul et muni d'une faux, l'Ankou circule sur un chariot dont les essieux grincent pour venir prendre les morts.

sous sa chemise, tandis qu'elle soulève ses jupes pour ne pas les mouiller.

— Oh, elle est froide !

Elle se retourne vers lui, un grand sourire fend son visage. Son dos a perdu le poids qu'elle semblait porter une heure auparavant. La lumière a presque caché les cernes qui bleuissent son visage pâle.

— Tu te souviens que j'étais plus rapide que vous deux à la nage ? Je gagnais toujours la course ! dit-elle, les yeux empreints de joie et de tristesse mêlées.

— Aujourd'hui, ce s… serait encore plus f… facile, lui répond Antoine en désignant son bras mutilé avec un sourire ironique.

— Je n'en suis pas si sûre. As-tu réessayé de nager depuis ta blessure ?

— Ne p… pas me noyer dans mon b… bain, ça compte ?

Lucie rit et Antoine s'enivre des sons graves qui s'enroulent autour de sa gorge.

— Arrête de te comporter comme si tu ne savais plus rien faire ! lui reproche-t-elle. Tu as déjà trouvé le moyen de sculpter à nouveau. Le petit renard pour Jean est si beau ! Et le manche du couteau que tu as gravé pour ma mère ! Victor m'a demandé si tu pouvais lui sculpter le même.

En entendant le prénom de ce bellâtre, Antoine grince des dents.

— Qu… qu'est-ce qu'il te veut, cet imbécile ?

— Me faire la cour, je suppose, répond Lucie, l'air sombre.

— Il p… p… profite de l'absence des gars partis au front pour chercher une femme assez gen… gentille pour l'épouser. Tu es trop bien pour lui !

Antoine s'étonne de la colère qu'il ressent. Elle explose de plus en plus facilement ces temps-ci, brûlant tout son corps.

— Je n'ai jamais dit que j'allais l'épouser ! Je voulais juste m'amuser, comme avant… De toute manière, je n'aime pas sa façon de chercher à me peloter tout le temps.

— Il… il t'a quoi ? s'écrie Antoine, qui se lève d'un coup. Il n'a p… pas le droit de faire ça !

— Oh là là ! Et à qui veux-tu que j'en parle ? À mon père ? Je me suis défendue toute seule. Nous nous sommes débrouillées sans les hommes depuis le début de la guerre, on n'a pas eu le choix. Alors ne commence pas à jouer les frères protecteurs, comme le faisait Michel. Je sais que tu veux bien faire, mais c'est inutile. Arrêtez de penser que votre devoir est de nous protéger et que, sans vous, nous sommes de pauvres biches sans défense. Je ne le reverrai pas, figure-toi.

Antoine a du mal à cacher la satisfaction que lui procurent les dernières paroles de la jeune femme. L'idée de Lucie en robe de mariée au bras de Victor lui a brusquement donné la nausée. *Allons, mon gars,* se dit-il, *un jour il faudra bien que tu la voies épouser quelqu'un d'autre. Et tu seras au désespoir.*

— Je sais que tu es ca… pable de te débrouiller seule…

Lucie hausse les épaules. Elle semble contrariée.

— Qui est Eugénie ?

La question de Lucie surprend Antoine. La jeune fille s'est tournée vers lui, l'air soucieux.

— Désolée, j'ai vu la lettre que tu as postée hier. Son prénom était écrit sur l'enveloppe.

— C'est une… in… infirmière. Elle m'a soigné après ma… blessure. Elle est de… venue une amie. On s'écrit depuis.

— Une amie ?

Lucie a cette mine boudeuse qu'Antoine reconnaît bien. Serait-elle jalouse ? Impossible !

— Oui, une amie.

Elle soulève ses cheveux d'un mouvement gracieux et rassemble ses boucles brunes avec son foulard au-dessus de sa tête. Antoine a soudain la bouche sèche. Le temps est suspendu dans le creux de sa nuque délicate. Elle déboutonne sa chemise et clame :

— Je vais me baigner ! Tu viens ?

Soucieux de préserver la pudeur de Lucie, Antoine baisse les yeux, puis les relève aussitôt. Ému et troublé, il secoue la tête.

— Nous nous sommes déjà baignés ensemble, lui dit-elle, espiègle. Ne sois pas timide !

Elle défait sa jupe et plonge en sous-chemise et culottes longues dans la rivière. Bien sûr, pour elle, il est comme un frère. Se baigner avec lui est aussi innocent que se baigner avec le petit Jean.

Antoine se sent ridicule et un peu malheureux. Il faudra contenir cet élan qui le pousse vers elle aussi fort que l'instinct de survie dans la tranchée. C'est la sœur de son meilleur ami, bon sang !

En attendant, elle est à lui dans ce refuge hors du temps.

La jeune femme nage à pleines brasses, riant et chahutant, soudain heureuse. Elle est plus robuste que dans ses souvenirs. Ses bras sont marqués de fines cicatrices qu'il n'avait jamais remarquées auparavant. Lucie s'est-elle blessée ? Il se promet de lui poser la question plus tard.

L'eau a l'air délicieuse en ce jour de premières chaleurs, mais Antoine n'ose pas se dévêtir et plonger. Quel regard portera-t-elle sur son moignon grotesque ?

Lucie sort la tête de l'eau et crie :

— Allez, viens ! Je m'en fiche de ton bras. Et puis comme

ça je suis sûre de gagner encore la course !

Et elle l'éclabousse. Antoine rit. Elle remue les bras autour d'elle, formant de grands cercles dans l'eau, les yeux brillants comme un feu d'artifice. Antoine se rappelle les fois où ils ont nagé ensemble ici même, et ses craintes s'envolent.

— C'est ce qu'on va voir ! s'écrie-t-il.

Il déboutonne sa chemise et la retire, puis enlève les sangles de sa prothèse avec un soupir de soulagement. Il pose son bras artificiel sur la berge avant de plonger dans l'eau à son tour. Le froid l'étreint, ranimant son corps meurtri. De grandes coulées de soleil tiède se mêlent à l'eau glacée et Antoine est assailli par toutes ces sensations. Il se laisse glisser vers le fond, là où ses jambes ne le stabilisent plus. Il bascule comme un pantin désarticulé. Il peine à trouver son équilibre. Lucie le rejoint. Ses cheveux serpentent dans l'eau comme des algues.

— Prends ton temps, lui dit-elle. Bouge les jambes.

Antoine sent la partie gauche de son corps comme un poids mort. Il essaye au début de nager comme avant, mais rien ne lui répond. Son moignon s'agite de façon absurde. Quand il était petit, son frère aîné l'a poussé ici pour qu'il apprenne à nager. C'est le même désordre, le même risque imminent, qui l'assaillent. Puis il se souvient qu'il n'est plus un enfant qui se noie à demi sous les rires de son frère.

— Allez, continue ! crie Lucie en évoluant gracieusement autour de lui.

Au bout d'un moment, il parvient à se stabiliser et à nager. Il sent sa puissance se déployer, les mouvements longs de son bras qui fend l'eau. La sensation est merveilleuse. L'eau le caresse et le répare. Plus rien ne peut le faire vaciller. Il prend de la vitesse.

Lucie avance à son tour, avec une rapidité surprenante, le

dépasse, puis crie victoire. Il nage vers la rive, essoufflé, transi, heureux, puis s'accroche de sa main aux joncs et se hisse. La tête de la jeune femme est à demi immergée, ses yeux brun et vert contenant toute la forêt autour d'eux.

Elle l'observe.

Les rayons du soleil éclairent la moitié de son visage, l'autre restant dans l'ombre des feuillages. L'un de ses yeux brille comme une émeraude. Ses lèvres bleuies par le froid esquissent un sourire. Antoine a l'impression de voir une sirène glacée prête à l'attirer vers le fond. C'est la première fois qu'elle le regarde vraiment depuis son retour, sans chemise pour cacher son moignon et les cicatrices laissées sur son torse par les éclats d'obus. Il ferme les paupières, cherchant à échapper à cet examen.

Allons, se dit-il. *Affronte la vérité. C'est ce que tu es à présent.*

Alors, il rouvre les yeux et les plante dans ceux de la jeune femme. Ce n'est pas du dégoût qu'il reconnaît dans son regard. C'est de l'admiration. Et aussi autre chose de chaud et puissant. Il a déjà vu cette étincelle chez Eugénie. Il rougit. Son cœur cogne contre sa poitrine. Lucie murmure :

— Tu as trouvé ta propre force…

Antoine baisse les yeux vers son corps. Son bras valide, davantage sollicité, s'est musclé. Pendant les mois de combat, il a continué à grandir et s'est élargi. Même s'il reste maigre, il n'est plus le frêle adolescent dans l'ombre de Michel. Il se rend compte qu'elle évoque peut-être la force intérieure qui l'anime depuis quelque temps, et qui lui a permis de sortir de sa coquille. Cherche-t-elle seulement à le rassurer ? Comment lui dire que peu importe qu'aucune autre fille ne le regarde avec admiration, dès lors qu'elle le fait ? Et si c'était le moment de lui dire ? Maintenant. Le visage sévère de Michel s'impose à son esprit, mais il le chasse.

Lucie s'approche de la rive. Antoine lui tend la main et la soulève, la gardant un peu contre lui. Ils restent suspendus, dégoulinant d'eau froide, le regard rivé l'un à l'autre, lui hésitant, timide, elle souriante et sûre d'elle. Il y a tant de promesses dans les yeux de Lucie qu'Antoine se prend à espérer pour la première fois. Son cœur bat à tout rompre, une brusque chaleur l'envahit soudain. Et s'il osait… Il approche ses lèvres des siennes.

— Antoine ! Lucie ! crie soudain une voix aussi discrète que le chant d'un corbeau.

Ils se séparent aussitôt, partagés entre gêne et rire. Séraphin surgit des fourrés, le poil hirsute et les joues rougies par la course.

— Venez vite ! Victor Renard ! Il est mort !

SÉRAPHIN

Lucien Grimaldi est gendarme depuis bientôt trente ans, et il n'a jamais vu un corps mutilé de la sorte. Trois ans auparavant, il avait espoir de terminer sa carrière bien tranquillement, mais la guerre a balayé ses espérances. *Le monde est devenu fou,* pense-t-il en observant le corps sauvagement assassiné du jeune homme étendu devant lui, sur la table d'opération du docteur Lefranc.

Ce village aux frontières de la Bretagne et du Maine n'est même pas dans sa juridiction. Autrefois, il n'aurait pas eu à cheminer de longues heures à cheval pour enquêter sur un meurtre dans un lieu aussi perdu. Mais, depuis la guerre, la plupart de ses collègues ont choisi le front. Le voilà contraint de poursuivre non seulement les voleurs, mais aussi les vagabonds qui échappent à la surveillance de leurs mères, et les déserteurs, prêts à tout pour éviter l'arrestation. L'un de ses collègues n'a-t-il pas reçu une balle dans le bras alors qu'il tentait d'empêcher deux pauvres diables, hirsutes et affamés, qui fuyaient les combats de se réfugier dans l'épaisse forêt de Brocéliande ?

Lucien soupire, accablé. Qui peut les blâmer, ceux qui fuient la guerre ? Lui-même n'a-t-il pas préféré rester à l'arrière, plutôt que risquer sa peau contre les Boches ? Quand les choses reviendront-elles à la normale ? Pas aujourd'hui apparemment, alors qu'il observe le visage et la gorge déchirés du pauvre bougre qu'on a amené chez le médecin du village de Saint-Georges.

— Qui l'a trouvé ? demande Lucien Grimaldi en lissant sa moustache fine.

— C'est le vieux Bridonne, le garde-chasse, en relevant ses collets dans le bois des Corneilles, répond le docteur Lefranc.

— Et qu'est-ce qui a pu causer la mort, d'après vous ? demande Lucien, craignant déjà la réponse.

— Je dirais une bête sauvage, sans doute un chien enragé. La morsure à la gorge est profonde et le diamètre des crocs correspond plus à une morsure de chien qu'à une morsure de loup. Un animal assez gros, semble-t-il. Les os de la nuque ont été brisés. Au regard de l'état du corps, la mort date de deux jours tout au plus.

— Des chiens sauvages ?! s'exclame Lucien.

— Certains ont été aperçus dernièrement dans les environs, mais les gens du village pensent que ce sont plutôt des chiens enragés. Ils sont très choqués. Des actes criminels ont été commis ces derniers temps et les rumeurs vont bon train. Les esprits s'agitent. Certains évoquent les chiens de l'enfer.

— Oui, le maire m'a expliqué, dit Lucien avec un soupir. Vous savez, docteur, la période est propice au crime et au désordre.

Ces paysans sont toujours prompts à inventer n'importe quoi, pense Lucien, *invoquant les vieilles légendes païennes à qui mieux mieux*. L'épicier ne lui a-t-il pas évoqué une Dame

Verte qui hanterait la forêt la nuit ? Il regrette amèrement son bureau bien ordonné, où l'attendent sa routine, sa pipe et sa tasse de café.

— Que faisait ce garçon en habits du dimanche en pleine forêt ? demande-t-il.

— Sa mère m'a dit qu'il était parti au village des Genêts pour un bal, répond le docteur Lefranc.

— Seul ?

— Non, avec une jeune fille du village, Lucie Mahe.

Lucien sent un picotement familier derrière sa nuque. C'est en général le signe que quelque chose lui échappe.

— *A priori,* ce garçon s'est trouvé au mauvais endroit au mauvais moment, voilà tout. Mais faites venir tout de même la jeune fille, que je puisse l'interroger, dit-il d'une voix lasse.

Les notables rassemblés chez le maire ressemblent au jury d'un procès improvisé. Lucien Grimaldi, encadré par Joseph Lecomte et André Fontaine, est assis à la grande table en bois d'une salle à manger luxueuse. Séraphin observe les meubles en bois laqué dont les vitrines protègent des bibelots en porcelaine et des pots en argent. Au mur, des personnages peints avec mauvais goût le scrutent comme un intrus. Un portrait des jumeaux, ridicules dans leurs vêtements de collégiens, trône au-dessus de la cheminée.

Séraphin vient de subir une foule de questions concernant ses allers-retours entre le hameau de l'Angeluère et l'épicerie de Gaston Fleury. Le maire a tenté de l'accuser de toutes sortes de crimes, mais ce fut vain, grâce notamment à la lettre rédigée par l'épicier, attestant de sa présence dans sa boutique le jour de l'agression du curé et de la mort de Victor Renard.

Séraphin remarque à présent les épaules de Lucie Mahe, affaissées, écrasées par un poids invisible. À côté d'elle se tient Hélène, le visage déterminé auréolé de sa longue chevelure blonde, telle une farouche guerrière celte habillée comme une fille de bonne famille. Depuis son intervention dans la bagarre avec les jumeaux, Séraphin ne la trouve plus si antipathique. Après tout, même s'il a du mal à l'admettre, si elle n'avait pas empêché César de lui taper dessus, il aurait été encore plus mal en point.

— Quand avez-vous quitté Victor Renard la nuit de sa mort ? demande le gendarme, tripotant nerveusement son crayon à papier.

— Je suis rentrée seule après le bal, répond Lucie. J'étais fatiguée et je connais bien les chemins entre les Genêts et Saint-Georges.

— Avez-vous noté des choses inhabituelles ce soir-là ? demande Lucien Grimaldi, son regard las scrutant la jeune femme.

— Non, rien, répond-elle.

— Où avez-vous laissé Victor Renard avant de le quitter ?

— À deux kilomètres environ des Genêts, au carrefour de la Croix.

— Pourquoi ne pas te faire raccompagner par ton cavalier, Lucie ? demande à son tour Joseph Lecomte. Une jeune fille ne devrait pas se promener seule ainsi en pleine nuit.

— Il… Il a eu des gestes déplacés et m'a manqué de respect. J'ai préféré rentrer seule.

— Allons, allons ! dit André Fontaine. Victor Renard était un de mes meilleurs élèves, un jeune homme doux et brillant.

Il n'aurait jamais manqué de respect à une demoiselle. Il ne faut pas mentir sur les morts.

Séraphin voit les épaules de Lucie se redresser légèrement face au maître d'école.

— Pourtant il l'a fait ! répond-elle, d'une voix un peu trop forte.

— N'est-ce pas plutôt toi, reprend le maire, qui a promis à ce pauvre Victor des faveurs que, dit-on, tu accordes facilement, avant de changer d'avis ? Si tu n'es pas irréprochable, il ne faut pas t'étonner ensuite si les garçons se permettent des libertés.

Les poings de la jeune fille se serrent, et c'est vibrante de colère que sa voix retentit.

— Je n'ai jamais encouragé Victor à quoi que ce soit ! clame-t-elle. Et je n'accorde pas mes « faveurs » facilement, comme vous dites.

— Tu n'as pas à traîner seule la nuit, ou à aller au bal, alors que tout le monde est mobilisé pour la guerre, ajoute Joseph Lecomte. Reste plutôt auprès de ta mère, qui a sans doute bien besoin d'aide.

— Excusez-moi, Monsieur Grimaldi, intervient Hélène en toussotant, cet interrogatoire a-t-il pour but de faire le point sur les mœurs de mademoiselle Mahe ou de résoudre l'enquête sur la mort de Victor Renard ?

Bien joué, Duchesse ! pense Séraphin.

— Hélène, reste à ta place ! dit sèchement André Fontaine.

— Père, je préfère poser la question, répond Hélène sans se laisser démonter. Car j'ai cru un instant que vous mettiez en cause la réputation et l'innocence de mon amie. Or, elle a failli être elle-même victime de cette bête. Elle aurait pu la croiser aussi en rentrant chez elle cette nuit-là.

— C'est un fait, acquiesce Lucien Grimadi, gêné.

— Par ailleurs, ajoute Hélène, Lucie est encore sous le choc de la mort de son père et de son frère, tous deux disparus au front. Elle participe activement aux travaux de la ferme pour aider sa mère. Leurs dernières récoltes ont d'ailleurs largement contribué à fournir de quoi nourrir nos soldats. Il me semble qu'il serait malvenu de remettre en question le dévouement de cette famille pour notre pays.

Lucien Grimaldi hoche vigoureusement la tête. Le maire semble déçu.

— Bien sûr, bien sûr, répond le gendarme. Lucie Mahe n'est accusée d'aucun crime. Nous voulions juste savoir si elle avait pu apercevoir la bête responsable de l'attaque contre Victor Renard. Vous pouvez partir, mademoiselle. Mais je ne saurais trop vous conseiller de ne pas vous éloigner de votre maison tant que les chiens enragés responsables du meurtre n'auront pas été tués. Vous pouvez y aller !

Les jeunes gens sortent, Hélène ignorant souverainement le regard courroucé de son père. Ils s'éloignent un peu de la maison du maire avant de s'arrêter quelques instants plus tard, sur la route qui mène au village.

— Merci, Hélène, de m'avoir accompagnée, dit Lucie, pâle et tremblante, en étreignant son amie. J'avais peur de me rendre seule à cette convocation.

— C'est révoltant de les voir profiter ainsi de la situation ! s'insurge Hélène. De quoi se mêlent-ils ? Comment peuvent-ils colporter des ragots aussi ridicules sur toi ? Je n'en reviens pas que mon père soit complice de cette mascarade.

— Moi, je ne suis pas étonné, dit Séraphin, les mains enfoncées dans ses poches. Ton père a toujours été un donneur de leçons insupportable.

— Tu es encore là, toi ? lui lance Hélène avec un soupir agacé.

L'adolescent hausse les épaules.

— En attendant, il nous faudrait trouver qui sont les responsables de tous ces crimes. Les accusations illégitimes pleuvent dans tous les sens, ajoute Hélène. Et cette ambiance explosive finira par produire des incidents.

— Je… Je dois partir, dit soudain Lucie, se dirigeant vers le hameau de l'Angeluère.

Hélène et Séraphin l'observent tandis qu'elle s'éloigne d'un pas lourd.

— La pauvre… Elle n'est pas elle-même en ce moment, murmure la jeune femme.

— Disons que quand ton cavalier au bal se fait à moitié dévorer par une bête, ça secoue un peu !

— Bien sûr, imbécile ! Je voulais dire que, depuis quelque temps, Lucie est bizarre. Elle est comme absente. Je n'arrive pas à lui parler depuis la mort de Michel.

— Tu sais, ils étaient très proches. Je suis désolé, d'ailleurs, pour tes fiançailles, et tout, ajoute-t-il à l'intention d'Hélène. Michel était un chic type.

— Merci, dit-elle doucement, le regard soudain plus doux.

— Et je voulais aussi te remercier d'être intervenue l'autre jour pour me défendre contre les jumeaux, ajoute Séraphin, grattant nerveusement le champ de ronces qui lui sert de chevelure. Même si j'aurais eu le dessus, bien sûr !

— Oui ! Je n'en doute pas ! Tes gémissements de douleur étaient feints, évidemment !

— Évidemment !

— Je ne savais pas qu'ils pouvaient faire preuve d'une telle violence.

— Moi si.

— Pourquoi s'en prennent-ils ainsi à toi ? s'insurge Hélène.

— Je suppose que je les dérange, qu'ils ne veulent pas d'un type comme moi au village, répond l'adolescent.

— J'en ai parlé à leur père, mais il m'a répondu que ce ne sont pas des histoires pour les jeunes filles.

— Alors là tu perds ton temps ! ricane Séraphin. Joseph Lecomte nous déteste, ma mère et moi ! Il me traite de bâtard à longueur de temps.

— Je… Je suis désolée pour ça. C'est injuste envers ta mère. Et envers toi aussi.

— Bah, que veux-tu ? Ici, rien ne changera jamais. Je serai toujours le petit bâtard, le fils de gitan. Mais un jour je me tirerai d'ici, tu verras. Et j'aurai la belle vie !

Ils marchent en silence, accélérant le pas vers le village. Le soleil de cette matinée de juin dispense une chaleur agréable. La jeune fille avance d'un pas déterminé, comme si elle avait une mission très importante à accomplir. Elle tire d'un coup sec sur ses manches de chemise pour les remettre en place. Elle est aussi rigide que d'habitude et, pourtant, Séraphin sent que son armure est prête à s'effriter.

— En tout cas, le vieux Fleury semble content de ton travail, dit-elle.

— En fait, ça me donne une impression étrange, répond Séraphin. Je ne suis pas habitué à rester honnête aussi longtemps. Et avoir un salaire, encore moins !

— Tu exagères. Les Mahe ont toujours été contents de toi. Tu enjolives largement ta réputation de voleur et de sale garnement !

— Tu crois ? demande Séraphin d'un air espiègle.

Et aussitôt il sort de sa poche une jolie montre de gousset en argent.

— Oh, c'est la montre de mon père ! s'exclame Hélène,

outrée. Comment as-tu osé la lui prendre ?

— Les mauvaises habitudes ont parfois la vie dure, affirme Séraphin en riant. Il est passé trop près de moi. C'est presque un réflexe maintenant. Je te la rends !

Hélène se saisit de l'objet, réprimant visiblement un sourire. Séraphin sent une douce chaleur l'envahir d'avoir réussi à la dérider. Elle a de jolies fossettes sur ses joues rondes.

— Il l'a bien mérité aujourd'hui, dit-elle. Je n'ai pas du tout apprécié la façon dont il s'est comporté avec Lucie.

— Ah, je peux la garder alors ? demande Séraphin en reprenant la montre.

— Rends-la-moi ! dit Hélène en riant, et en cherchant à attraper l'objet que Séraphin tient à bout de bras. Sinon je te dénonce.

Séraphin lui rend la montre, un sourire aux lèvres.

— Finalement, Duchesse, quand on apprend à te connaître, tu n'es pas aussi prétentieuse que tu en as l'air, lui dit-il en lui donnant un petit coup d'épaule.

— Et toi tu n'es pas aussi insupportable que je le croyais, blanc-bec ! répond Hélène, imitant son geste.

— Je ne savais pas que tu pouvais t'opposer à ton père.

— Moi non plus ! Tu sais, je ne l'avais jamais vraiment fait avant.

Trop heureux d'avoir pour une fois une conversation amicale avec une fille, il attend qu'elle reprenne la parole.

— Mon rêve, c'est d'être journaliste. Une vraie, pas une journaliste de revue féminine qui ne parlerait que de mode ou de cuisine. J'irai à Rennes, chez ma grand-mère, et je ferai des pieds et des mains pour trouver une place dans un journal. Au début, bien sûr, ça sera difficile. Mais petit à petit, je suis sûre de pouvoir me faire une place. J'écrirai alors pour dénoncer toutes les injustices.

— Je suis sûr que tu en es capable, têtue et prétentieuse comme tu es.

— Tu… Tu me trouves prétentieuse ?

— J'imagine que tu dois l'être, puisque c'est l'étiquette qu'on t'a donnée. Et moi, je dois être malhonnête et impertinent.

Séraphin observe Hélène du coin de l'œil. Sa détermination s'est fendue, laissant voir des traits brouillés par le doute. Elle reprend :

— Mon père veut me voir mariée, si possible à un homme dans une bonne situation, et fonder une famille. Michel, lui, croyait à mon rêve.

— Pourquoi attends-tu la permission de ton père ? Pars et vis ton rêve ! Personne ne te retient plus ici, si ?

Hélène ouvre la bouche pour parler, puis la referme.

— C'est facile pour toi de dire ça, tu es un garçon.

— Oh oui ! Ma vie est si simple ! Voyons, par quoi commencer ? Je suis un bâtard à qui personne ne fait confiance, on me prend pour un assassin en plus d'un voleur, je ne sais pas qui est mon père, et ma mère elle-même s'accorde à dire que je suis le fils du diable. Et pour couronner le tout, les filles ne font que s'amuser avec moi sans envisager une seule minute que je pourrais être un parti sérieux à présenter à leur père. J'ai une vie de rêve !

— Tu veux parler de Caroline, j'imagine ?

— Et voilà ! Maintenant tout le monde est au courant de mon infortune ! s'exclame Séraphin avec emphase.

— Elle raconte partout que c'est toi qui as cherché à obtenir d'elle des faveurs, et qu'à certains moments tu ne lui as pas laissé le choix…

Cette fois-ci, l'adolescent est furieux.

— Tu ne la crois pas, j'espère. C'est faux ! C'est elle qui est venue me trouver un soir. Je n'ai jamais fait de mal à aucune fille. Je suis encore puceau !

Hélène reste bouche bée, les joues en feu. Mais qu'est-ce qui lui a pris de lui dire ça ?

— Je… Enfin tu vois, je ne voulais pas dire que… j'ai eu de l'expérience avec les filles, mais…

Hélène lève la main.

— Je ne veux pas en savoir plus ! Et si ça peut te rassurer, tout le monde sait que Caroline est une menteuse.

Séraphin se plie en deux d'un seul coup, se tenant le ventre en gémissant.

— Que se passe-t-il ? demande Hélène.

— Rien… Ça va passer d'ici quelques minutes, dit Séraphin en s'asseyant sur le talus, au bord du chemin. Cela m'arrive parfois.

Ses confidences ne vont-elles pas finir ? Pourquoi ne pas révéler sa rencontre avec la louve tant qu'il y est !

— Tu devrais aller voir le médecin.

— Je déteste les médecins.

— Alors Annette. Ce n'est pas la sorcière qu'on dit, tu sais. Elle aurait sûrement un remède pour te soulager.

— Peut-être… Elle m'a soigné d'une fièvre quand j'étais enfant. À l'époque elle me fichait une trouille bleue. Mais ma mère ne jure que par ses remèdes.

— Vas-y. Je t'accompagnerai chez elle si tu veux.

— Dites donc, Madame la Duchesse ! Que dira-t-on si on te voit traîner avec le petit bâtard du village ?

L'adolescent se relève. La douleur s'est dissipée. La vérité, c'est que ces maux de ventre de plus en plus fréquents lui font peur. En outre, depuis quelques jours, de grandes plaques rouges sont apparues sur son torse, ses bras et ses jambes, mais il n'ose pas en parler à sa mère. Et s'il avait attrapé une maladie ?

— On dira que je tente de te remettre dans le droit chemin, répond Hélène en souriant.

— N'essaye même pas ! Il n'y a rien de plus ennuyeux que le droit chemin.

— Je commence à m'en rendre compte.

Séraphin observe la jeune fille. Son visage triste semble avoir dix ans de plus tout à coup. Dix-sept ans, n'est-ce pas trop jeune pour être une veuve ?

— En tout cas, quelqu'un au village nous veut du mal, dit Hélène. L'incendie chez le maire, les animaux tués, les champs saccagés, le nid de guêpe à l'église. L'autre soir, une femme s'est introduite dans ma chambre par la fenêtre ouverte.

— Vraiment ? As-tu été blessée ?

— Non, mais il faut trouver celle qui cherche à nous faire peur. Je ne crois pas aux fantômes.

— C'est une femme que j'ai vue chez le maire quand on a mis le feu à sa grange. Elle n'avait pas l'air très… humaine. Et si finalement c'était cette Dame Verte dont tout le monde parle ?

— Ne commence pas avec ces histoires à dormir debout. Je commençais tout juste à te trouver sympathique.

— Tu n'y crois pas ?

— Je ne crois que ce qui est étayé par la raison. Je suis une femme moderne.

Séraphin hausse les épaules.

— Peu importe ce qui existe ou non. Ce qui compte c'est :

qui nous veut du mal ?

— Soyons rationnels. Deux symboles de l'autorité ont été frappés : la mairie et l'église. Ce n'est pas un hasard à mon avis. Cette femme qui rôde autour du village veut nuire à ceux qui représentent l'autorité.

— Alors une vengeance personnelle ? Mais que vient faire Victor là-dedans ? Et tous ces animaux égorgés ou empoisonnés ? Et les chiens ?

— Je ne sais pas. C'est peut-être une coïncidence. Victor s'est trouvé au mauvais endroit au mauvais moment.

— Un groupe de chasseurs va partir en quête des chiens sauvages demain. J'irai avec eux.

— Tu es un chasseur, toi ? demande Hélène, sceptique.

— Non, un pêcheur plutôt, répond Séraphin en riant. Enfin, je suppose que, si je mourais de faim dans la forêt, je saurais me débrouiller. J'ai mes raisons pour y participer. Et Antoine a besoin de mon aide.

Les deux jeunes gens s'arrêtent devant un croisement.

— Et voilà, Duchesse, tu n'as plus qu'à descendre vers le village, moi je retourne à l'Angeluère.

— Je suis heureuse que nous ne soyons plus… ennemis.

— Ce n'est pas parce qu'un jour j'ai accroché tes culottes devant toute l'école que tu dois m'en vouloir à vie !

— Comment peux-tu me rappeler cette histoire ?! s'exclame Hélène, outrée. Je te déteste encore à cause de ça. On m'a appelée Miss Dentelle pendant des mois.

— Ça va ! Ça va ! répond Séraphin en riant. Je m'excuse ! Et pour te prouver ma bonne foi…

Avec un sourire satisfait, il sort de sa poche un petit carnet relié en cuir sur lequel est fixé un minuscule crayon de bois usé.

— … je te rends ce que j'ai pris dans ta veste ! Promis, je ne l'ai pas lu !

— Oh ! Mon carnet de notes ! rugit Hélène, mi-scandalisée, mi-amusée. Tu n'es vraiment qu'un sale petit voleur !

HÉLÈNE

Hélène jette les herbes abortives dans l'eau bouillante. La grotte du Tertre aux Fées la protège. Personne ne la verra faire.

Elle a quitté la maison, à l'aube, comme tous les matins depuis qu'elle récupère le courrier aux Genêts, puis a pédalé jusqu'à la petite cavité, au cœur de la forêt des Roches Cadieu, au sud. Elle a pris garde de ne pas croiser les hommes du village partis le matin même, vers le nord, dans le bois des Corneilles, pour chasser les chiens de l'enfer.

C'est dans cette même grotte que Michel l'a emmenée, la nuit de leurs fiançailles, et que l'enfant qu'elle porte a été conçu. Il a allumé un feu pour les réchauffer, puis ils se sont allongés fébrilement l'un contre l'autre, blottis sous d'épaisses couvertures. La rivière chantait à quelques mètres, la forêt les enveloppait de son silence hivernal.

Elle repense à cette nuit de fiançailles sous les étoiles glacées. Aux mains de Michel, à sa douceur, ses plaisanteries. À son corps penché au-dessus d'elle, éclipsant les branches nues et le ciel froid. À cette urgence impérieuse de s'absorber l'un l'autre. À tout ce qu'ils se dirent, dans le chant de leurs souffles mêlés, juste avec leur peau. Les larmes lui montent aux yeux. Pourquoi cela ne suffit-il pas ? Ces instants volés à la mort pendant sa permission ne valent-ils pas tous les discours pompeux dans toutes les églises du monde ?

— Nous sommes loin du monde, ici, a murmuré Michel. Il n'y a plus de village, plus de combats sur le front. Il n'y a que nous deux.

— Je voudrais rester ici pour toujours, a-t-elle répondu contre ses lèvres.

C'est étrange comme le temps est élastique, songe Hélène.

Dans la terrible chronologie de ces derniers mois, cette nuit est aussi épaisse qu'une année, tandis que les mois suivants ont filé aussi vite que l'eau entre ses doigts.

Parfois, l'enfant qu'elle porte est un monstre qui s'apprête à dévorer sa liberté. À d'autres moments, la dernière trace de son amour avec Michel.

Non. Elle doit penser à son avenir. Elle sera une femme indépendante, comme Annette. Elle pourra devenir journaliste comme elle l'a toujours souhaité. Il suffit de prendre ces herbes.

L'eau se colore et bouillonne comme une vilaine potion dans un chaudron. *Quelles douleurs me traverseront une fois les herbes prises ?* songe Hélène. *Et si par mégarde je m'empoisonnais ? Personne ne trouverait mon corps dans cette grotte.*

Elle frissonne en repensant aux mises en garde d'Ernestine.

— Certaines femmes sont malades pendant plusieurs jours, mais les herbes sont préférables à d'autres moyens qui risquent de te blesser gravement ou de te faire mourir d'infection. Ce sera douloureux mais rapide. Tu connais les douleurs des menstruations, tu seras capable d'endurer celles-ci. Cependant, ce sera moins difficile si tu es accompagnée. Je peux rester auprès de toi si tu le souhaites.

Hélène a refusé, préférant rester seule. Ainsi personne ne sera témoin de son infortune.

Le breuvage est prêt. Elle verse le contenu dans une tasse, puis le laisse refroidir. Elle passera la journée ici, une fois les herbes avalées. Comme le lui a conseillé Ernestine, elle garde près d'elle un sac rempli de linges qui lui permettront de recueillir ce qui coulera de son ventre. Elle resserre son châle autour de ses épaules et ravive son petit feu, frissonnant violemment. L'image d'un enfant aux boucles brunes et au regard espiègle s'impose à son esprit comme si une main invisible l'avait brandie.

— Ça suffit ! sanglote-t-elle.

Et elle porte la tasse à ses lèvres.

Une haute silhouette sombre surgit alors à l'entrée de la grotte, repoussant les branches qui en obstruent l'entrée. L'air glacé qui s'engouffre saisit Hélène à la gorge, lui coupant le souffle. La tasse est tombée, le liquide se déverse sur les couvertures.

Hélène se lève, effrayée, tandis que la silhouette s'avance, le visage dans l'ombre. Elle se remet à respirer en reconnaissant la haute taille et les cheveux bouclés de Lucie. Un immense soulagement déferle sur elle. Elle tend les bras vers son amie.

— Oh, Lucie, je suis tellement soulagée que tu m'aies trouvée.

— Ne fais pas ça !

Hélène s'immobilise, transie jusqu'aux os. Cette voix ! C'est impossible !

Lucie s'approche, mais, dans son visage éclairé par les

flammes dansantes du feu, Hélène reconnaît des expressions qui ne sont pas les siennes : le pli serré des lèvres, les joues plus creuses, les sourcils froncés, le regard droit.

— Ne prends pas ces herbes, Hélène.

Cette voix encore, qu'elle pensait ne plus jamais entendre. Hélène est sous le choc.

— Michel ?

Il lui sourit. Hélène distingue bien le corps robuste de son amie, mais avec les expressions faciales de celui qu'elle a tant pleuré. L'étrangeté de cette apparition provoque chez la jeune fille un mélange de malaise et d'espoir. Est-elle en train de rêver ?

— C'est toi ?

Hélène tend la main, et Michel la saisit. Cette manière de la tenir est si familière.

— C'est bien moi.

Sous le choc, Hélène tombe à genoux, et Michel la prend dans ses bras. La sensation est réconfortante. Elle retrouve la présence bienveillante de son fiancé. Son amant. Son confident. Son allié. Tout ira bien à présent.

— Mais comment est-ce possible ? Qu'es-tu devenu, Michel ? Et où est Lucie ?

— Lucie est là, avec moi. Elle m'a laissé sa place pour un petit moment.

Hélène plisse les yeux, le cœur battant, cherchant à distinguer le frère et la sœur l'un de l'autre. Michel la serre plus étroitement. C'est encore sa voix qui se projette dans l'abri.

— Mon corps a explosé sous l'un de leurs obus. Mais j'ai refusé d'être emmené dans la mort. J'ai fui les gravats et le sang, restant en mouvement pour semer les griffes de l'Ankou.

C'est ta dernière lettre qui m'en a donné la force. Celle où tu m'annonçais que tu attendais notre enfant.

— Alors, tu l'as reçue… dit Hélène avec soulagement.

— Oui. J'étais si heureux, Hélène.

Les larmes coulent sur les joues de la jeune femme. Combien de nuits s'est-elle tourmentée sans savoir si Michel avait reçu sa lettre avant de mourir ?

— C'était toi, l'autre nuit, dans ma chambre, n'est-ce pas ?

— Oui. Je n'en pouvais plus de ne pas pouvoir te toucher. Mais je ne voulais pas te faire peur.

— Es-tu là, dans le corps de ta sœur, depuis tout ce temps ?

Hélène perçoit une crispation dans les bras qui l'entourent.

— Oui, mon âme a trouvé refuge dans le corps de Lucie… Seul je m'épuise. J'ai besoin d'un hôte, et elle a accepté.

Hélène réprime un sentiment de dégoût. Voilà qui explique l'étrange comportement de son amie et ses changements d'humeur. Comment Lucie a-t-elle pu supporter cela ? Pourquoi ne lui a-t-elle rien dit ?

— Seulement, poursuit Michel, cela lui prend beaucoup d'énergie… Alors j'ai trouvé un moyen d'augmenter nos forces…

— Comment m'as-tu trouvée ? Pourquoi es-tu là ?

— Je suis venu pour sauver notre enfant. Je savais que seule tu ne pourrais pas le garder sans prendre le risque d'être jugée. Je t'ai suivie ce matin. Je me doutais de ce que tu allais faire. Laisse-moi t'aider. Ceux qui fixent ces règles absurdes auront bientôt disparu. Laisse notre enfant grandir dans ton ventre.

Hélène redresse la tête, effrayée.

— Je ne peux pas.

— Je t'en supplie. Ma sœur t'aidera. Ma mère aussi.

— Non, Michel, je ne peux pas condamner cet enfant à grandir sans son père. Il sera toute sa vie un bâtard, et moi je devrais renoncer à mon rêve de devenir journaliste.

Le visage de Michel se crispe un instant. Hélène croit deviner les expressions de Lucie en superposition. Il ferme les yeux, semble produire un effort, puis la regarde de nouveau.

La rage déforme ses traits naguère si joyeux. Jamais Hélène n'a vu auparavant une telle colère sur son visage. Elle se relève précipitamment.

— Michel…

— Qu'ils pourrissent en enfer ! Le maire, le curé, ton père, et tous ceux de leur espèce ! Ce sont eux qui nous ont farci la tête d'idées patriotiques, qui nous ont fait croire que pour être des hommes il fallait tuer ! Ce sont eux qui nous ont incités à verser le sang pour la patrie, à massacrer de pauvres bougres à qui on a raconté les mêmes inepties dans leur pays !

— Michel, je comprends ta colère, mais…

— Ce sont encore eux qui vous disent de rester pures jusqu'au mariage, mais qui abusent des femmes sans jamais les mener à l'autel ! Cet enfant n'est pas l'enfant de la honte ! Il est l'enfant de notre amour !

Hélène se tord les mains, au désespoir.

— Si seulement tu étais auprès de moi pour lui offrir la famille dont il a besoin.

— Je serai là ! Je veillerai sur toi aussi longtemps que possible. Je pourrai rester dans le corps de ma sœur et voir grandir mon enfant.

— Tu condamnerais ta sœur à te porter éternellement ? N'a-t-elle pas droit à une vie bien à elle ? Et ensuite, où irais-tu ? Michel, j'aimerais moi aussi qu'on ne se soit jamais quittés, mais ce que tu me demandes est impossible !

— Tu n'as pas le droit ! Ils m'ont tout pris ! Tu n'as pas le droit de me prendre cet enfant toi aussi ! rugit-il.

Les traits de Michel se déforment soudain, laissant apparaître les expressions familières de Lucie. La voix de la jeune fille surgit de sa bouche.

— Ça suffit, Michel ! Laisse-la tranquille.

Pétrifiée d'horreur, Hélène voit le corps de son amie se redresser et se convulser. Les mimiques se succèdent sur son visage tels des masques grotesques. L'effet est monstrueux. De sourds gémissements s'élèvent, reflets d'une lutte intérieure acharnée entre le frère et la sœur. Hélène recule, effrayée. Les traits de Lucie réapparaissent soudain et se fixent.

Une brume argentée surgit alors de ses narines et de sa bouche déformée par la douleur. La nébulosité s'agite et se contracte, produisant les remous d'un ciel d'orage, puis des formes se dessinent dans ses ombres jusqu'à former un visage. Un visage furieux. Celui de Michel.

Hélène les observe l'un et l'autre, leurs regards se faisant face. Son fiancé n'est plus qu'une forme indistincte et brouillée, comme si elle le voyait à travers l'eau.

— Laisse-la maintenant, répète Lucie, qui reprend péniblement son souffle. Elle est libre de choisir ce qui est le mieux pour elle.

Elle jette un regard désolé à Hélène et lui tend la main.

— Viens, allons-nous-en !

La brume scintillante se rétracte soudain, s'élève comme un serpent qui se dresse pour attaquer et darde ses épines vers Hélène. La jeune femme a un hoquet de stupeur. La brume fonce silencieusement vers elle, menaçante. Elle s'enroule autour d'elle, puis s'infiltre dans sa bouche et ses narines, obstruant ses voies respiratoires. Elle sent qu'elle s'enfonce jusqu'à son estomac, provoquant une violente nausée. La voix de Michel retentit dans son crâne.

Ne crains rien, mon amour, nous serons à nouveau réunis.

Hélène cherche à aspirer l'air, mais elle ne le peut plus. Elle étouffe. Elle entend au loin les cris de Lucie qui l'a recueillie dans ses bras. La peur l'envahit. Paniquée, elle se prend la gorge à deux mains pour chasser ce poids dans sa trachée. Et le bébé ? Si elle ne respire plus, alors lui non plus. De petits points noirs dansent devant ses yeux. Sa gorge la brûle.

Laisse-toi faire. Je m'occuperai de tout.

Tandis qu'elle suffoque, l'horreur de sa situation lui apparaît avec une lucidité cruelle : elle va mourir ici, et son enfant avec elle. Par la faute de son fiancé. Mais est-ce vraiment lui ? Jamais Michel ne lui aurait fait le moindre mal, Hélène n'a aucun doute là-dessus. Et encore moins à son enfant. C'est peut-être ce qui reste de lui, mais ce n'est certainement pas son âme.

Un instinct de protection féroce brûle soudain dans ses veines.

Elle frappe sa propre cage thoracique avec une force insoupçonnée, rejetant par toutes les fibres de son être cette présence étrangère.

Sors d'ici ! rugit-elle à l'intérieur de son corps. *Sors d'ici !*

Elle parvient à inspirer un mince filet d'air qui passe dans sa trachée en émettant un sifflement rauque. La pression se fait moins forte. Hélène reprend espoir.

— Michel, laisse-la ! Tu n'as pas le droit ! crie Lucie en secouant les épaules d'Hélène.

Je veux juste vous protéger. Ne le tue pas, je t'en supplie, c'est notre enfant, dit la voix de son fiancé.

Pour qui se prend-il, ce cruel Michel qui vient de lui apparaître ? Est-il revenu l'accabler de culpabilité ? N'est-ce pas à elle de décider de sa vie future ? Irait-il jusqu'à la tuer ?

Hélène se redresse et se frappe le torse de ses mains.

Dehors !

Aussitôt la force qui obstruait ses voies respiratoires est rejetée. Hélène a l'impression de recracher une eau visqueuse qui aurait envahi ses poumons. Elle inspire de grandes goulées d'air, toussant comme si elle avait échappé à la noyade.

La brume argentée flotte autour d'elle, hérissée de piques. Le visage de Michel s'y trouve, ou bien une imitation de son visage, déformé par l'horreur.

« Pardonne-moi, Hélène », gémit sa voix dans la grotte.

Lucie s'est dressée entre son frère et son amie.

— Comment as-tu osé ? Sors d'ici !

— Tu n'es pas Michel ! crie Hélène à son tour. Il ne m'aurait jamais fait du mal ! Jamais !

« Je suis ce qui a refusé de te quitter. Le reste est resté sur le champ de bataille. »

Hélène serre les mains sur son ventre.

— Va-t'en ! Quoi que tu sois, laisse-nous tranquilles !

— Michel, va-t'en maintenant ! répète Lucie plus doucement.

La brume s'agite et s'étend, menaçante, pleine d'ombres. Puis elle file vers l'entrée de la grotte et disparaît dans le blanc laiteux du ciel.

Lucie se tourne vers Hélène, alarmée.

— Comment te sens-tu ?

Hélène secoue la tête, bouleversée. Elle ne peut réprimer les tremblements qui l'agitent.

— Pourquoi ne me l'as-tu pas dit ? demande-t-elle à son amie.

— J'ai hésité, mais j'avais peur, répond Lucie, désespérée. Je ne savais pas ce qu'il voulait faire. Et ce matin, il a pris le contrôle sans me laisser le choix. Je n'aurais jamais imaginé qu'il pourrait…. Pardonne-lui, Hélène, il n'est plus vraiment lui-même.

— Cette chose… ce n'est pas Michel, dit Hélène d'un air résolu.

Les yeux de Lucie se posent sur son ventre, agrandis par l'étonnement. Hélène suit son regard : sous ses mains crispées, la jeune fille découvre avec stupeur que son ventre a gonflé d'un coup de quelques centimètres. Cacher sa grossesse sera de plus en plus difficile. Au moment même où Hélène l'a défendu contre Michel, elle a compris que son enfant vivrait.

Et celui-ci a pris sa place.

ANTOINE

Tandis qu'il progresse silencieusement dans la forêt, envahie par les brumes de l'aube, Antoine observe, sceptique, le groupe des chasseurs chargés de tuer les loups ou les chiens sauvages qui rôdent autour du village. Tous les hommes valides étant partis au front, il reste les plus vieux, les malades et les invalides comme lui.

Un peu en arrière, Gaston Fleury, qui n'a jamais chassé de sa vie, progresse avec difficulté, rouge et essoufflé. Rien que le bruit de sa respiration pourrait faire fuir le moindre lièvre. À ses côtés, le massif boulanger Marcel Petit trébuche régulièrement sur les racines car il ne voit pas à deux mètres. Il ne risque pas de tuer quoi que ce soit, mais gare à celui qui oserait lui faire la moindre remarque.

Le maire Joseph Lecomte mène la battue malgré son manque d'expérience, suivi de ses deux fils, plus bruyants qu'un troupeau de chèvres.

Enfin, le vieux Bridonne ferme la marche, accompagné de son chien Napoléon, un vieux bâtard aux poils jaunes. Son visage rougi par l'alcool, surmonté d'une casquette usée, est gris de barbe et de crasse. Il vit comme un ermite à la lisière de la forêt, mais les gens le consultent en tant que rebouteux[1] pour couper le feu[2] ou lever les sorts jetés sur les récoltes. De tous, c'est sans doute le meilleur pisteur. Antoine lui-même, connu pour ses qualités de chasseur, n'a pas un œil aussi aiguisé que lui. Près de lui, Séraphin marche, léger comme un esprit des bois, portant sa besace.

Autour d'eux, la forêt prend vie. La brume se lève peu à peu. Le soleil matinal perce à travers les feuillages des grands chênes, des hêtres et des châtaigniers.

Un peu plus tôt, le vieux Bridonne a repéré des empreintes de pattes correspondant à celles d'un loup : un large triangle surmonté de quatre traces en forme de flammes. La piste, rectiligne, est bien visible dans le sol de la forêt, chargé des eaux de pluie de la veille. Parfois elle disparaît sous les feuilles ou les fougères, devant un rocher, puis réapparaît quelques mètres plus loin.

— Un loup, oui c'est sûr, marmonne le vieux Bridonne dans sa barbe sale. Un loup de grande taille. S'il a attaqué le gamin, c'est qu'il a sans doute la rage, alors restons groupés et sur nos gardes.

— Je croyais que nous chassions des chiens enragés, dit Séraphin d'un ton inquiet.

Le vieux Bridonne hausse les épaules.

— Il y a aussi des traces de chiens, marmonne-t-il en désignant des marques plus loin. Nous tuerons tous les loups ou chiens sauvages qu'on croisera. Et silence, ajoute-t-il en

---

1. Personne qui prétend guérir les luxations, fractures et brûlures par des soins « magiques ».

2. Expression qui fait référence à un don que posséderaient certaines personnes pour calmer les brûlures et faciliter leur cicatrisation.

jetant un regard mauvais aux jumeaux.

Les deux adolescents continuent à ricaner, se moquant visiblement de l'allure décrépite du vieux Bridonne. Antoine surprend le regard haineux de Séraphin à leur encontre.

Ils progressent encore deux heures, s'enfonçant dans la forêt au-delà des limites du bois des Corneilles, suivant les indications du vieil homme.

Soudain, celui-ci s'arrête, inspectant un excrément sur le sol. Antoine s'agenouille à ses côtés. La crotte est fraîche.

— Pas loin, grogne le vieux Bridonne.

Antoine lève les yeux. Il ne connaît pas cette partie de la forêt. Michel et lui ne sont jamais venus chasser jusque-là. Les sentiers ne sont plus visibles. Il faut enjamber les fougères et les ronces pour progresser.

— Faisons deux groupes, suggère le maire. Les uns vers cette colline à l'ouest, les autres vers les rochers à l'est.

— Mauvaise idée, marmonne Bridonne. Pas assez de chasseurs expérimentés.

— Nous aurons plus de chance de le trouver si nous nous séparons, affirme Joseph Lecomte d'un ton sans appel. Bridonne, avec Maurice Petit et moi ! Lefresne, prenez le gamin et Gaston.

Antoine hoche la tête. Bien sûr, le maire a pris le meilleur chasseur avec lui. Le vieux Bridonne s'approche.

— Tire sans attendre, mon gars, lui dit-il. Des chiens enragés, j'en ai déjà chassé, ça pardonne pas.

— J'ai com… pris, répond Antoine avec respect.

Les deux groupes se séparent. Antoine voit le vieux Bridonne s'éloigner, en tapant du bout de son fusil sur la tête des jumeaux Lecomte pour leur imposer le silence.

Antoine avance vers les grands rochers qui parsèment la

forêt, tels des animaux endormis pris dans la pierre. La piste des chiens n'est plus visible, mais Antoine reste sur ses gardes. Le chemin s'élève, gravissant une haute colline parsemée de feuillus et d'épineux. Ils entreprennent la montée, et la respiration de Gaston Fleury se fait de plus en plus laborieuse. Parvenus au sommet, ils découvrent une clairière sombre et légèrement encaissée, entourée de grands blocs de granite.

— Un peu d'eau, monsieur Fleury ? demande Séraphin en lui tendant une gourde, voyant l'épicier souffrir.

— Oui merci mon garçon, répond l'épicier, qui boit avidement.

Antoine est surpris de la sollicitude de Séraphin envers l'épicier. Il ne l'a jamais vu aussi aimable, à part peut-être à l'encontre d'Ernestine, avec laquelle il n'a jamais pu faire le malin. Antoine descend et observe la clairière. Il remarque alors une empreinte de loup.

— Venez vite, dit-il en avançant prudemment pour suivre la trace.

Antoine sent une sorte d'alarme s'animer dans son ventre. Sur le front, le combat était toujours précédé d'une tension particulière. La peur lui tordait l'estomac et mettait tous ses sens en alerte. Le moindre son lui agressait les oreilles, il reconnaissait les odeurs avec une acuité exceptionnelle et, surtout, il courait plus vite. D'un seul coup, dans cette clairière étrange, son instinct exercé le prévient d'un danger imminent.

— Faites at... attention, recommande-t-il aux deux hommes qui l'ont rejoint.

Séraphin et Gaston explorent les contours de la clairière à la recherche d'une marque.

Un grand cri retentit et le vieux Fleury disparaît entre deux masses rocheuses. Antoine et Séraphin se précipitent. L'épicier est tombé dans un trou caché par les ronces, dévalant une pente vers une autre clairière, en contrebas.

— Tout va bien, monsieur Fleury ? crie Séraphin.

— Oui, mais ma jambe est blessée ! répond l'épicier en grimaçant de douleur.

— Nous a… arrivons, le rassure Antoine.

Ils dévalent à leur tour la pente boueuse et arrivent auprès de Gaston qui tente péniblement de s'asseoir. Antoine pose son fusil et observe la jambe de l'épicier, à la recherche d'une blessure grave.

— Ce n'est qu'une fou… foulure, je pense, dit Antoine.

— Ça fait un mal de chien ! répond l'épicier.

— On va vous faire une attelle pour rentrer, lui dit Séraphin en l'aidant à s'installer contre un rocher. En tout cas, la blessure aurait pu être plus grave !

L'alarme interne d'Antoine retentit de nouveau, l'incitant à lever la tête. L'espace dans lequel ils sont descendus est presque totalement privé de lumière. L'épaisse frondaison empêche le soleil d'atteindre ce lieu étrange. Les branches obscures s'entrelacent, comme des cadavres figés dans des mouvements interrompus. Le toit formé par ces branches serrées piège les ombres silencieuses. Seuls les sons de leur respiration et leurs pas sur le sol humide brisent le silence. De hautes roches noircies de mousse s'élèvent de part et d'autre de ce bois sombre. Au centre, un hêtre gigantesque, au tronc large comme plusieurs hommes, dresse fièrement sa haute et dense voûte. Lui seul semble vivant, ses feuilles s'agitant doucement. Antoine reconnaît cet endroit. Il l'a vu en rêve. La peur le glace.

— Le Nemeton, murmure-t-il.

Une odeur d'humidité et de moisissure saute à ses narines,

écœurante. Il entend un craquement sinistre sous son pied. Il baisse la tête : de petites carcasses privées dc chair jonchent le sol. Antoine identifie des squelettes de mulots, d'écureuils, de lièvres.

Il se souvient de son cauchemar avec horreur.

À présent que leurs yeux s'habituent à l'obscurité, il distingue quelques mètres plus loin une large fente dans la roche au fond de cette clairière sinistre : l'entrée d'une caverne. Antoine reconnaît la grotte de son rêve, celle dans laquelle la Dame Verte attirait les enfants et les tuait. D'étranges chuchotements leur parviennent, exhalés par cette ouverture remplie d'obscurité.

— Il faut pa… partir, chuchote Antoine. Maintenant.

— Ce lieu ne m'inspire pas confiance, murmure Séraphin, soudain très pâle.

— Aidons Gaston à re… remonter et allons-nous-en, répond le jeune homme en reculant et en armant son fusil. Vite !

— Oui, approuve l'épicier en s'appuyant sur Séraphin. Filons de ce lieu maudit.

À peine a-t-il prononcé ces paroles qu'un grognement sourd se fait entendre au-dessus de leurs têtes. Par réflexe, Antoine se retourne et met en joue. Sa blessure l'empêche d'être aussi rapide qu'auparavant, mais il parvient tout de même à caler son fusil avec sa prothèse pour l'armer de sa bonne main. Ses doigts de métal tremblent un peu contre le canon tandis qu'il découvre ce qui les menace : une grande louve grise les surplombe, juchée sur des rochers situés en haut de la pente. Elle les fixe de ses yeux noirs, sa langue dépassant de sa gueule entrouverte.

Il s'apprête à tirer quand Séraphin se jette devant son canon.

— Non ! Ce n'est pas ce loup qu'il faut tuer !

— Qu'est-ce que tu ra… racontes ? dit Antoine entre ses dents.

— Pardon ? dit Gaston au même moment.

L'animal ne bouge pas, ne grogne pas. Il se contente de les observer.

— C'est une louve que je connais. Elle n'est pas agressive ou enragée, ajoute Séraphin.

Antoine a le doigt posé sur la détente. Le canon est orienté vers le poitrail blanc de l'animal. Une voix en lui crie : *Tue, tue !*

— Je suis sûr que ce n'est pas elle qui a attaqué Victor ! supplie l'adolescent.

— Peut-être, mais là cette bête se demande avec lequel d'entre nous elle va inaugurer son repas, murmure Gaston, la voix remplie d'angoisse. Or, je suis le plus charnu…

— S'il te plaît, Antoine ! Ne tire pas ! reprend Séraphin. Elle ne nous attaque pas.

— Pas… encore, répond Antoine, resserrant son index sur la détente.

Comme pour confirmer les dires de Séraphin, la louve se pose sur son arrière-train.

Stupéfait, Antoine admire malgré lui son pelage gris argenté, son port de tête altier et ses yeux qui semblent les sonder. *Cette louve a un regard presque humain,* se dit-il. Lui qui connaît bien les animaux ne voit aucun signe d'agressivité dans la posture de celui-ci.

— Mais tire, bon sang, Lefresne ! dit Gaston.

Antoine n'a-t-il pas fait feu sur l'ennemi des centaines de fois sans réfléchir pendant les neuf mois qu'il a passés au front ? N'a-t-il pas pris l'habitude d'être plus rapide que son adversaire pour planter la baïonnette dans la chair, ou trancher la gorge avec son couteau ? Pourquoi hésite-t-il aujourd'hui ? Est-ce parce que tant de nuits, il s'est demandé qui étaicnt ces hommes dont il avait confisqué la vie avant qu'ils ne prennent la sienne ?

Sans trop savoir ce qui le pousse à agir ainsi, Antoine baisse son fusil, ignorant le gémissement de protestation de Gaston.

La louve incline sa tête de droite et de gauche, comme si elle voulait l'interroger. Séraphin dépasse Antoine et se dirige vers l'animal majestueux.

— Re… recule, lui ordonne-t-il, tenant toujours fermement son fusil à la main.

Mais cette tête de mule continue sa progression vers la gueule ouverte de la louve. Il approche sa main vers elle. La louve tend son museau et, à la stupéfaction d'Antoine, lui donne un grand coup de languc.

— Qu'est-ce que c'est que cette bête ?! s'exclame Gaston.

— Tu vois ! Je te l'avais dit, Antoine, cette louve n'a rien de dangereux, affirme Séraphin avec un petit sourire tremblant, tandis que la bête lui lèche la main.

La louve pose de nouveau ses yeux noirs sur Antoine. Une drôle de sensation le saisit. C'est comme s'il connaissait ce regard. Il n'a pas le temps de s'attarder sur cette impression qu'un hurlement sauvage retentit soudain, suivi du claquement d'un coup de feu.

La louve se redresse, les oreilles aux aguets. Elle lève son museau vers les hautes cimes de la forêt et pousse un long hurlement. Puis elle s'élance vers la clairière au-dessus d'eux, laissant les trois hommes ébahis.

AUGUSTE

Auguste ne doit jamais montrer à son père qu'il a peur.

— Tu es bientôt un homme, tu dois te comporter comme un homme, lui a-t-il répété alors qu'il échouait à tirer au fusil pour la vingtième fois.

César, qui marche près de lui entre les ronces, semble invincible, comme toujours. Il bombe le torse, fier que son père lui ait confié une arme. Il a appris à tirer très vite, contrairement à son jumeau. César réussit presque tout du premier coup, puis s'en vante. Il est le préféré de leur père.

Auguste est bien content que Séraphin soit parti dans l'autre direction avec Antoine Lefresne, car son regard le met mal à l'aise. N'était-ce pas leur rôle, en tant que fils du maire, de protéger la ville de voyous comme lui ? C'est en tout cas ce qu'a prétendu leur père. Mais, emportés par l'excitation de la violence, César et lui ont failli le tuer. Hélène l'a bien dit. Or, Auguste voue à Hélène une adoration sans borne depuis son entrée à l'école. Il ne l'avouerait jamais, et surtout pas à son frère qui le traiterait de « couille molle » ou de « corniaud ».

César quant à lui déteste Hélène, car elle n'a pas peur de lui. Auguste admire encore plus la jeune fille de savoir tenir tête à son jumeau. Sa mère elle-même n'ose pas dire non à César depuis qu'il fait la taille de son père et qu'il est deux fois plus large.

Ce jour-là, tandis qu'ils frappaient Séraphin avec leurs poings et leurs pieds, Auguste a obéi à son frère, mais sa conscience le tiraillait. Les coups étaient plus durs, les blessures plus graves que d'habitude. Seulement Auguste n'a pas su arrêter son frère. Sans lui, il se sent perdu. Au moins, si les autres les craignent, personne ne se moquera de lui ou ne le mettra en difficulté.

Le vieux Bridonne lève une main, ordonnant au groupe de ne plus avancer. Joseph Lecomte, exaspéré, lève les yeux au ciel.

— Mais quand trouverons-nous ces bêtes à la fin ? marmonne-t-il entre ses dents. Voilà des heures que nous marchons pour rien.

Auguste reconnaît les prémices d'une des crises d'autorité de son père. C'est un homme qui ne supporte pas qu'on lui dise non et qui a la main leste. Le vieux Bridonne lui jette un regard mauvais, puis reprend l'observation des traces sur le sol sans répondre.

— Si on ne trouve rien, je ne vais pas tarder à rentrer à Saint-Georges, ajoute Marcel Petit de sa grosse voix. Le pain ne se fera pas tout seul.

À l'évocation du pain chaud et croustillant, Auguste sent son ventre gargouiller. En ce moment il est insatiable. César le traite de gros lard car il est plus mince que lui, mais il n'y peut rien s'il a faim tout le temps. Seule la nourriture le réconforte, le remplit. Parfois, le soir, en cachette, il vole des biscuits cuisinés par sa mère, ou des morceaux de pain, et les dévore en regardant son livre sur les insectes.

Auguste adore les insectes. Son père lui a confisqué l'ouvrage plusieurs fois, l'incitant à s'intéresser à des sujets d'hommes, mais Auguste a pu le récupérer dans le premier tiroir de son bureau. Depuis le début de la chasse, il a répertorié plusieurs espèces : papillons multicolores, abeilles, fourmis, lucanes cerfs-volants, syrphes. Il a même capturé un petit scarabée bousier sans que son frère ne le voie. Quelle élégante carapace noire et luisante ! Il a pour fonction de ramasser les excréments de la forêt et de les digérer. Personne ne s'en préoccupe, mais il est si essentiel. Grâce à lui, la forêt se régénère, se nettoie.

— Qu'est-ce que tu fabriques ? lui demande César en le voyant le nez collé au sol.

— Je cherche les traces, répond Auguste.

— Pfff, ça m'étonnerait qu'un couillon comme toi puisse reconnaître quoi que ce soit !

Auguste ne répond pas, habitué aux insultes de son frère.

Soudain, un hurlement retentit. Le boulanger Marcel Petit est renversé par une créature au pelage couleur de nuit. Auguste est paralysé de terreur. Plusieurs coups de feu retentissent. César tire aussi, mais il blesse le vieux Bridonne qui s'écroule.

— Ne tire plus, César ! crie son père, qui tient le chien en joue. Tu risques de blesser encore Bridonne.

La bête s'est éloignée de quelques mètres, les babines soulevées sur des canines terrifiantes. Tout le monde se fige.

Auguste a lâché son fusil dès le début de l'affrontement. Jamais il n'a eu aussi peur. Le vieux Bridonne semble inconscient dans les fougères. Le chien les nargue, marchant de droite à gauche, grognant et montrant ses crocs, près de l'homme au sol. Son pelage sale et emmêlé est d'un noir d'encre et ses yeux brûlent comme les feux de l'enfer. Auguste pense aux sermons du curé et aux créatures abominables qui accompagnent le diable. Les chiens de l'enfer. Ceux qui les ont aperçus les décrivent maigres et efflanqués, mais ces bêtes-là sont musclées, bien nourries. Se peut-il qu'elles se soient épaissies grâce au sang de leurs victimes ? Auguste se rappelle un instant ce pauvre Victor Renard.

Son père tire soudain sur la bestiole, qui pousse un grognement féroce. Il l'a manquée. Pourquoi l'animal ne fuit-il pas ?

Soudain Auguste, tremblant, devine une autre bête qui sort des fourrés. Un deuxième chien, identique au premier, s'approche des hommes interdits en les fixant de ses yeux rouges.

— Nom de Dieu ! lâche le maire. César, tiens-toi prêt à tirer.

Bridonne inconscient, Marcel Petit à terre, blessé, Joseph Lecomte se retrouve seul avec ses deux fils face aux bêtes. Auguste a une pensée fugitive : son père ne s'est pas adressé à lui pour agir, persuadé de sa faiblesse.

Enfin, Auguste aperçoit une dernière silhouette, réfugiée sous le couvert des arbres. Une femme aux cheveux de flammes. Il ne distingue pas son visage, mais voit deux mains sales et décharnées se tendre vers eux. Aussitôt les chiens bondissent.

Auguste fait volte-face et s'enfuit, la gorge trop serrée pour hurler sa terreur.

Des coups de feu retentissent, des cris, des grondements. Il court de plus belle, se retournant pour découvrir un troisième chien qui le poursuit, avalant les quelques mètres qui les séparent dans une course rapide. La gueule de l'animal se ferme soudain sur son mollet. La douleur fait hurler l'adolescent. Il tombe, roulant sur des rochers qui le blessent.

Le chien l'a lâché pendant sa chute. Mais dès qu'Auguste est immobilisé au bas de la pente, l'animal est sur lui. Ses yeux rouges infernaux, son odeur fétide, sa gueule effrayante. Auguste croit sa mort arrivée. Il place par réflexe ses mains devant son visage, empêchant le chien de le saisir à la gorge. Les crocs qui pénètrent la chair de son avant-bras lui arrachent un hurlement de douleur. Il se secoue, mais la mâchoire féroce continue de le lacérer. Alors, tandis que la souffrance est devenue insupportable, Auguste voit sa mort se dessiner dans les yeux du loup. Il voit son corps dépecé, sa mère en larmes et sa tombe dressée dans le petit cimetière du village. Le chien lâche son bras ensanglanté et ouvre sa gueule, prêt à l'attaquer de nouveau.

Soudain le chien est éjecté par le poids d'un gourdin projeté contre lui. Il tombe sur le flanc quelques mètres plus loin, mais se redresse. Auguste devine, stupéfait, dans le flou qui précède l'évanouissement, la maigre silhouette de Séraphin qui lui tourne le dos, se dressant entre la bête et lui.

— Allez, charogne, crie le gamin, la voix tremblante et tenant fermement son gros bâton de bois, viens me montrer de quoi tu es capable !

Le chien grogne et s'élance, mais, alors qu'il saute pour saisir Séraphin à la gorge, un énorme loup gris lui bondit dessus, l'entraînant avec lui. Les deux bêtes s'affrontent, se roulant l'une sur l'autre, se frappant de leurs crocs terribles. Terrifié par cette vision cauchemardesque, Auguste est submergé par la douleur de son bras déchiqueté. Il se croit arrivé dans l'autre monde. Séraphin se rapproche de lui, le regard inquiet. Sa voix le questionne, mais il ne comprend pas ce que lui dit l'adolescent. Étourdi, il redresse la tête. Le loup gris a le dessus sur l'autre, l'écrasant de ses énormes pattes, le blessant à l'encolure.

Auguste entend au loin des voix qui l'appellent. Les coups de feu ont cessé. La douleur grandit dans son bras. Il redresse un peu la tête : la vue de son propre sang qui inonde ses vêtements termine de l'étourdir. Il a le temps d'apercevoir Séraphin qui flatte les flancs du loup gris comme s'il s'agissait d'un bon chien de compagnie avant de s'évanouir.

ANTOINE

Ils sont arrivés juste à temps. Si la guerre ne l'avait pas habitué à agir par réflexe face au danger, Antoine serait resté figé de terreur devant la vision qui s'offre à lui quand, au bout de sa course effrénée, il retrouve l'autre groupe de chasseurs. Le vieux Bridonne et le boulanger sont à terre. Seuls le maire et ses deux fils sont encore debout.

Séraphin, armé d'un gros bâton de bois, est immobile lui aussi. Puis, voyant les chiens se jeter sur les jumeaux, Antoine pose son fusil sur sa prothèse et tire. Un des chiens est touché et s'enfuit en geignant dans les fougères.

Joseph Lecomte et César tirent sans discernement, cherchant à tuer la créature et celle qui l'a jetée sur eux.

Séraphin s'est élancé à la poursuite de l'autre animal, qui a pris l'un des jumeaux Lecomte en chasse. Antoine court dans la même direction, inquiet pour les deux adolescents. Les arbres défilent autour de son visage. La familiarité de cette course contre la mort le frappe de plein fouet. Et si c'était ça, la seule chose qu'il sache faire maintenant ?

Il distingue soudain une silhouette qui se déplace à quelques mètres de lui entre les arbres. Il aperçoit en tournant la tête de longs cheveux rouges et une robe sombre. Il s'arrête, essoufflé, et arme son fusil.

La Dame Verte lui tourne autour. Il la voit à peine mais la devine. Une respiration rauque, un éclat fauve entre les feuilles. Il garde son fusil, prêt à tirer.

— Qu… que me veux-tu ? Montre-toi !

— Tu me dois toujours quelque chose…

Sa voix est un sifflement rauque.

— Je… je ne t'ai ja… jamais rien de… demandé !

— Demandé non, mais ton désir de tuer ton père était si fort…

— Ne… ne vois-tu pas que j'ai déjà payé ? J'en ai assez d'avoir p… peur de toi. Laisse ce village tranquille !

— Je ne fais qu'exécuter ce qu'on me demande. En échange, je veux qu'on me donne ce dont j'ai besoin.

— Qui t'a de… demandé de nous attaquer ?… Qu'attends-tu ?

— Je te l'ai dit, Antoine. Mon enfant, retrouve-le…

La Dame Verte s'approche. Un frisson d'horreur court le long du dos du jeune homme. Elle est la même que lors de leur première rencontre : un long visage maigre, recouvert de cicatrices, des yeux noirs comme deux puits sans fond, des cheveux entremêlés de feuilles et, sur son long corps décharné, un vêtement de feuilles et de branchages qui laisse deviner çà et là une peau souillée de terre. Elle le fixe de ses yeux noirs sans pupilles, des yeux d'encre qui n'ont plus d'âme.

Un cri retentit. C'est Séraphin. Le chien a dû l'attaquer lui aussi. Antoine s'élance, tournant le dos à la créature, glacé jusqu'aux os. Un autre cri déchire l'air. Puis des grognements terrifiants.

Enfin il retrouve Auguste et Séraphin, le premier à terre, le second à son chevet. La louve grise et le chien sont en train de se battre. Dans un enchevêtrement de membres et de crocs, ils s'enroulent l'un sur l'autre, cherchant à frapper l'adversaire à mort. La louve a finalement le dessus. Elle saisit le molosse noir à la gorge et lui déchire la carotide. Celui-ci s'écroule, mort. Son sang coule, souillant le vert tendre de l'herbe printanière.

La grande louve grise s'approche de Séraphin. Il lui caresse l'encolure, laissant la bête enfouir son museau dans sa main. Pourquoi cette incroyable bête risque-t-elle ainsi sa vie pour sauver la leur ? L'animal tourne la tête vers Antoine et plante son regard dans le sien. Encore une fois, il est saisi par une impression familière en voyant ses iris noirs cerclés d'or.

Auguste est à terre, évanoui, et Antoine se précipite à ses côtés. L'adolescent a le bras déchiré par les crocs du chien. Il saigne abondamment.

— V… viens m'aider à lui faire des bandages, dit-il à Séraphin en sortant sa chemise de son pantalon.

— Je t'avais dit que cette louve n'avait rien de dangereux ! Elle nous a sauvés, répond Séraphin en déchirant la chemise d'Antoine.

Comme pour confirmer les dires du jeune garçon, la louve se penche sur Auguste, léchant ses blessures.

Tandis qu'Antoine remet péniblement sa veste par-dessus son torse nu, Séraphin enroule les bandages autour du bras meurtri d'Auguste.

— Il est gravement blessé, dit Antoine. Portons-le jusque chez ma tante, elle vit près d'ici.

— Lefresne attention !

Antoine et Séraphin sursautent en entendant le cri du

maire. Celui-ci vient de surgir dans la clairière, suivi par son fils. Il vise la louve postée près d'Auguste.

— Écartez-vous !

— Non ! panique Séraphin.

Mais trop tard, le coup de feu retentit et la louve pousse un jappement de douleur. Blessée à la patte arrière, elle s'enfuit, échappant de peu à un deuxième coup de fusil du maire.

— Qu'avez-vous fait ? crie Séraphin. Cette bête nous a secourus, Auguste et moi !

— Ne dis pas n'importe quoi. Auguste est presque mort à cause de ces bêtes de l'enfer !

Il se penche sur son fils et l'examine sous toutes les coutures.

— Je savais qu'il était trop faible, je n'aurais jamais dû l'emmener à cette chasse, grogne-t-il.

César se tait, observant d'un air terrifié son jumeau pâle comme un mort.

— Sé… Séraphin dit vrai, dit Antoine. La lou… louve a tué le chien noir qui a attaqué votre fils.

— Ces bêtes sont toutes les mêmes et elles n'ont rien à faire dans ma forêt ! rugit Joseph Lecomte.

— Comme d'habitude, vous n'écoutez rien ! Cette louve n'avait rien de menaçant et vous l'avez peut-être tuée ! s'emporte Séraphin.

— Parle-moi autrement, petit bâtard ! répond Joseph en saisissant Séraphin par le col. Qui me dit que tu as essayé de défendre mon fils contre ces bêtes ?

— Ça… ça suffit ! Monsieur le maire, votre fils a besoin de soins, nous devons l'amener chez ma tante au plus vite !

Antoine se dresse entre Lecomte et le jeune adolescent qui se jettent des regards pleins de rage.

— Hors de question d'emmener Auguste chez la sorcière. Nous allons faire une civière et le porter jusqu'au village.

Antoine lève les yeux au ciel.

— C'est votre fils, c'est vous qui décidez.

— Et cette femme qui commande aux chiens, qui est-ce ? demande encore le maire.

— La Dame Verte, répond Antoine.

— Impossible, c'est une vieille légende de bonnes femmes.

— Cro… croyez-le ou pas, peu m'importe, dit Antoine. Mais elle en a après le village.

Méfiant, César tâte du bout de son fusil le cadavre du chien noir. Il est presque aussi gros que lui.

— Ce bestiau est vraiment monstrueux, s'exclame-t-il d'un air fasciné.

Des dizaines de petits vers sortent d'un coup de la blessure du chien. Ils sont bientôt des centaines, des milliers qui recouvrent sa carcasse et le dévorent.

— Bon Dieu ! crie César. Papa, regarde !

Antoine, Séraphin et Joseph Lecomte s'approchent, ébahis par l'horreur qui se déroule sous leurs yeux. En une poignée de minutes, les vers rongent les poils, la chair, puis les os du chien noir dans un grouillement immonde. Il a bientôt disparu. La vermine s'engouffre dans la terre rougie par le sang à l'endroit où se trouvait son cadavre.

Aussitôt, à quelques mètres, un autre chien noir sort de terre. On distingue d'abord son museau, ses crocs, puis ses yeux rouges et enfin son pelage noir et sale. Il se dresse un instant sur ses pattes. Son corps est maigre et efflanqué, comme s'il s'était vidé de sa substance, mais c'est bien la même bête qui leur fait de nouveau face.

— Nom de Dieu ! dit Joseph Lecomte qui arme son fusil,

imitant Antoine, aussi sonné que lui.

Un cri retentit au loin. Le chien noir fait volte-face et s'éloigne, disparaissant sous les arbres.

— Ça aussi, monsieur le maire, c'est une vieille légende de bonnes femmes ? lance Séraphin d'un air narquois.

SÉRAPHIN

Séraphin marche d'un pas vif dans la forêt avalée par la nuit tombante. La peur de recroiser la Dame Verte et ses chiens le taraude, mais il ne peut se résoudre à abandonner la louve qui lui a sauvé la vie. Séraphin en a encore froid dans le dos.

Après avoir accompagné Gaston Fleury chez le docteur Lefranc, qui a promis de s'occuper de sa foulure après avoir soigné les blessures d'Auguste, l'adolescent s'est équipé chez lui avant de repartir, profitant de l'absence de sa mère. Renée sera furieuse quand elle apprendra qu'il est retourné dans les bois.

Elle a l'habitude de mes frasques, se dit-il. *Je lui raconterai tout.*

Depuis quelques jours, la certitude que l'épicier est sans doute son père grandit en lui. Les liens qu'il semble avoir eus avec Renée dans leur jeunesse, cette sollicitude envers lui, tout concorde. Pour quelle autre raison prendrait-il le temps d'enseigner son métier à un bon à rien comme lui s'il n'était pas son père ? Une sensation nouvelle grandit en lui : l'espoir d'être aimé et protégé par un homme qu'il respecte.

D'où viennent les créatures terrifiantes qu'ils ont combattues dans l'après-midi ? Que veut cette Dame Verte ? Antoine a évoqué une dette envers elle, mais laquelle ?

Parmi toutes ces questions, une seule certitude lui apparaît : un lien indéfectible l'unit à présent à la louve. En secret, il l'a nommée Grise. Elle l'a protégé, lui a sauvé la vie, et elle aurait pu repartir vivre librement si cette ordure de Joseph Lecomte ne l'avait pas blessée. Séraphin l'imagine en train d'agoniser quelque part dans les bois, se vidant de son sang. Son cœur se serre à cette pensée. Peu d'êtres en ce monde ont donné à l'adolescent l'impression d'avoir autant de valeur. Il ne veut pas la perdre. La douleur familière surgit de nouveau dans ses entrailles. Séraphin s'y est habitué. Elle est comme un animal de compagnie en lui, qui lui mordillerait le ventre de façon lancinante. En revanche ses plaques rouges sont de plus en plus grandes et le démangent. Il va devoir se résoudre à voir le médecin. Mais d'abord, retrouver Grise.

Il progresse aisément dans l'obscurité naissante sur les sentiers connus menant à son coin de pêche. C'est là qu'il a vu Grise la première fois. Son instinct lui dicte d'y retourner. L'endroit se trouve à l'ouest de la clairière où la louve a combattu le chien noir, mais c'est la direction que Séraphin l'a vue prendre quand elle s'est échappée en claudiquant.

La rivière aux gardons sous le clair de lune.

L'image s'impose à son esprit depuis qu'il a commencé à marcher dans la forêt. Comme si elle l'appelait. Oui, c'est cela. Il sait, sans parvenir à se l'expliquer, que c'est là-bas qu'il la trouvera. Et qu'elle l'attend.

La forêt ne semble contenir pour l'instant aucune menace. Pour autant Séraphin serre son couteau de toutes ses forces.

Il se tient prêt à courir ou à grimper à l'arbre le plus proche, comme il l'a si souvent fait, au moindre danger.

Enfin, le chant de la rivière parvient jusqu'à lui comme une caresse familière. La lune s'est levée, presque pleine, et c'est dans sa lumière bleutée qu'il reconnaît son coin de pêche. L'herbe forme un tapis d'un vert sombre et velouté autour de ses remous. Séraphin longe sa rive, en remontant vers l'est. Il distingue dans la nuit la silhouette de sa petite cabane de pêche.

Séraphin progresse doucement à présent, en quête d'indices du passage de la louve. Si Grise a voulu faire disparaître ses traces, elle a dû marcher dans l'eau, là où la rivière est peu profonde.

Oui, il sait. C'est ce qu'elle a fait. Aussi sûrement que s'il l'avait fait lui-même. Il la voit courir péniblement vers sa tanière, à l'est du bois des Corneilles. Il sent sa douleur, la manière dont elle a ralenti sa course, n'ayant plus assez de forces pour galoper, mais juste assez pour se traîner vers la rivière. Il sent la fraîcheur de l'eau sur sa patte blessée et le sang qui s'écoule de la blessure, la privant peu à peu d'énergie et de discernement.

Soudain, dans un coude de la rivière, Séraphin devine une forme pâle, qui brille sous la lune. Il s'élance. La joie et la panique se mêlent tandis qu'il découvre le corps de Grise, étendue sur la berge humide, la langue pendante, haletante. Ses yeux vitreux le reconnaissent et s'ouvrent, immenses, comme pour l'accueillir dans leur lumière pâle. L'odeur du sang et de ses poils mouillés pique les narines de l'adolescent.

— Grise, chuchote Séraphin, s'agenouillant près d'elle. Je t'ai trouvée, tu n'as plus rien à craindre.

Le jeune adolescent hisse la louve en dehors de l'eau, tirant de toutes ses forces pour soulever son corps massif. Elle couine de douleur, tandis que le déplacement gêne sa patte déchirée par la balle.

Séraphin sort de sa besace plusieurs bandes de tissu et entreprend de les enrouler autour du membre ensanglanté de la louve, qui le laisse faire, de plus en plus faible.

— Allons, Grise, tiens bon. Je vais te conduire chez moi pour te soigner. Ma mère hurlera en te voyant allongée sur la table de sa maison, mais ne t'inquiète pas. Elle crie beaucoup, mais ensuite elle sait toujours ce qu'il faut faire. Elle a l'habitude avec moi ! Et puis je t'ai donné un nom maintenant. Tu ne peux plus me laisser. Mais ne dis à personne que j'ai le cœur tendre ! J'ai une réputation à tenir dans le village.

Tout en nouant ses bandages de fortune, Séraphin se demande comment il va transporter Grise pour la mettre à l'abri. Elle est presque aussi haute que lui et bien plus large.

— Je vais te bricoler une civière, dit Séraphin en fouillant dans sa besace pour en sortir de la ficelle. Je te tirerai jusqu'à la maison ainsi.

La louve grogne, et son corps est pris de convulsions. Elle se tord dans tous les sens, et Séraphin cherche à la soulager par ses mots, ses caresses. Mais la louve se dégage d'un coup d'épaule et se traîne à quelques mètres de lui. Ses halètements deviennent plus rauques. Grise n'aurait-elle pas d'autres blessures internes qu'il n'aurait pas repérées ? *Elle va mourir,* pense-t-il, accablé d'une horrible tristesse.

La louve se dresse alors sur ses pattes arrière et, là, dans la lumière de la lune, Séraphin voit avec stupeur l'animal changer de forme. Ses membres s'allongent, sa gueule se rétracte, ses oreilles rapetissent. Ses pattes deviennent des bras munis de longues mains et des jambes aux cuisses musclées. Son pelage disparaît peu à peu, comme avalé par une seconde peau plus puissante. Une peau nue et claire. En ombre chinoise, la silhouette de la louve devient celle d'une grande femme svelte, qui s'écroule lourdement dans les hautes herbes.

Le choc passé, Séraphin se précipite. Devant lui, inconsciente, gît une grande femme brune, entièrement nue, que l'adolescent reconnaît sans peine.

— Annette !

Elle a perdu connaissance. Séraphin s'empresse de retirer sa veste pour la recouvrir, gêné, et soucieux de la voir trembler de froid.

Elle agrippe soudain son poignet et entrouvre les yeux. Elle est pâle comme un cierge. Ses yeux sombres brillent de fièvre.

— Emmène-moi… la maison…

— Que je vous ramène chez vous ? Mais vous avez besoin de soins.

— Chez moi… pas si loin. Puis Lefranc… donne-moi… de l'eau…

Toujours ébranlé par ce qu'il vient de voir, Séraphin fait boire la guérisseuse avec sa gourde remplie d'eau fraîche. Elle boit goulûment, puis grimace de douleur. Il reconnaît sur sa jambe le bandage qu'il vient de lui faire, alors qu'elle était encore une louve, et qui pendouille mollement.

Séraphin croit rêver. Il brûle d'interroger la guérisseuse, mais il voit bien qu'elle n'est pas en état de lui répondre.

Il hisse Annette sur ses deux jambes, l'aide à revêtir et à boutonner sa propre veste qui cache à son grand soulagement son buste et ses fesses, puis passe un de ses bras autour de ses épaules. Tandis qu'il la soutient pour marcher, il sent son odeur sèche de terre et de fourrure chaude qui l'enveloppait quand elle était encore Grise.

— M… Merci, dit-elle d'une voix altérée par la douleur.

— Vous me remercierez quand vous serez saine et sauve, quand on pourra discuter de ce que je viens de voir là !

La guérisseuse grimace un sourire.

— Des réponses… oui, plus tard.

Ils progressent péniblement jusque chez Annette. De nombreuses fois, elle perd connaissance et s'écroule. Séraphin doit la ranimer, persuadé à chaque fois qu'elle ne se relèvera pas.

La louve lui était devenue familière, mais Annette l'est beaucoup moins. Il la connaît comme tout le monde au village, et il se souvient d'une fois où sa mère l'a appelée pour soigner une fièvre qui le brûlait comme du feu. Il n'était alors qu'un petit garçon maigrichon et solitaire. La guérisseuse lui avait fait boire une tisane infecte et l'avait veillé plusieurs jours. Il se souvient de son odeur de plantes, de ses mains réconfortantes, de ses yeux brillants, de sa voix grave qui semblait le tirer loin du monde des morts, et de la crainte qu'il avait d'elle. Depuis, sa mère lui voue une admiration indéfectible. Il arrive parfois que la guérisseuse vienne jusque chez Renée pour apporter des herbes médicinales en échange d'œufs ou de légumes. Elle jette alors à Séraphin des regards aigus, comme si elle voyait de lui des choses qu'il ignore.

La faiblesse qu'elle montre pendant ce trajet interminable vers sa maisonnette la rend vulnérable. Elle qui semble inaccessible et puissante lui apparaît cette nuit plus clairement, comme s'il avait entrouvert la porte vers une réalité plus intime.

Enfin, après une heure environ, ils atteignent sa maison. Elle s'écroule sur son lit et s'enroule dans une couverture en grelottant. Un chat gris s'allonge aussitôt auprès d'elle.

— Mon… bâton, demande-t-elle à Séraphin en tendant la main.

L'adolescent s'exécute et lui confie un long bâton au

pommeau sculpté en forme de serpents entrelacés, qui est posé près de la cheminée. Il ravive le feu pour réchauffer la guérisseuse. En suivant ses instructions, il fouille dans ses nombreux pots alignés sur des étagères et lui prépare un cataplasme à poser sur sa jambe, puis lui fait boire un peu de tisane. Elle serre contre elle son bâton aux serpents en marmonnant des paroles incompréhensibles.

— Le docteur Lefranc, va le chercher, mon garçon, demande-t-elle d'une voix plus ferme.

Séraphin court vers le village, dévalant la pente des chemins à toute vitesse. L'aube déchire la toile de la nuit. L'adolescent se sent lui-même déchiré, ses certitudes bousculées par la scène qu'il vient de vivre. Annette et Grise ne font qu'une. Comment se transforme-t-elle en animal ? Pourquoi la guérisseuse a-t-elle pris autant de soin à le suivre et à le protéger, lui ?

Arrivé au village, il trouve sans peine la maison du médecin et frappe à la porte. C'est le visage encore ensommeillé d'Erwan Lefranc qui lui ouvre. Ses lunettes sont de guingois et ses cheveux blond foncé en bataille.

— C'est pour Annette, lui dit Séraphin. Elle a été blessée.

L'adolescent se garde bien de donner trop de détails. Le médecin pâlit et retourne dans sa maison pour s'habiller en hâte et prendre sa mallette. Puis il suit Séraphin sur le chemin vers le bois des Corneilles.

— Dans quel guêpier s'est-elle encore fourrée ? maugrée le médecin.

— Elle… euh… a pris une balle dans la jambe pendant la chasse aux chiens errants.

— Une balle ?

Le médecin, blanc comme sa chemise fripée, hâte le pas encore plus.

HÉLÈNE

Hélène éponge le front brûlant de fièvre d'Auguste, qui gémit de douleur dans le lit que lui a attribué le docteur Lefranc. Elle veille sur l'adolescent en l'absence de sa mère, partie chercher quelques affaires. Le médecin a fait venir la jeune femme pour l'aider avec les blessés de cette infructueuse chasse aux chiens sauvages.

— Les morsures ont provoqué une infection, a dit le docteur après avoir nettoyé et recousu les plaies. Je lui ai fait une piqûre qui devrait le soulager, mais rien n'est moins sûr. La bête était sans doute enragée. L'infection pourrait se généraliser.

Berthe Lecomte a *exigé* du médecin qu'il soigne son fils en priorité. Le docteur Lefranc a tout de même entrepris d'opérer auparavant le vieux Bridonne, qui a pris une balle dans l'épaule, à la suite du tir malencontreux de César.

Dans le village, les habitants se sont réunis dans l'église pour organiser les représailles avec le maire. Lucien Grimaldi a demandé des renforts pour capturer la vagabonde responsable des incendies, empoisonnements et attaques de chiens enragés commis au village. Le récit rocambolesque des hommes partis chasser l'a visiblement laissé perplexe.

César, le jumeau d'Auguste, a juré de tuer la vagabonde dès qu'il l'aura attrapée, peu importe qu'elle soit la Dame Verte ou pas. Les esprits s'échauffent, chacun échafaudant les plans les plus farfelus pour mettre hors d'état de nuire la femme qui hante les bois : de la traque armée aux sorts de grand-mère, en passant par les prières, tout y passe.

Hélène préfère rester loin de cette agitation. Ses nerfs sont à fleur de peau. Elle a revêtu une large veste dans laquelle elle a très chaud afin de cacher son ventre qui s'arrondit à vue d'œil. Pourquoi ce phénomène se produit-il ? Elle l'ignore. Mais la rencontre avec l'âme de Michel a bouleversé sa conception du monde.

Lorsqu'elle en a fait part à Séraphin, celui-ci l'a écoutée sans se moquer d'elle.

— Je suis moi-même l'ami d'une louve sortie de nulle part, lui a-t-il révélé. Je me garderai bien de faire un commentaire sur tes apparitions.

Hélène voudrait parler à Lucie, mais Ernestine, folle d'inquiétude, ne sait pas où elle est depuis l'interrogatoire de la veille. Si ce que l'âme de Michel lui a raconté est vrai, alors la jeune femme vit une épreuve terrible. Elle doit la retrouver pour chercher une solution avec elle. Séraphin a approuvé son plan, et ils ont convenu de se retrouver le soir même pour partir à la recherche de Lucie.

Quant à sa grossesse, Hélène a compris la veille que le souci de protéger son bébé lui avait donné la force de se libérer de la présence hostile de Michel. Elle ne peut plus l'interrompre à présent : cet enfant compte pour elle. Elle s'en est ouverte à Séraphin le matin même, ne pouvant plus garder ce terrible secret. Il l'a écoutée avec une patience et un respect insoupçonnés.

— Je suis peut-être un bâtard, lui a dit l'adolescent. Mais, malgré les jugements et les difficultés, j'ai reçu de ma mère la force et l'amour nécessaires pour assumer qui je suis.

Un geignement tire Hélène de ses pensées. Auguste s'agite sur son lit. De la brute épaisse dont les coups terrorisent les plus jeunes ne reste qu'un garçon apeuré luttant contre la douleur. Hélène lui pose une serviette humide sur le front.

— Les chiens de l'enfer, gémit-il.

— Il n'y a pas de chien ici, lui répond maladroitement Hélène pour le rassurer. Ce n'est qu'un cauchemar, c'est fini à présent.

Quand elle s'adresse à lui de sa voix douce, Auguste s'apaise. Il entrouvre un œil, la reconnaît et se rendort. Comme le lui a montré le docteur Lefranc, elle lui relève un peu la tête et lui fait boire une tisane d'écorce de saule destinée à faire baisser la fièvre. Le liquide est amer et Auguste repousse la tasse tendue par Hélène, renversant son contenu sur sa chemise. Hélène saisit une serviette et l'essuie.

Je ferai une piètre mère, se dit-elle. *Je n'ai ni la douceur ni la patience qu'il faut prodiguer à ses enfants.*

— Que se passe-t-il ? demande sèchement Berthe Lecomte en entrant dans la pièce, un panier à son bras.

— Votre fils a renversé un peu de sa tisane contre la fièvre. Je suis désolée, mais sa chemise est trempée.

— Ne t'inquiète pas, jeune fille, répond Berthe, mon fils n'a jamais su boire ou manger proprement. Même blessé et inconscient, il reste un porcelet. Je lui ai apporté des vêtements propres.

Choquée par les propos de la femme du maire, Hélène l'observe retirer la chemise de son fils avec des gestes aussi secs que son regard, le faisant gémir au passage. Puis elle lui éponge le front comme si elle voulait en râper la surface pour éliminer toute trace de fièvre. Ce n'est pourtant pas sans amour qu'elle lui murmure :

— Là, là, ta fièvre baisse, mon garçon, tu vas bientôt guérir.

Quelle sorte de mère est donc Berthe Lecomte ? Le genre qu'elle serait elle-même à la longue avec un enfant né dans la honte ? Brutale, regrettant la venue au monde d'un être qui gâchera à jamais sa vie ? Non, jamais elle ne pourrait traiter son enfant ainsi.

— Mon mari dit toujours que ses fils accompliront de grandes choses, poursuit Berthe avec un regard plein de mépris. Je n'en doute pas concernant César, il a déjà le caractère d'un grand homme. Auguste… c'est moins probable. Il est encore empoté. Il risque de rester dans mes jupes encore longtemps. Pourtant c'est mon fils. N'est-ce pas mon devoir de le protéger, de lui assurer un avenir ?

Berthe se tourne vers Hélène, cherchant son approbation. Surprise, elle ne sait pas quoi répondre à cette femme qu'elle a toujours trouvée étrange.

— Oui, sans doute, bredouille-t-elle.

Elle se décide à partir.

Au même moment, Auguste ouvre les yeux, effrayé.

— Maman…

— Je suis là, mon fils, dit Berthe en s'approchant de lui. J'ai apporté un remède pour soulager ta fièvre.

Hélène observe celle-ci sortir un petit sachet de cuir de sa besace. Elle verse les herbes séchées qu'elle contient dans la tasse de son fils.

— Ne me regarde pas ainsi, dit-elle à Hélène d'un ton acerbe. Crois-tu qu'Annette est la seule à connaître l'usage des plantes ? C'est de la camomille et de l'achillée millefeuille. Les remèdes utilisés par ma mère. Si chaque femme qui connaissait les plantes se prétendait guérisseuse, le monde en serait plein. Allons, tu peux partir maintenant !

— Oui… bien sûr, dit Hélène, étonnée par l'agressivité de cette petite femme sèche.

— Les chiens, maman… répète Auguste, j'ai vu ma mort. Et tu pleurais sur ma tombe. Ils vont revenir me prendre, maman, je le sais.

Auguste se met à sangloter, les yeux emplis de terreur.

— Allons, mon fils, reprends-toi ! Tu es un homme. Ne pleure pas comme un enfant !

Hélène n'a jamais vu cette brute d'Auguste exprimer autre chose que la violence ou la moquerie. Sa terreur lui fend le cœur.

— Je vais vous laisser, bredouille-t-elle.

— Merci pour ton aide, répond Berthe avec aigreur, comme si elle avait honte de l'attitude de son fils.

Hélène sort de la pièce, remuée par tout ce qu'elle vient de voir. Dans la chambre d'à côté, Erwan Lefranc prodigue ses soins au vieux Bridonne, entre la vie et la mort.

— Où est Séraphin ? demande-t-elle.

— Je l'ai prié de porter un remède chez Annette, répond celui-ci. Elle a été blessée. Je dois y retourner dès que j'aurai fini avec Bridonne.

La guérisseuse, blessée ? Hélène n'ose pas interroger le docteur Lefranc.

Elle lui fait un signe de tête et s'éloigne. Elle ira elle-même rendre visite à Annette. De toute façon, qui mieux qu'elle saura libérer Lucie de celui qui la hante ?

Tandis qu'elle quitte le village oppressé de craintes et de suspicions malsaines, Hélène est assaillie d'une sensation étrange. De petits remous s'agitent dans ses entrailles, aussi légers que des bulles de savon. L'impression est nouvelle, comme un goût inédit. Elle pose la main sur son ventre. Les petites bulles glissent sous la surface de la peau.

Le bébé bouge.

Fascinée, Hélène s'arrête. Cela fait plus de cinq mois depuis la nuit du nouvel an. Cinq mois que le bébé grandit dans son ventre. Les nausées se sont calmées peu à peu. Elle ne ressent plus son corps comme un champ de bataille.

Il est trop tard pour agir. Elle l'aime déjà.

— Allons, murmure-t-elle, je vois bien que tu es comme moi. Un impatient.

À présent, il faut qu'elle se prépare à affronter son père.

SÉRAPHIN

— Tu as été blessée sous ta forme de louve ?

— Oui.

— Cela se voit, ta blessure n'a pas une forme habituelle.

Séraphin a cru mal entendre. Dans la maison de la guérisseuse, il se tortille sur le fauteuil devant la cheminée, gêné, son verre de cidre à la main.

— Vous… Vous saviez ? demande-t-il au docteur Lefranc, occupé à nettoyer la blessure d'Annette après lui avoir retiré la balle qui s'était logée dans son mollet.

Pâle et affaiblie, Annette esquisse un sourire.

— Tu peux lui dire, Erwan.

Erwan ? Séraphin commence à comprendre que ces deux-là sont unis par autre chose que la médecine.

— Je l'ai découvert par hasard, explique le docteur Lefranc en appliquant un produit désinfectant sur la plaie.

Annette siffle de douleur, serrant son bâton contre elle.

— Un jour, Annette m'a assisté dans un accouchement particulièrement difficile.

— Je ne t'ai pas « assisté », dit Annette d'une voix faible. Je suis venue à ta rescousse pour sauver cette pauvre femme et son bébé, et je t'ai laissé m'aider.

— Si tu veux, soupire Erwan Lefranc en levant les yeux au ciel. Tu as plus d'expérience que moi dans ce domaine. L'accouchement a duré une journée et une nuit. Finalement, nous avons mis au monde un enfant qui s'était mal présenté. La ferme était située à plusieurs kilomètres du village, isolée. Il avait neigé toute la nuit. Nous étions en plein mois de janvier.

— Février.

— Bon, si tu veux, février. Nous sommes redescendus péniblement au village. Je tirais mon cheval derrière moi, car les chemins étaient devenus impraticables. Annette était à pied de toute façon, et il était hors de question que je la laisse seule en pleine forêt, sans défense.

Annette ricane.

— Comme c'est chevaleresque !

— Je pensais l'être, en effet, répond Erwan avec un sourire. Je croyais que je devais te protéger. À l'époque, mon mariage était un échec, et ma femme était déjà retournée à Rennes, dont elle n'avait jamais eu envie de partir.

Séraphin fait une grimace. Il en a déjà trop entendu sur ces deux-là.

— Vous étiez tombé amoureux d'Annette, lâche-t-il cependant.

— Disons que j'étais sur la bonne voie ! Elle avait dû m'ensorceler.

Les deux cinquantenaires se sourient, complices, comme s'ils échangeaient une plaisanterie. Séraphin a un haut-le-cœur. Des adultes aussi vieux ne devraient pas se comporter comme des adolescents. C'est dégoûtant. Il s'empresse de chasser les images gênantes qui s'imposent à son esprit.

— Sur le chemin du retour, reprend Erwan, nous avons croisé la route d'un sanglier fou furieux.

— Une laie. Elle a cru que nous voulions lui prendre ses marcassins.

— Elle a chargé et blessé mon cheval. Je n'avais pas de fusil, et ces bêtes sont très dangereuses une fois qu'elles sont furieuses. Leurs défenses peuvent te trancher l'artère fémorale, ce qui provoque la mort en quelques minutes.

Erwan Lefranc désigne son aine, comme s'il était indispensable que Séraphin situe l'artère fémorale au bon endroit.

— Oui je sais ça, dit l'adolescent, qui ment car il n'aime pas du tout qu'on cherche à lui enseigner quoi que ce soit.

— Erwan, tu ennuies ce garçon, ajoute Annette, les yeux à moitié clos. Va au fait !

— J'y viens ! Donc la laie nous a attaqués et, là, devant mes yeux, Annette s'est transformée. Elle s'est jetée sur la laie et nous a sauvé la vie.

— Mais comment avez-vous réagi ? demande Séraphin au médecin.

— Comme toi, j'imagine, répond Erwan Lefranc. J'ai eu du mal à comprendre ce que je voyais. Et en même temps, j'ai été… ébloui.

Séraphin se tourne vers la guérisseuse et la questionne :

— Qui est au courant à part nous ?

— Personne, dit Annette, qui avale quelques gorgées de sa tisane d'écorce de saule. Ma grand-mère, qui était elle-même guérisseuse, était au courant. Mais elle est morte il y a longtemps.

— Y a-t-il d'autres gens comme vous ?

Annette le regarde fixement.

— Bien sûr. Ils sont rares mais ils existent. Cependant, je n'en ai pas encore rencontré depuis que je suis une louve.

— Quand avez-vous commencé à…

— J'avais quinze ans. J'étais en deuil, et je m'étais isolée dans la forêt, rendue à moitié folle par la douleur d'avoir perdu le seul être que j'aimais.

— Votre grand-mère ?

— Non, un garçon. Arthur. Je te conterai son histoire une autre fois.

La guérisseuse se redresse péniblement en position assise.

— Je vivais seule dans une sorte de hutte que je m'étais construite. Ma grand-mère, qui s'appelait Anne, comme moi, vint me rendre visite. « Tu dois passer l'épreuve de la solitude, me dit-elle. Si tu n'affrontes jamais les ombres qui te hantent, alors tu ne seras jamais entière. Tu ne feras que divertir ta douleur sans jamais l'affronter. Tu resteras un an seule dans cette forêt. Si tu survis, je continuerai à t'enseigner. »

— Pas commode, votre grand-mère.

— Disons qu'elle avait ses raisons. De façon extrêmement prétentieuse, je pensais que je connaissais déjà la solitude, car je n'avais jamais eu d'amis, à part Arthur, et que ma famille m'avait rejetée. La douleur que je ressentais ne pouvait être plus intense que cela, pensais-je, et je croyais qu'elle m'avait déjà purifiée, telle une lame chauffée à blanc sur la chair tendre. Je m'étais trompée.

Séraphin observe Erwan Lefranc. Celui-ci s'est assis sur une chaise, ses yeux fixés sur la guérisseuse comme une corde tendue. *J'aimerais qu'un jour quelqu'un me regarde de cette manière*, pense Séraphin.

— Le plus difficile n'était pas le froid, la faim, les blessures que je devais guérir seule, ou la peur des bêtes sauvages. Le plus difficile était l'attente. L'attente d'être sauvée. Car il me semblait que la réponse aux tempêtes qui m'agitaient viendrait forcément de l'extérieur. Qui éclairerait mes ombres ou m'en distrairait ? Qui aurait assez de force pour porter avec moi les émotions qui me faisaient trembler ? Les jours, puis les semaines passèrent. L'hiver s'installa et avec lui la nécessité de survivre. Je devins parfaitement à l'aise dans ce domaine. Ma grand-mère avait tout fait pour que je le sois. Et puis, un jour, je compris. Personne n'apaiserait mes remous intérieurs. La réponse ne viendrait pas de l'extérieur, mais de moi. Il fallait que je m'accepte. Ces ombres dont je souffrais étaient une part de mon être. Aussi bien que mes mains habiles, mes yeux vifs, mes jambes rapides. Je les laissai donc s'exprimer.

— Et c'est ainsi que vous vous êtes transformée.

— La première fois, j'ai eu peur. J'ai eu si mal que j'ai cru mourir. De nombreuses autres fois aussi. Et puis j'ai appris à réconcilier ces deux parties de moi. J'étais en partie une bête ? Qu'à cela ne tienne, j'en ferais bon usage.

— Mais pour quelles raisons ? Je veux dire, si chacun pouvait se transformer en loup, en poule ou en hérisson tous les quatre matins, ça se saurait ? Pourquoi vous ?

Annette scrute intensément Séraphin. Elle remue doucement son bâton et prononce des mots que l'adolescent ne comprend pas. Une lumière vive jaillit des deux serpents entrelacés. Une silhouette de loup s'y dessine soudain, floue comme dans un rêve. Il galope, jusqu'à un bois sombre où se trouve une grotte.

— Je suis une druidesse.

Le mot claque comme un coup de fusil, figeant le sang

de Séraphin dans ses veines. Sa mère lui a déjà parlé des druides.

— Comme ma grand-mère avant moi, et ceux qui lui ont enseigné leurs savoirs. Nous tenons nos connaissances des anciens Celtes. Elles se sont transmises de génération en génération, s'enrichissant au cours des siècles. Comme le grand Myrddin[1], je suis mi-femme, mi-bête, ainsi ai-je accès au monde des vivants et à celui des morts. Je fais le lien entre les humains et les puissances divines, et je garde le seuil qui sépare les deux mondes.

Séraphin avale péniblement sa salive, les yeux fixés sur le loup galopant dans la lumière du bâton.

— Ça ne laisse pas beaucoup de temps pour une vie de famille, tout ça, dit-il d'une voix faussement assurée.

Annette rit. La lumière de son bâton s'éteint.

— C'est ce que j'aime chez toi, confie Annette, ton irrévérence.

— Ah ? Et c'est à cause d'elle que vous me suiviez partout et que vous m'avez sauvé la vie ? hasarde Séraphin.

La douleur serre son ventre de nouveau, comme une alarme.

— C'est à cause de ce que tu es, répond la guérisseuse.

— Un bâtard ? Un voleur ? Un coureur de jupons ?

— Non.

Annette plonge ses yeux d'onyx dans les siens, clouant Séraphin à son fauteuil.

— Tu es le prochain Gardien du Seuil.

1. Nom d'un personnage de légende celte ayant inspiré le personnage de Merlin dans la légende arthurienne.

HÉLÈNE

— Tu épouseras Gwénaël Morvan, un point c'est tout ! Il fermera les yeux sur ton… état. C'est un bon garçon, il fera ce que lui dira son père.

Gwénaël Morvan est une chèvre, pense Hélène, sagement assise à sa place, à la table de la salle à manger.

Elle ne dit rien. Elle est sonnée depuis la gifle que lui a donnée son père, quelques minutes plus tôt.

Il a attendu qu'elle ait franchi le seuil de la maison et qu'elle ait bien refermé la porte. Autant sauver les apparences de respectabilité à défaut du reste.

Il l'a giflée car il a considéré, sans doute, que c'était ce qu'il y avait à faire dans ces cas-là. Comment remettre une mauvaise fille dans le droit chemin autrement ? Sa main est devenue molle juste avant d'atteindre la joue d'Hélène, hésitante, son bras ralentissant sa course à la dernière fraction de seconde. Plus que la douleur, somme toute très supportable, c'est l'humiliation qui a privé Hélène de sa langue. La honte cuisante de cette première gifle. Hélène n'est pas une fille qu'on corrige. On la dresse dans des vêtements respectables, on l'envoie à l'école, on la fait pousser comme une orchidée en pot, bien arrimée à son tuteur, et avec juste assez de place pour pouvoir respirer sans risquer qu'elle déborde. Mais la gifler ? Pas besoin. Chaque minute de son éducation est un coup de marteau sur le clou de son infériorité.

— Comment as-tu pu être aussi insouciante ? Ne pouviez-vous pas attendre quelques semaines de plus ? Je savais que Michel Mahe n'était pas un homme de bien. Un paysan, une brute guidée par ses instincts… Mais toi ? Tu es éduquée. Comment as-tu pu t'avilir de la sorte ? Ta mère aurait eu honte de toi.

Son père marche de long en large entre l'horloge comtoise et le secrétaire, sans jamais la regarder. Hélène serre les mains sur son ventre. Sous son apparente docilité, les remous de sa colère cognent furieusement contre la coque. Son bébé doit le sentir, qui gigote comme un poisson dans son bocal.

— Quand je pense que je n'ai rien vu. C'est la veuve Poirier qui m'a alerté ! « Votre fille n'est-elle pas embarrassée ? » m'a-t-elle demandé. Je n'ai pas compris tout de suite. C'était tellement vulgaire ! « Elle a grossi, vous ne trouvez pas ? On l'a vue traîner avec Annette la sorcière. » Comment aurais-je pu imaginer ? J'avais mis les quelques kilos que tu avais pris sur le compte du chagrin.

Hélène observe la salle autour d'elle. Les meubles bien cirés, les napperons au point de croix, le christ accroché légèrement de travers au-dessus du buffet à vaisselle, les livres qu'elle a tant aimé lire avec son père. Il y a peu, elle n'avait qu'une angoisse : perdre tout cela, voir son père se détourner d'elle. Aujourd'hui, ce sentiment lui paraît étrangement lointain, comme si elle regardait la pièce à travers une eau pure, dans laquelle elle apprend peu à peu à nager.

Depuis quelques semaines, son monde a été bouleversé, ses certitudes balayées. La mort de son premier amour, son corps secoué par les premiers mois de grossesse, les discours d'Annette, l'amitié de Séraphin. Et depuis hier : l'apparition de l'âme de Michel. Non, plutôt l'ombre de son âme. Comment a-t-elle pu avoir peur de la colère de son père ? Tout est bien plus grand que lui. Et en premier lieu son enfant.

— Je n'épouserai pas Gwénaël Morvan.

Sa voix est sortie de sa gorge, pleine d'agressivité contenue. Elle remet ses manches de chemise en place.

— Tu n'as pas le choix, ma fille. Tu feras ce qu'on te dit.

— Non.

Hélène se lève. Elle est calme, résolue. Son père ouvre la bouche, rouge de colère.

— Comment oses-tu ?

— J'ai voulu me débarrasser de cet enfant, c'est pour cela que j'ai vu Annette.

— Tu n'as pas fait une chose aussi abominable ? dit André Fontaine en jetant un œil au christ de travers.

Qu'y a-t-il d'aussi sacrilège dans le fait de décider pour moi-même si je veux être mère ou pas ? pense Hélène. *Cela ne regarde personne d'autre que moi.*

— Non, mais j'ai failli. Pour toi, pour t'empêcher d'avoir honte. Pour moi, pour faire semblant d'être encore la jeune fille d'avant la guerre. Mais tout ceci est vain. J'ai changé. Ou plutôt je suis enfin moi-même.

— Qu'est-ce que tu racontes, Hélène ? Tu n'as que dix-sept ans. Tu ne connais rien à la vie.

— J'en sais assez pour comprendre que, si j'épouse Morvan, je serai malheureuse toute mon existence, et mon enfant aussi.

— Le fils de mon cousin élèvera ton enfant dans une

famille respectable de banquiers. Ils n'auront pas à savoir qu'il n'est pas de Gwénaël.

— Ce garçon n'est pas bien malin, mais je suppose qu'il sait compter. Et je refuse d'agir comme si Michel n'avait jamais existé. Cet enfant est le sien.

André Fontaine met son manteau avec des gestes secs.

— Je n'ai pas le temps de discuter avec toi pour l'instant. Tu n'as pas l'air dans ton état normal.

— Je vais très bien.

— Va dormir. Tu es émotive, comme ta mère.

— Je n'ai jamais été émotive.

— Nous parlerons demain quand tu auras retrouvé la raison. Je suis attendu pour participer à une battue cette nuit pour débusquer la vagabonde.

— Demain, je n'aurai pas changé d'avis.

Son père tape du poing sur la table.

— Je n'élèverai pas un bâtard dans cette maison, au-dessus de mon école.

Le tic-tac oppressant de la comtoise creuse une tranchée de plus en plus profonde dans le silence.

— Alors je partirai. Chez grand-mère.

— Crois-tu que ta grand-mère maternelle t'acceptera dans sa maison bourgeoise, avec tous ses amis, dans ton état ?

Hélène repense à la femme fantasque qu'elle a côtoyée quelques années plus tôt au moment de son entrée au collège de jeunes filles. À sa liberté de ton.

— Je pense que oui.

— Je te l'interdis. Tu es sous ma responsabilité. Tu es une femme, tu n'as aucun droit, ni sur tes déplacements ni concernant ton enfant. Je serai son responsable légal et je déciderai pour lui.

Comme en écho aux paroles de son grand-père, le bébé remue, appuyant sur la vessie de sa mère. Elle place ses mains de chaque côté de son ventre, comme si elle pouvait le contenir. *Ne t'inquiète pas, cet homme ne décidera plus rien pour nous.*

Au moment même où son père s'apprête à quitter leur appartement au-dessus de l'école, un bruit sourd retentit sous leurs pieds. Des bruits de chutes, de fracas.

— Bon sang, que se passe-t-il encore ? rugit André Fontaine. Le monde est-il devenu fou ?

Il descend les escaliers menant aux salles de classe plongées dans le noir. Dans l'une d'entre elles, une silhouette sombre renverse tables et chaises, jetant le contenu des étagères au sol.

— Arrêtez ! crie l'instituteur en se précipitant vers l'intrus.

Hélène sent une odeur écœurante en arrivant derrière son père. Une odeur âcre qui brûle son nez et sa gorge. Du pétrole.

— Papa ! Recule !

Avant que son père ait pu l'atteindre, l'intrus craque une allumette qui éclaire brièvement son visage. Ses yeux croisent ceux d'Hélène, qui a un haut-le-cœur.

L'allumette tombe au sol. Le feu jaillit à toute vitesse, se propageant dans la salle de classe avec un rugissement féroce.

André Fontaine bat en retraite, renonçant à poursuivre le pyromane qui saute par la fenêtre.

Il se précipite à l'extérieur pour donner l'alerte.

Hélène le suit, encore retournée par ce qu'elle vient de voir : elle a reconnu le visage de Lucie. Mais, en superposition, ce sont bien les traits pleins de fureur de Michel qui ont défié son père. Son fiancé lui a promis la vengeance contre ceux qui les ont envoyés au front, mais pourquoi s'en prendre aux habitants du village ? Et Lucie ? A-t-elle eu le choix, ou Michel l'a-t-il contrainte ?

Dehors, les gens affluent, alertés par les cris de l'instituteur. On remplit des seaux d'eau au puits. On forme une chaîne. On tente d'arrêter l'incendie de l'école. Au même moment, le groupe destiné à faire la battue s'est réuni autour de son père.

— J'ai vu la vagabonde ! Elle courait vers l'Angeluère !

— C'est la Dame Verte ! Elle s'enfuit au bois des Corneilles !

Aussitôt, les hommes se mettent en marche vers la sortie du village. Leurs torches éclairent les visages haineux et pleins de rage. « On va mettre fin aux destructions ! Qu'on attrape la vagabonde ! Qu'on la pende ! »

— Elle est là ! crie le boulanger Marcel Petit, qui boîte encore, blessé par les chiens de l'enfer.

Il désigne une silhouette au bout de la rue, qui se retourne prestement avant de s'enfuir vers le bois des Corneilles.

Hélène voit avec horreur les hommes se lancer à sa poursuite.

Sauve-toi, Lucie, pense-t-elle. *Sauvez-vous tous les deux !*

ANTOINE

La colère irradie du groupe qui monte le chemin de l'Angeluère comme un courant électrique. Antoine sait reconnaître à présent l'imminence de la violence. Ces hommes-là veulent châtier, au besoin sans discernement.

De son promontoire, près de la fontaine aux Soupirs, il voit leurs torches éclairer le sous-bois par intermittence.

Une silhouette sombre file à toute vitesse à quelques mètres au-dessus d'eux, se faufilant entre les arbres. La lumière de la lune permet à Antoine de l'apercevoir. Elle se déplace très vite, mais ses mouvements sont incohérents. Parfois elle s'enfuit vers l'Angeluère, parfois elle revient vers ses poursuivants, comme si elle était prête à leur chercher querelle. Elle semble indécise.

Est-ce la Dame Verte ? Antoine est venu pour l'affronter, près du lieu où elle lui est apparue la première fois. *Allons, qu'on en finisse. Je lui dirai que je refuse de payer ma dette, et seul j'en subirai les conséquences,* a-t-il décidé.

Cependant, la silhouette qui progresse devant les hommes enragés est plus mince, ses mouvements moins sauvages que ceux de la Dame Verte. Il y a dans ses déplacements une hardiesse familière. Antoine a un mauvais pressentiment.

Il descend précipitamment la pente qui mène au hameau de l'Angeluère, l'estomac tordu par l'inquiétude.

En arrivant dans la cour, il a le temps de voir la silhouette se faufiler derrière la maison des Mahe et grimper dans le pommier pour atteindre les fenêtres du premier étage avant de s'y engouffrer. C'est bien ce qu'il pensait.

Lucie.

Les hommes arrivent dans la cour de l'Angeluère. Ils sont une vingtaine, brandissant comme un étendard leur virilité humiliée par la vie à l'arrière.

— Je vous l'avais dit, crie André Fontaine. C'est bien Lucie Mahe que j'ai reconnue.

Le boulanger renchérit :

— J'ai toujours su qu'elle n'était pas une fille respectable.

— Impossible, dit un autre. Lucie ne commettrait jamais ce genre d'actions !

— C'est elle ! Je l'ai reconnue, répète André Fontaine.

— Maintenant que tu le dis, on la voit beaucoup traîner ces temps-ci.

— Et elle était avec le pauvre Victor au moment de sa mort ! crie Joseph Lecomte. Elle n'est plus dans son état normal depuis la disparition de son frère.

Leur résolution s'affermit.

— Lucie Mahe ! Sors de chez toi ! ordonne le maire.

Un silence tendu lui répond.

Antoine se rapproche, mais reste à couvert, son fusil à la main. S'il pouvait atteindre discrètement l'arrière de la maison, il pourrait emmener Lucie en lieu sûr. Il voit certains hommes se disperser pour encercler le logis. La lumière est allumée aux fenêtres, mais rien ne bouge.

— Allons, Lucie, sors de là ! Nous t'avons vue ! Tu vas devoir répondre de tes actes.

La satisfaction du maire est indécente. Antoine en a vu beaucoup, des hommes comme lui sur le champ de bataille. Des grandes gueules prêtes à en découdre pour affirmer leur petit pouvoir.

La porte s'ouvre d'un coup sur Ernestine, qui se dresse fièrement, les mains sur les hanches.

— Qu'est-ce que vous faites tous ici, dans la cour de ma ferme, pleins de colère ?

— Dis à ta fille de sortir, Ernestine, déclare le maire. Elle a commis des actes de vandalisme au village.

Le visage d'Ernestine se durcit comme la lame que le forgeron plonge dans l'eau.

— Personne ne viendra prendre ma fille dans ma maison…

Le bruit d'un fusil qu'on arme fait écho à ses paroles. La grande Renée sort de l'ombre et se dresse soudain à ses côtés. Son fusil tient les hommes en joue.

— … et surtout pas un groupe d'incapables à moitié ivres qui se prennent pour les sauveurs du monde, termine Ernestine.

Certains hommes ont un mouvement de recul. Au village, on respecte Ernestine, et on redoute le fusil de Renée.

— Votre fille a mis le feu à mon école, je l'ai vue, assène André Fontaine.

— Il fait nuit. Comment pouvez-vous être sûr que c'était bien elle ?

— Allons, Ernestine, ne soyez pas entêtée, conseille le maire d'un ton paternaliste. En l'absence de son père, Lucie a pu sortir du droit chemin. Beaucoup d'entre nous l'ont vue traîner dehors sans raison. Elle a pu perdre la raison sur le coup du chagrin.

— Ma fille n'a rien fait de tel. Jamais mes enfants n'ont causé d'ennui dans ce village. Si vous avez des accusations contre elle, faites venir les gendarmes. Je ne la livrerai pas à une bande d'imbéciles prêts à la pendre.

— Ernestine, vous n'êtes pas raisonnable, reprend le maire d'un ton doucereux. Jamais nous ne ferions de mal à votre fille. Nous voulons juste l'interroger pour résoudre ce mystère.

— Je ne vous laisserai pas l'emmener, j'ai dit ! La guerre m'a déjà pris mon mari et mon fils pour défendre votre satanée patrie. Il faudra me passer sur le corps pour emporter ma fille. N'approchez pas !

Tout en admirant le courage d'Ernestine, Antoine se demande comment il va sortir Lucie de ce guêpier. L'exaspération des hommes au village est telle qu'ils sont bien capables d'entrer dans la maison de force. Certains se sont décalés sur la gauche pour prendre Ernestine à revers.

Un coup de feu retentit, faisant sursauter toute l'assemblée. La voix de Renée retentit :

— Elle a dit : « N'approchez pas ! »

— Tu aurais pu m'arracher la jambe, espèce de folle, crie Marcel Petit aux pieds desquels Renée vient de tirer.

Antoine rit intérieurement. Séraphin lui a souvent raconté que sa mère était une tireuse hors pair. Tandis que le maire continue à parlementer avec Ernestine, un chuchotement attire l'attention d'Antoine derrière lui. Il se retourne. Cachée derrière un buisson, Élise, sa mère, lui fait signe de la rejoindre. Elle disparaît presque complètement sous un grand châle noir qui recouvre ses cheveux blonds.

— Que… que fais-tu là, maman ? C'est dangereux ! Rentre à la maison !

— Écoute-moi ! dit Élise d'un ton impérieux. Je vais faire diversion, et toi, tu aideras Lucie à sortir.

— Diversion ?

— On ne t'a pas appris ça au front ? Dès que les hommes se seront lancés à ma poursuite, va chercher Lucie et courez chez Annette. Ma sœur saura la protéger !

— Ma… maman, non, c'est trop risqué !

— Ne t'inquiète pas ! Renée va me couvrir !

Et sur ces mots, la frêle Élise, le visage dissimulé dans sa capuche, se lance dans le chemin opposé au bois des Corneilles en faisant le plus de bruit possible.

— Là ! crie André Fontaine. Là voilà ! Elle s'enfuit de nouveau !

Les hommes exultent et se précipitent à la poursuite d'Élise, qui a déjà disparu dans le sous-bois.

Ernestine tombe à genoux en sanglotant. Ses pleurs sonnent faux à l'oreille d'Antoine. Les trois amies avaient un plan. Le maire lui tapote l'épaule d'un geste protecteur et lui parle à l'oreille.

Antoine se glisse furtivement vers l'arrière de la maison des Mahe. Il se hisse péniblement sur le pommier, sa main artificielle glissant sur le bois humide. Il grimpe sur la branche la plus épaisse, celle que Michel et lui utilisaient autrefois, puis entre dans la chambre de Lucie.

Il fait noir.

— Lucie, appelle Antoine. C'est moi.

Une faible lueur grisée attire son attention près du lit. Il s'approche silencieusement.

Lucie est prostrée par terre, contre son lit. Tient-elle une lampe ? Une lueur argentée pulse sous son visage enfoui dans ses bras.

— Lucie…

— Antoine, j'ai honte… prononce-t-elle en enfonçant la tête dans ses bras plus loin encore, comme si elle voulait l'en arracher.

Sa voix est plus grave que d'habitude, plus sombre. Antoine est secoué d'un frisson. Cette voix réveille des souvenirs au bord de sa conscience, qu'il ne parvient pas à saisir.

— Tout… tout va bien, murmure Antoine en s'agenouillant devant elle, nous… allons chez ma tante pour ce… soir. Tu y seras en sécurité, puis tu m'expliqueras.

— Tu ne comprends pas…

Lucie lève sa tête. Antoine a un violent mouvement de recul et tombe sur ses fesses.

— Nous avons commis des actes horribles depuis qu'il est revenu. Nous sommes devenus des criminels, des monstres.

Nous. Le visage de Lucie, baigné de larmes, est étrangement brouillé. Les expressions qui l'animent le transforment. Il y perçoit une colère qui n'est pas la sienne. Antoine reconnaît aussitôt ces mimiques familières.

— Michel…

Lucie grimace et ce sont ses traits de nouveau.

— Je ne voulais pas, gémit-elle, il m'y a forcée.

Puis le pli serré des lèvres et les sourcils froncés de Michel, qu'il a vus si souvent, reviennent. Antoine est catapulté d'un coup dans la tranchée, avant que son ami soit pulvérisé par l'obus. Il a disparu si vite qu'il lui a fallu des jours entiers pour accepter sa mort. Maintenant il est là. Ses yeux familiers le fixent, brûlants de désespoir.

— Aide-moi, mon frère, implore sa voix grave qui surgit des lèvres de Lucie.

Son visage est un masque qui déforme les traits de sa sœur.

— Antoine, je n'ai pas voulu cela, répète la voix de Lucie, s'échappant de ses lèvres crispées.

Ses expressions sont de retour, plongeant le jeune homme dans la confusion. Le masque se fend encore. La voix de Michel retentit de nouveau :

— Aide-nous, sinon elle va mourir.

Le visage de Lucie se crispe soudain et elle pousse un long gémissement. Des filets de brume argentée sortent de sa bouche, de son nez, même de ses yeux. La sensation a l'air douloureuse. Elle se tord jusqu'à ce que ce soit fini.

La brume argentée flotte un instant dans les airs. Antoine y reconnaît le visage de Michel, qui plante ses yeux dans les siens. La honte brouille son regard. Cela ne dure qu'un court instant, puis la matière s'échappe dans la nuit d'un noir d'encre.

Lucie respire péniblement. Elle se jette dans les bras d'Antoine, encore sonné.

— Emmène-moi. Emmène-moi vite.

Elle tremble tant que ses dents claquent. Antoine ferme la porte à ses questions. Il faut agir vite, comme dans la tranchée.

— Lu… Lucie, lève-toi…

— Ah, vous êtes là…

Ernestine a surgi dans la chambre, un gros sac de voyage à la main.

— Filez avant que ces imbéciles ne comprennent qu'ils sont en train de poursuivre Élise. Lecomte est parti.

Il ne reste plus rien sur le visage d'Ernestine de l'air désespéré qu'elle arborait devant le maire il y a dix minutes. Derrière elle, Jean se tient dans l'encadrement de la porte, se faisant le plus petit possible dans sa chemise de nuit.

— Mais, demande Antoine, ma mère ne risque-t-elle pas…

— Ne t'inquiète pas, mon garçon, dit Ernestine en remplissant son sac des vêtements de sa fille, Élise connaît mieux les cachettes de la forêt que tous ces crétins réunis. Quand tu étais bébé, elle s'enfuyait souvent avec ton frère et toi, la nuit, pour échapper aux coups de ton père.

— Vrai… ment ? Elle ne me l'a jamais dit.

— Et puis Renée les suit avec son fusil si jamais ça tourne mal.

Ernestine se tourne vers sa fille.

— J'ignore ce qui se passe, mais je veux que tu ailles te mettre en lieu sûr cette nuit, chez Annette.

Lucie hoche la tête, incapable de parler. Elle tremble encore comme une feuille. Jean s'approche et prend la taille de sa sœur dans ses petits bras.

— Ne t'inquiète pas, Lucie, ce sera bientôt fini, la rassure-t-il.

— Maman, je suis désolée, sanglote Lucie. J'ai voulu t'en parler plus tôt, mais…

— Je te rejoindrai demain et tu m'expliqueras. Là tu dois te mettre en sécurité. Antoine t'accompagne. Nous trouverons une solution ensuite. Allez-y.

Ernestine les fait descendre, puis sortir de la maison par la porte du cellier, après avoir vérifié que personne n'était en vue.

— J'ai confiance en toi, ma fille. Je connais ton cœur. Je sais que tu n'as rien fait de mal de ton plein gré.

Ernestine embrasse sa fille avant qu'Antoine entraîne Lucie sur le chemin si familier qui mène au bois des Corneilles. Il se retourne un instant. La maison est de nouveau plongée dans l'obscurité. Seule la silhouette du petit Jean se découpe derrière la fenêtre du premier étage. Sa main s'agite pour dire au revoir, enfantine, mais ses yeux sont plus résolus que jamais.

SÉRAPHIN

— Il est hors de question que je m'enferme dans une cabane perdue au fond de la forêt, à touiller des herbes et surveiller je ne sais quelle porte mal fermée ! Dès que j'ai assez de pèze[1], je me tire d'ici !

Séraphin tourne comme une panthère en cage dans la pièce unique de la maison d'Annette. La druidesse l'observe, à demi allongée dans son lit. Elle a repris des couleurs depuis que le docteur Lefranc lui a prodigué ses soins. Contre son flanc, Chasseur, le chat, dort paisiblement, indifférent à l'agitation de l'adolescent.

— Je ne « touille » pas les herbes, dit Annette en reniflant d'un air dégoûté. Je suis guérisseuse. Je t'ai sauvé la vie autrefois.

— Je le sais, ma mère me le répète tout le temps. Au fait, c'est à ce moment-là que vous m'avez choisi comme successeur ?

— Je n'ai rien choisi. Tu es né la nuit du solstice d'hiver, une nuit sacrée. Le petit peuple m'a avertie qu'un enfant béni était né.

1. Mot familier désignant l'argent.

— C'est bien la première fois que j'entends le mot « béni » pour qualifier ma naissance, dit Séraphin d'un ton amer. Et vous êtes sûre que vous ne vous êtes pas trompée de bonhomme ? Je ne connais même pas mon père ! Ne me dites pas que c'était un gars comme vous.

— Non.

— Vous savez qui est mon père ?

Séraphin s'en veut de l'espoir contenu dans sa question. La douleur familière s'est sournoisement réveillée dans son abdomen.

— Non, mais peu importe ! Ce n'est pas de lui que tu tiens ce don.

Séraphin cesse son mouvement.

— De ma mère ?

— Oui. Ta mère n'a aucun don, à part bien sûr son courage et sa détermination. Mais sa grand-mère l'avait. Ma grand-tante, la sœur de ma grand-mère. Elle est morte en couches en mettant au monde la mère de Renée.

— Comment ça ? Nous sommes cousins ?

— Oui, cousins éloignés. Ta mère sait d'ailleurs que nous sommes apparentés. Ce n'est pas rare dans les familles qui restent longtemps dans le même village.

— Et il n'y avait pas d'autres candidats, dans cette grande et belle famille ? De toute façon, ça ne change rien. Je ne serai pas druide. On ne vous a pas dit que je n'étais pas exactement la recrue idéale pour ce genre de travail ?

Annette soupire.

— Rien ne t'oblige à exploiter les dons que tu as reçus. Mais je ne serai pas éternelle. Il faudra bien que quelqu'un prenne ma place pour garder le Seuil.

— Oui bah, vous trouverez un autre zouave[1], parce que moi j'en ai plein le dos de vos histoires. Des apparitions ! Des femmes-loups ! Des chiens grouillant de vers qui ressuscitent à chaque coup de fusil ! Elle n'est pas très fiable, cette porte sacrée. Il va falloir songer à faire une petite réparation.

Nerveux et en colère, Séraphin prend sa besace et se dirige vers l'entrée.

— Bon, vous allez mieux, je m'en vais.

— Ce n'est pas seulement à cause de tes dons que je t'ai laissé voir ma forme de louve…

Séraphin reste suspendu, la main accrochée à la poignée de la porte.

— … c'est aussi parce que je t'aime bien.

Une émotion intense envahit l'adolescent. Ainsi son amitié avec Grise n'a-t-elle pas été une illusion. Au moment où il s'apprête à répondre, on frappe à la porte. Des coups rapides et précipités.

— Ouvre, c'est mon neveu, dit Annette en se redressant en position assise.

Séraphin tire la porte vers lui, découvrant Antoine et Lucie, visiblement bouleversés.

— Annette, aide-nous s'il te… te plaît. Lucie est poursuivie par les hommes du village.

— Entrez !

La guérisseuse se relève péniblement et boite jusqu'à Antoine, appuyée sur son bâton. Elle le prend dans ses bras, puis les installe sur un banc, devant la table. Séraphin demeure sur le seuil de la petite maison, hésitant.

— Séraphin, si tu ne sors pas, ferme la porte et sers un bol

---

1. Désignait initialement les soldats algériens d'un corps d'infanterie colonial créé en 1830. Puis le mot est devenu familier pour désigner un individu excentrique, original.

de soupe à Antoine et à Lucie.

Séraphin pousse un soupir. Il retire sa veste et va chercher deux bols.

— Je vous préviens, ce n'est pas parce que je vous obéis maintenant que ça change quelque chose !

Tandis qu'Annette s'assied sur son fauteuil recouvert d'une peau de sanglier, et que Séraphin leur apporte de quoi manger, Lucie relate les événements des dernières semaines : l'arrivée de l'âme de son frère, la promesse qu'elle lui a faite de le garder en elle pour qu'il survive, les méfaits qu'il a commis en se servant de son corps. Elle omet cependant de mentionner les pouvoirs transmis par la Dame Verte, de peur de leur faire horreur.

Séraphin en oublie de manger. Sa cuillère pend mollement au-dessus de son bol de soupe. Hélène lui a déjà fait le récit de sa rencontre avec l'esprit de son fiancé. Comment est-ce possible ? Il observe Annette, qui ne semble pas étonnée qu'une âme puisse occuper le corps de quelqu'un d'autre. Il retient une grimace de dégoût. Comment a-t-il pu côtoyer Lucie des jours entiers sans se rendre compte de rien ?

La voix grave de la jeune femme, brisée par les remords, remplit la petite pièce. Antoine l'écoute avidement, confirmant à Séraphin qu'il est vraiment mordu.

— J'étais là quand les chiens ont tué Victor Renard. Michel était en colère car il avait pris des libertés avec moi. Il a appelé la Dame Verte et ses molosses l'ont égorgé.

— Victor Renard a été tué par les chiens de l'enfer. Tu n'y es pour rien, assène Annette.

— Je crois que Michel a voulu sa mort et que la Dame Verte a… exaucé son vœu… Je me souviens des cris, des bruits horribles !

— J'ai du… mal à croire que Michel puisse faire une chose pareille, dit Antoine.

— Il a changé, répond Lucie. Il est tout le temps en colère à présent.

— Il a tenté de s'emparer du corps d'Hélène, il y a deux jours, ajoute Séraphin. Le Michel d'autrefois n'aurait jamais commis une chose aussi abominable.

Le souvenir du récit d'Hélène lui fait froid dans le dos.

— Je sais, dit tristement Lucie. J'ai tenté de l'en empêcher. Il est devenu comme fou quelques instants.

— Hélène affirme que ce n'est pas Michel, dit Séraphin. Qu'il n'est que l'ombre de celui qu'il était.

— Je l'ai reconnu, assène Lucie, en colère. C'est bien l'âme de mon frère !

— Pou… pourtant ce que tu décris ne lui re… ressemble pas… répond Antoine avec douceur. Il n'y a jamais eu de mal en lui. Même dans l'horreur du combat, je ne l'ai jamais vu haïr.

— La guerre ne vous a-t-elle pas transformés, tous les deux ? rétorque Lucie, soufflant sur les boucles qui tombent devant son visage. La guerre n'a-t-elle pas fait de toi aussi un tueur, Antoine Lefresne ?

Antoine accuse le coup.

— Oui, tu… as raison. Il fallait voir ce que la peur de mourir nous faisait faire. Dans les combats, c'est comme si je de… devenais un autre, un homme-bête, un homme-sang qui veut percer et déchiqueter de toutes ses forces, avant d'être transpercé lui-même. Alors moi aussi j'ai de la co… colère contre ceux qui nous ont en… envoyés là-bas. Pourtant, je refuse de… faire du mal à qui… que ce soit à présent.

Annette lève son bâton. Les flammes du feu grandissent

soudain, éclairant les visages qui s'affrontent. Aussitôt, tous se tournent vers la guérisseuse. *Finalement,* se dit Séraphin, *si être druide c'est produire ce genre d'effet, ce n'est peut-être pas si mal.*

— Vous parlez tous de bonne foi. Mais vous oubliez que Michel est mort. Ce qui reste de lui n'est qu'une partie de ce qu'il était. Il existe des âmes perdues, qui ne sont plus tout à fait ici ni tout à fait ailleurs, que le sort a privé de corps avant que leur heure ne soit venue, et qui déploient une force terrible pour ne pas nous quitter. Je les entends parfois, elles viennent me supplier de leur apporter mon aide. Certaines sont en colère et ont juste besoin d'être entendues avant de partir. D'autres, bien sûr, cherchent à se venger des vivants responsables de leur malheur. Vous souvenez-vous de la mort tragique de Pierre Martin, qui s'est jeté du toit de sa grange ? N'est-ce pas étrange que cet homme ait renoncé à la vie au moment où ses affaires étaient les plus prospères, et où il était prêt à se remarier ? Je sais, moi, que sa précédente femme, morte en couches, ne supportait pas qu'il recommence sa vie sans elle, et qu'elle l'a poussé vers sa mort.

Séraphin imagine avec horreur le cortège des esprits des disparus, circulant comme un vent furieux et traînant avec eux les vivants sacrifiés à leur colère.

— Beaucoup de ces âmes perdues, poursuit lentement Annette, parce qu'elles sont trop faibles, s'accrochent à un corps vivant qu'elles envahissent…

Tous les visages se tournent vers Lucie.

— … et qu'elles épuisent.

Antoine se rapproche de Lucie sur le banc.

— Co… comment faire, Annette ? Comment libérer Lucie ?

— Je ne veux pas lui faire du mal, dit Lucie. C'est mon frère.

— Non.

Annette s'est levée. Il semble à Séraphin que, malgré sa blessure, elle est encore plus grande que d'habitude.

— Ce n'est plus ton frère, mais son ombre. De lui, il ne reste que la colère, la peur, le désespoir. Il n'a pas hésité à te transformer à son profit.

— Transformer ? demande Antoine, le regard grave.

— Comment le savez-vous ? dit Lucie.

— Les veines noires sur ton corps.

Lucie cache précipitamment ses bras sous sa veste. Antoine se redresse et s'approche de sa tante.

— Les cicatrices… Est-ce grave ? Peux-tu la li… libérer de cela ?

— Non.

La réponse de la druidesse tombe comme un couperet.

— C'est le sort de la Dame Verte. Je ne peux pas le défaire. Mais je ne crois pas que Lucie en mourra.

— Je ne peux pas vivre normalement comme cela, murmure Lucie.

Elle se lève brusquement et saisit un tison dans la cheminée. Sans aucun effort, elle l'enroule sur lui-même comme le corps d'un serpent, provoquant la stupéfaction de tous.

— Je suis un monstre…

— Pou… pourquoi a-t-il fait cela ? demande Antoine.

— Il voulait se servir de sa force pour protéger son enfant.

La voix d'Hélène retentit derrière eux, les surprenant tous.

Elle se tient devant la porte ouverte, une valise à la main. Dans son dos, les premières lueurs de l'aube fendent la nuit. Son ventre proéminent la précède dans la pièce.

— Alors là, dit Séraphin, savourant l'air surpris de la druidesse, j'ai peur qu'on commence à manquer de lits !

Tandis que le soleil réchauffe peu à peu la clairière des Ormes, Antoine fait lui aussi le récit des apparitions de la Dame Verte, et du prix qu'elle lui réclame pour l'avoir privé de son père.

— Pourquoi ne nous as-tu jamais dit qu'elle t'avait parlé ce soir-là ? demande Lucie. Nous t'aurions cru, avec Michel.

— J'a… j'avais honte, répond Antoine. J'ai souhaité la mort de mon père presque tous les jours de mon enfance. La Dame Verte ne faisait que réaliser le souhait le plus secret, mais le plus fort de mon âme. Et même si cette culpabilité me ronge en… encore, je dois dire que notre vie a été plus simple après sa mort.

— Tu n'étais qu'un enfant, dit Hélène. La Dame Verte a pris pour argent comptant un vœu qui n'était que symbolique. Tu n'as pas à t'en vouloir.

— Dommage que je ne l'ai pas croisée, cette Dame Verte, dit Séraphin. J'aurais eu quelques noms à lui soumettre !

Les heures glissent en ayant perdu leur sens. La lumière change dans la chaumière, éclairant les quatre visages qu'Annette contemple. Parfois elle demande à Séraphin de leur servir à boire ou à manger. Elle reste allongée, sentant les chairs de sa jambe se reconstruire grâce à la magie.

Devant ces quatre personnes déjà écorchées, au seuil de leur vie d'adultes, Annette ressent un élan d'affection. Elle aimait déjà Antoine comme un fils et s'était entichée il y a peu de ce gamin facétieux béni des fées, mais elle savoure à présent le plaisir de voir sa solitude bouleversée par l'entrée fracassante des deux jeunes femmes dans sa maison.

Elle observe Lucie, débarrassée de ses traits d'enfant, qui lutte contre la magie qui la transforme, refusant d'en faire usage, comme elle-même auparavant lorsqu'elle est devenue louve. Toujours près d'elle, Antoine brûle d'un feu intérieur qu'il ne laisse jamais accessible aux regards, cherchant à le contenir dans son ancienne peau. Quand laissera-t-il sa force s'exercer ?

Hélène, quant à elle, fait sa mue. Il ne reste pas grand-chose de la jeune fille de bonne famille terrorisée qui est venue la trouver pour faire passer son enfant. Ainsi a-t-elle choisi de le laisser exister. Hélène place les mains de chaque côté de son ventre, comme pour contenir son développement, tandis qu'elle réussit péniblement à faire part de sa rencontre avec l'ombre de Michel.

— Il n'est plus lui-même, dit Lucie à son amie. Le Michel d'autrefois n'aurait jamais fait une chose pareille. Il avait peur. Je comprends ton envie de garder cet enfant. Moi je ne l'aurais pas fait. Mais je t'aiderai, tu peux compter sur moi.

Enfin, Séraphin raconte son affrontement avec les chiens de l'enfer et leur capacité à survivre après avoir été blessés à mort. D'après ce qu'il a vu et entendu, la chair des créatures croît au fur et à mesure des meurtres commis. Ils deviennent plus forts chaque jour jusqu'à ce qu'ils soient tués de nouveau. Alors, ils ressuscitent sous leur forme initiale : affaiblis et squelettiques. Ces affirmations remplissent les autres d'horreur.

— C'est pour cela qu'on les nomme les Trois Qui Ne Peuvent Pas Mourir, précise Annette. Les serviteurs de Lug. Autrefois, des guerriers celtes ont fait appel à eux pour vaincre leurs ennemis. Mais ils sont devenus incontrôlables. La grande druidesse Aïfé[1] les a finalement repoussés dans le monde des morts, où ils sont restés prisonniers. Jusqu'à ces derniers temps…

---

1. Dans la mythologie celtique irlandaise, Aïfé est une grande guerrière et une druidesse.

Les récits des uns et des autres ont maintenu les quatre jeunes gens éveillés pendant toute une nuit et une journée.

Au moment où la nuit recouvre de nouveau le jour de son voile d'ombre, ils reçoivent la visite d'Ernestine, venue vérifier que sa fille allait bien. Lucie prend sa mère à part, l'entraînant dans une promenade. Ernestine revient pâle et les yeux rougis.

— Prends soin d'elle, je t'en supplie, demande-t-elle à Annette.

— Ta fille va vivre, lui assure la guérisseuse. Et nous aiderons ton fils à rejoindre l'Autre Monde. Il retrouvera la paix, et nous aussi. Veille sur Jean.

Ernestine acquiesce, puis redescend au hameau, plus épuisée que jamais.

Pendant le dîner, composé d'une soupe, d'un pâté de lièvre et d'un gros pain croustillant, les quatre jeunes gens élaborent un plan. Annette leur conseille de se rendre sans attendre au château du-Rocher, l'ancienne demeure de la Dame Verte, afin de trouver un objet lui ayant appartenu quand elle s'appelait encore Éléonore de Bouillé.

— Ainsi pourrai-je formuler le sort permettant de la repousser dans le monde des morts. Elle ne pourra plus réclamer à Antoine de lui rendre son enfant. Ensuite, nous chercherons à soulager l'ombre de Michel afin qu'il accepte de quitter le village et de renoncer à ses désirs de vengeance.

— Sais-tu qui a ouvert le Seuil en premier lieu ? demande Lucie.

— Non. J'ai cherché partout les traces de celui ou celle qui a profané la terre sacrée, mais je n'ai encore rien trouvé.

— Pourquoi ne pas l'avoir refermé aussitôt ? demande Séraphin avec impertinence. C'est votre travail non ?

Annette lui jette un regard noir.

— Me crois-tu donc stupide, jeune insolent ? Penses-tu qu'il serait sage de refermer le Seuil avant d'avoir rendu la Dame Verte et les Trois Qui Ne Peuvent Pas Mourir au monde des morts ? Par ailleurs, fermer le Seuil nécessite de faire un sacrifice de sang. Crois-tu cela si aisé ?

Séraphin baisse la tête, mouché par la druidesse.

— Je n'y avais pas songé, marmonne-t-il.

— Je choisirai un animal imposant, comme un cerf ou un sanglier. Espérons que cela suffira. Sinon il faudra sacrifier un autre être humain.

Un silence pesant s'abat sur la maisonnette.

— Par ailleurs, reprend Annette. Mes pouvoirs sont grands mais ne suffisent pas. C'est pour cela que j'ai besoin de vous tous.

Quand la nuit noire obscurcit la clairière, les quatre jeunes gens, épuisés, acceptent l'accueil d'Annette, qui les installe au grenier. Ils se blottissent les uns contre les autres sur la paille, enroulés dans des couvertures tricotées par la guérisseuse.

— Comment être sûrs que personne ne viendra nous chercher querelle ? demande Lucie, inquiète à l'idée de voir revenir les villageois.

— Je suis une druidesse, ma fille, répond Annette. Tu crois que je me contente d'une simple serrure pour fermer ma maison ? J'ai semé plus de sorts de protection autour de mon logis qu'il n'y a de poux sur la tête de Séraphin.

HÉLÈNE

La barque fend les eaux noires du lac, tandis qu'Hélène observe les ruines de l'édifice qui se découpent dans le ciel nocturne. Les deux tours aux toits pointus se dressent fièrement de chaque côté d'un grand corps de logis en granite, drapé dans un manteau de lierre. La lune se reflète sur les ardoises à moitié arrachées par les vents, la pluie et la négligence. Des feuilles de nénuphar s'écartent au passage de la barque, reformant leur élégant tapis derrière eux.

— Le château a été abandonné par la famille héritière après la Révolution, murmure Lucie, qui donne de grands coups de rames sans aucun effort apparent. Depuis, il a été pillé de nombreuses fois, et personne ne l'a jamais habité. On dit que la Dame Verte y apparaît à cheval ou à pied, effrayant tous ceux qui cherchent à s'approcher. D'autres prétendent que le château est maudit.

Son visage pâle est éclairé par la lampe-tempête qu'ils ont emportée avec eux. Ses traits tirés, ses yeux sombres enfoncés sous l'arc volontaire de ses sourcils, ses joues creusées, attirent des regards inquiets. Lucie se rend compte que ses trois compagnons la dévisagent avec curiosité.

— Allez-y, posez-moi la question, dit-elle finalement d'un air las.

— Est-ce que… est-ce qu'*il* est avec toi en ce moment ? demande Hélène.

— Non, je vous préviendrai quand ce sera le cas. Ça fait deux jours que je ne l'ai pas « senti ».

— Tu dois être soulagée, dit Séraphin. Même si c'était Michel, je détesterais avoir un parasite à l'intérieur de mon corps qui pompe toute mon énergie vitale. Beurk…

— Séraphin ! s'exclame Hélène.

— Mais je ne parlais pas de toi ! se défend Séraphin.

— Laissons Lucie tranquille, dit Antoine de sa voix basse et calme. Quand l'esprit de Mi… Michel reviendra, ou quoi que cela puisse être, je parlerai avec lui. Nous avons grandi ensemble. Je parviendrai peut-être à le raisonner.

Lucie lui jette un sourire reconnaissant.

Séraphin attache la barque au demi-promontoire qui subsiste au bord du lac. Au-delà, une volée de marches en pierre permet d'accéder au château.

— Pourquoi ne pas entrer par l'entrée principale ? demande Hélène.

— Une entrée vers les anciennes cuisines est facilement accessible depuis ce ponton, explique Lucie. Autrefois, des contrebandiers les utilisaient comme entrepôt et lieu de rencontre secret. Mémé Mahe m'a dit les avoir côtoyés de près.

— Ta grand-mère ? Une contrebandière ? J'ai du mal à y croire ! ricane Séraphin.

— Moi pas, rétorque Hélène. Elle me fiche la trouille la plupart du temps.

Lucie commence à gravir l'escalier, suivie de près par Antoine, le fusil à la main. Derrière eux, Hélène progresse difficilement, déjà essoufflée. Sa grossesse commence à peser sur son corps, mais elle ne veut pas le montrer. L'air de rien, Séraphin l'empoigne par le coude pour l'aider. La jeune femme s'appuie discrètement contre lui, pleine de reconnaissance.

La porte menant aux cuisines, à l'arrière du château, est solidement cadenassée.

— Attendez ! Les serrures, ça me connaît ! fanfaronne Séraphin en sortant une petite aiguille à chapeau d'une des poches de sa veste.

Mais, avant qu'il ait atteint la porte, Lucie assène un violent coup de pied, fracassant le cadenas, la chaîne et la lourde porte en bois comme s'il s'agissait de papier.

— Pas le temps, articule-t-elle.

— Ah oui, cette méthode-là fonctionne aussi, dit Séraphin, ébahi.

Une odeur d'humidité, de vieilles pierres et de moisissures les assaille. Des cuisines, il ne reste plus qu'un fatras de vieux meubles usés et poussiéreux. La vaisselle en cuivre ou en étain a été volée depuis longtemps.

— Vous… entendez dans les m… murs ? demande Antoine. Ce sont les souris qui ont pr… pris possession du domaine.

— Des souris ? s'exclame Séraphin. Je déteste les souris !

— Et moi les araignées, gémit Hélène d'une voix tremblotante en repoussant une grosse bestiole hissée sur la manche de son chemisier.

— Montons dans les chambres à l'étage, propose Lucie.

Brandissant sa lampe, elle se dirige vers le grand escalier au centre du hall principal. Même dans l'obscurité, la salle paraît immense. Des tapisseries déchirées, quelques tableaux défraîchis, pendouillent lamentablement sur les hauts murs. Les visages qui y sont peints les toisent avec mépris, indifférents à la poussière qui recouvre leurs vêtements d'époques différentes.

Dans les chambres du premier étage, ils trouvent les mêmes meubles usés, le même désordre, la même poussière centenaire.

— Comment savoir si un de ces machins a un jour appartenu à la Dame Verte ? demande Séraphin. Elle a vécu au XVIIe siècle, tout a sans doute disparu !

— Après la mort de son enfant et de son époux, les gens ont considéré que la chambre dans laquelle elle avait vécu était maudite. Le fils héritier du comte en aurait condamné l'accès en la murant. C'est ce que m'a raconté Mémé Mahe.

— Son propre fils aurait muré les appartements d'Éléonore à son retour ? Voilà une famille aimante ! Mais où se situe-t-elle ?

— Dans la tour ouest.

Tandis qu'ils gravissent, à la faible lueur de la lampe, l'escalier en colimaçon de la fameuse tour, Séraphin pousse un hurlement.

Antoine arme son fusil.

— Que se passe-t-il ? gémit Hélène.

— Là ! Vous ne l'avez pas vue ? Elle est énorme !

— Mais quoi bon sang ?

— Une souris !

Aussitôt, les trois autres baissent la garde.

— Ça ne va pas de nous faire une peur pareille ? proteste Hélène.

— On ne sait pas de quoi sont capables ces créatures une

fois livrées à elles-mêmes.

— N'importe quoi !

Lucie les interrompt avec impatience.

— Arrêtez, tous les deux ! C'est ici.

Au sommet de la tour, l'escalier s'arrête net devant un mur de pierre.

— La chambre emmurée…

Antoine passe la main sur la cloison.

— Il faut a… aller chercher des masses au hameau.

— Sauf si Lady Hercule fait un coup de ménage, dit Séraphin avec ironie.

Lucie se tourne vers lui, ses yeux jetant des éclairs. Elle souffle furieusement sur les boucles qui tombent devant son nez.

— Ça t'amuse peut-être ? dit-elle, les dents serrées. Tu riras moins quand je t'aurai catapulté dans le lac.

— Quoi ? proteste Séraphin en levant les mains en l'air. Tu nous as répété que tu étais devenue un monstre. Moi je trouve tes nouvelles facultés plutôt… pratiques !

— Il n'a pas tort, renchérit Hélène. Tu as ouvert la porte tout à l'heure avec une facilité déconcertante. Crois-tu qu'il te soit possible de briser ce mur ?

Lucie jette un regard à Antoine, qui arbore un sourire en coin.

— J'ai toujours admiré ta force, avant même ta transformation, dit-il.

Les joues de Lucie se colorent.

— Reculez.

Tandis que ses compagnons redescendent une volée de marches, Lucie arme ses poings. Elle prend une grande inspiration, et frappe de toutes ses forces.

Le premier coup provoque une énorme fissure sur le mur.

— Jarnidieu !

— Séraphin ! Arrête de jurer ! proteste Hélène. Tu t'es fait mal, Lucie ?

— Un peu, répond la jeune fille, la mâchoire serrée.

Elle secoue sa main aux doigts rougis de sang.

Lucie recule autant que l'escalier le lui permet et jette son pied dans le mur en poussant un cri sauvage. La pierre se fend, provoquant un premier éboulis.

— En arrière, prévient Antoine.

Avec la force d'un titan, la jeune fille abat ses poings sur le mur, qui se brise de toutes parts. Quelques instants plus tard, elle se retourne vers eux, rouge, essoufflée, les yeux hagards, mais l'air soulagé.

— C'est ouvert.

Un souffle froid et fétide s'échappe de la chambre ainsi ouverte. Séraphin et Hélène se frayent un chemin à travers les gravats, brandissant la lampe-tempête comme un talisman.

— Ça sent pas la rose, là-dedans, grimace Séraphin.

Antoine retient Lucie avant qu'elle n'entre à son tour. Il saisit ses mains rougies de sang. Elle le regarde bien en face, prête à affronter le dégoût qu'elle lira dans ses yeux d'orage.

Maintenant les doigts de la jeune femme avec sa prothèse, il les entoure délicatement de bandes de tissu. En baissant les yeux, Lucie voit qu'il a déchiré le bas de sa chemise.

— Fais attention à tes mains, sourit-il. Elles sont précieuses.

Il l'observe, qui se tient raide comme une statue deux marches au-dessus de lui. Son regard a perdu sa douceur habituelle. Ce qu'elle y lit arrache à Lucie des frissons nouveaux : de la fierté, de la tendresse, mais aussi une promesse farouche.

— Bon Dieu de bon Dieu ! Venez voir ça !

Antoine lâche les mains de Lucie et entre dans la pièce interdite. L'odeur de la pourriture et de la poussière le saisit à la gorge.

En libérant les planches qui obstruaient la fenêtre, Hélène jette la lumière lunaire sur une large pièce circulaire, dominée par un grand lit à baldaquin recouvert d'étoffes à moitié dévorées par les mites. De grandes toiles d'araignées se tendent entre les piliers torsadés, décorés au sommet de têtes de loup. Un grand fauteuil surmonté d'un drap jauni et un métier à tisser trônent à côté d'un âtre vide. Les tapisseries pendent au mur comme les bandelettes d'une momie.

L'ensemble impose la même déférence et la même horreur qu'un tombeau.

Le cri d'Hélène, qui s'est approchée du lit, retentit dans l'air fétide.

— Mon Dieu, mon Dieu ! gémit-elle en se cachant le visage de ses mains, il l'a laissée là.

Elle se jette dans les bras de Lucie tandis qu'Antoine et Séraphin s'approchent de la tête du lit. À sa gauche, un berceau élégamment sculpté se balance. Au creux des draps ternis et troués, tous les membres repliés autour du ventre, un squelette de bébé repose.

— Co… comment ont-ils pu ? demande Antoine gravement.

Lucie s'approche.

— C'est sans doute la fille d'Éléonore. Elle est morte, privée du lait de sa mère, alors que celle-ci avait été bannie.

— Est-ce qu'ils l'ont emmurée vive ? demande Hélène d'une voix faible.

— C'est di… difficile de le dire, dit Antoine. Mais si son

propre frère a fait cela, il était lui-même devenu un monstre.

Lucie recouvre le petit squelette d'un tissu défraîchi contenu dans le berceau.

— La légende raconte que la nourrice n'a pas voulu nourrir cette fille maudite. Elle est à coup sûr morte de faim.

— Comment ne pas devenir folle après ça ? demande Hélène. Éléonore avait toutes les raisons de revenir se venger.

— Oui, enfin, elle devait avoir un petit souci d'instabilité mentale avant, si tu veux mon avis, déclare Séraphin.

— Peu importe, sa… fille n'y était pour rien, déclare Antoine. Co… comment s'appelait-elle ?

Lucie soulève un coin du petit drap dans le berceau.

— Geneviève. Son prénom a été brodé sur ses langes.

— Il faut l'enterrer dignement, dit Hélène.

Antoine hoche la tête. Séraphin ajoute :

— Un morceau de ce drap ne ferait-il pas l'affaire pour le sort d'Annette ? Il a sans doute été brodé par Éléonore ?

— J'ai mieux.

Hélène se tient devant la table de toilette, située dos à la fenêtre. Le miroir est masqué d'un voile. Sur la tablette, parmi des pots à onguents vides délicatement ouvragés, une brosse et un petit coffre en bois, est posé un médaillon doré monté en pendentif.

— Ils ont dû avoir bien peur d'elle, dit Hélène, pour laisser ainsi tous ces objets précieux intacts. Jamais personne depuis n'a osé profaner cette chambre.

— On la disait pleine de sa magie, répond Lucie.

Au loin, un hurlement retentit, déchirant l'air nocturne.

Les quatre amis se jettent des regards entendus.

— Choi… choisissons un de ces objets et filons d'ici, déclare Antoine.

— Je prends les restes de Geneviève, dit Lucie en prenant délicatement le paquet dans ses bras après l'avoir enveloppé du châle d'Hélène. La Dame Verte ne doit pas nous trouver ici.

— Attendez !

Hélène s'est figée, le médaillon ouvert dans sa main tremblante. Elle lève la tête et cherche le regard de Lucie. Son visage est décomposé.

— Que… se passe-t-il ? demande Antoine, qui sent l'alerte familière retentir dans tout son corps.

— Ce n'est pas un hasard si la Dame Verte s'est liée à Lucie et à Michel…

Elle leur montre le portrait niché au creux du médaillon.

Une femme aux cheveux roux élégamment coiffés et au visage grave, tient dans ses bras un nouveau-né aussi roux qu'elle. Ses yeux verts regardent droit devant elle, décidés. Lucie voit trouble soudain. C'est son propre visage qui la contemple. Des yeux semblables aux siens, dans le même visage anguleux au nez pointu. Le même que Michel. Le même que Jean.

— Par les couilles du diable ! énonce Séraphin. Tu es la descendante de la Dame Verte.

Les hurlements se rapprochent.

Antoine pousse Lucie devant lui. Ses réflexes face au danger le conduisent à agir vite.

— Nous y ré… fléchirons plus tard. Il… faut partir tout de suite. Hélène, prends le médaillon. Séraphin, occupe-toi de la dé… dépouille.

Antoine dépose le paquet que tenait Lucie dans les bras de Séraphin, faisant fi de son air dégoûté, et file dans les escaliers. Les autres le suivent précipitamment.

Un cri sauvage retentit dans la nuit. Lucie, qui s'est reprise, s'élance au-devant des autres à une vitesse vertigineuse.

— Elle est furieuse. Vite, à la barque !

Au moment où les quatre amis atteignent leur embarcation, les chiens noirs foncent sur eux.

— Ils ont dû passer par les jardins, devant le château. Courez ! crie Lucie.

Arrivée la première, elle dénoue la corde qui retenait la barque et dégage les rames. Hélène arrive après elle, et elle l'aide à monter.

Antoine arme son fusil. Il tire, faisant mouche à chaque coup, ralentissant les chiens. En haut de l'escalier de pierre, la Dame Verte tend les doigts vers lui.

— Rends-la moi ! Rends-moi ma fille, meurtrier !

— Elle nous prend pour les assassins de sa fille, murmure Hélène, blafarde.

Antoine court derrière Séraphin. La Dame Verte lance un appel et, aussitôt, une nuée de corbeaux se masse dans le ciel, ombre noire immense, avant de fondre sur eux.

— À la barque, à la barque ! crie Lucie, qui donne déjà de grands coups de rame pour s'éloigner du bord.

Séraphin saute, déséquilibrant la frêle embarcation, puis tend les bras vers Antoine. Les chiens se rapprochent. Le jeune homme se retourne une dernière fois pour leur tirer dessus.

Les corbeaux se jettent sur lui, le recouvrant d'un nuage infernal. Lucie entend ses cris de douleur.

— Non ! rugit-elle.

Elle se dresse dans la barque.

— Lucie, dit Hélène, le visage plein d'espoir, si elle est ton aïeule et qu'elle t'a transmis ses pouvoirs, alors tu dois commander aux bêtes, toi aussi.

— Oui, vas-y Lucie ! renchérit Séraphin.

La jeune femme plie les genoux et saute, bondissant de la barque et atterrissant plusieurs mètres plus loin, près d'Antoine aux prises avec les corbeaux.

Elle pousse un cri de rage.

— Allez-vous-en ! Je vous interdis de le toucher !

Lucie ferme les yeux tandis que les oiseaux tournent furieusement autour d'elle. Antoine se protège le visage de ses bras. Les becs attaquent sa chair et cognent contre sa prothèse. Bientôt, on ne distingue presque plus leurs deux silhouettes, dissimulées derrière ces funestes volatiles.

— Non, gémit Hélène qui saisit le bras de Séraphin.

— On ne peut pas les laisser ! décide-t-il.

Il s'apprête à ramer de nouveau vers le bord quand tout à coup le nuage noir se soulève, libérant Antoine et Lucie. Cette dernière a les bras tendus, comme si elle tenait la nuée de corbeaux attachée par des fils invisibles. Elle déplace ses bras, les yeux fermés, et les oiseaux s'éloignent dans un grand bruissement d'ailes.

— À présent, retournez dans vos nids ! crie Lucie en projetant les bras vers la forêt avec une volonté farouche.

Aussitôt, la masse sombre diminue peu à peu dans le champ de vision de Séraphin, jusqu'à se confondre avec la nuit noire.

Au loin, la Dame Verte a un temps d'arrêt. Puis elle lance les Trois sur eux.

Lucie plante ses jambes dans le sol et se dresse face aux bêtes de l'enfer. Antoine, étourdi et lacéré de griffures, arme son fusil derrière elle.

Les chiens font des allers-retours devant elle, écumant de rage, leurs yeux d'un rouge flamboyant. Ils se sont déjà remplumés depuis la dernière fois, leur chair nouvelle épaississant leurs silhouettes.

Lucie laisse tomber les digues avec lesquelles elle retenait sa force. Elle sent la puissance monter en elle comme une sève. Les veines noires pulsent sur ses bras, ses mains, son visage. Toute sa peau en est marbrée. Elle tend les mains vers les chiens, comme si elle s'apprêtait à les broyer comme des œufs.

— Allez-y, lance-t-elle avec un sourire sardonique. Tentez ma colère.

Les créatures penchent le museau en position de soumission, puis font volte-face.

Aussitôt, Lucie saisit Antoine dans ses bras et accomplit un bond extraordinaire jusqu'à la barque. Ils atterrissent lourdement, faisant tanguer l'embarcation.

— Elle s'en va ! crie Hélène en voyant la Dame Verte pénétrer dans le château, suivie des trois créatures infernales.

Lucie se prend la tête dans les mains, essoufflée, tandis qu'Antoine tente de replacer avec une grimace de douleur sa prothèse que les corbeaux ont en partie arrachée. Séraphin jette un œil à Hélène, toute pâle, les mains crispées sur le paquet de linge qui contient leur macabre découverte.

— Et voilà, dit-il en saisissant les rames d'un air las, c'est encore moi qui vais vous ramener à bon port !

LUCIE

Cela fait trois jours déjà que Michel s'est absenté. Lucie ressent un grand vide. Elle s'est tellement habituée à sa présence que son propre souffle sonne étrangement à ses oreilles. La clairière des Ormes bruisse dans le soleil de fin d'après-midi. La chaleur de juin l'enveloppe. Assise dans le jardin d'Annette, elle ne se sent plus en guerre.

Dans la maison, Séraphin et Hélène se disputent au sujet de la meilleure stratégie pour attirer la Dame Verte dans un piège, afin de permettre à Annette de lancer son sort. La druidesse est penchée depuis deux jours et deux nuits au-dessus de son chaudron, jetant des herbes et marmonnant des phrases incompréhensibles, concentrée, inaccessible. Antoine, quant à lui, est parti se reposer dans le séchoir, situé à quelques mètres du logis.

À la suite de leur expédition au château du Rocher, ils ont décidé qu'ils resteraient sous la protection de la guérisseuse jusqu'à ce que le danger soit écarté. André Fontaine, furieux, est venu jusqu'à l'Angeluère pour réclamer Hélène. Il a accusé la druidesse d'avoir débauché sa fille et a exigé qu'Ernestine aille la chercher pour qu'elle rentre avec lui. Mais la mère de Lucie n'a pas cédé d'un pouce. Le père d'Hélène, ne pouvant plus se rendre chez Annette en raison de sa magie, est reparti bredouille, menaçant de prévenir les gendarmes.

Renée, venue pour prendre des nouvelles et apporter des provisions, leur a fait ce récit. Elle a bien tenté de convaincre Séraphin de rentrer à la maison, mais l'adolescent a refusé. Renée a prévenu aussi Lucie que les hommes du village poursuivaient leurs recherches, persuadés qu'elle est responsable des crimes commis au village. Elle doit donc rester cachée. Pendant ce temps, les sorts jetés par Annette empêchent les hommes de trouver sa piste dans la clairière des Ormes.

Tandis qu'elle écoute les conversations à l'intérieur de la demeure, Lucie observe ses bras : les longues marques brunes sont désormais toujours visibles. Elle sent dans ses veines la puissance que la Dame Verte lui a transmise.

La Dame Verte, son aïeule.

Lucie ouvre le médaillon, posé au creux de sa main. La ressemblance entre son visage et celui d'Éléonore au même âge ne laisse aucune place au doute. Lucie a l'impression de se regarder dans un miroir. Les cheveux d'Éléonore sont plus roux, ainsi que ceux de sa fille, ses yeux plus froids, mais les traits sont identiques aux siens. Ses frères et elle sont ses descendants, ou plutôt ceux de son fils aîné, Louis, celui que son père a éloigné pour l'éduquer loin de sa mère, accusée de sorcellerie.

On a toujours dit aux trois enfants Mahe qu'ils ressemblaient à leur père. C'est donc du côté paternel que le sang des Bouillé coule. Un des membres de la lignée s'est-il lié à une famille paysanne ? Les Mahe sont-ils les descendants d'un des bâtards du seigneur ? Impossible de le savoir.

Lucie frissonne. Elle n'a eu qu'à user de sa volonté pour chasser les corbeaux et repousser les chiens de l'enfer. Elle souffle sur les cheveux qui lui tombent sur le nez et choisit un petit renard, qui l'observe depuis quelques minutes, caché à l'orée du bois, dans les fougères.

Elle tend la main, appelant l'animal, se concentrant pour se connecter avec lui. Elle perçoit son instinct de fuite, sa curiosité, puis l'attraction irrésistible qui le conduit jusqu'à elle. Il approche en trottant. Son pelage roux luit dans le soleil de fin de journée. Il observe un instant la jeune femme de ses yeux d'or.

« Couche-toi », lui ordonne Lucie en pensée.

Le renard s'allonge sur le dos, les quatre pattes en l'air.

Lucie sourit. Elle gratte le ventre de l'animal, qui se laisse faire.

— Alors le voilà, mon destin. Vivre dans la nature au contact des bêtes sauvages ? Comme Annette ?

Lucie sait qu'elle n'a pas le choix : elle doit se libérer de son frère. Elle ne peut plus supporter qu'il l'utilise pour accomplir ses méfaits. Annette lui a expliqué qu'elle devait l'aider à rejoindre le monde des morts. Mais comment ? Et si l'âme de Michel refusait de la laisser pour continuer à se nourrir d'elle ? Ne devrait-elle pas s'affamer, ou même se donner la mort, pour le chasser ?

Sous ses doigts, le renard tressaille. « Ne t'inquiète pas, lui dit-elle, je ne ferai rien de tel. »

Hélène a-t-elle raison ? L'esprit qui a essayé de l'envahir n'est peut-être pas celui de son frère. Pourtant il lui ressemble tellement. L'idée de lui faire du mal, ou de le rejeter froidement dans l'au-delà, lui semble inconcevable.

Elle se lève, libérant le renard qui se précipite vers le sous-bois. Cette force nouvelle a décuplé aussi ses sens. Les senteurs de la clairière l'assaillent, délicieuses : herbes et fougères chaudes, terre humide, fleurs mielleuses, bois centenaires. Elle entend les chants des oiseaux, dont elle distingue à présent les mélodies, elle voit chaque poussière d'or qui virevolte dans les rais de lumière entre les feuilles.

Les parfums des herbes sèches de la guérisseuse chatouillent ses narines. Elle s'approche du petit cabanon qui lui tient lieu de séchoir. Suspendus ou posés sur des claies, les bouquets de lavande rivalisent avec le thym, la sauge blanche, la verveine citronnelle, le millepertuis, l'ail des ours. Les arômes sont si forts que Lucie en est étourdie.

Sur le sol du cabanon, Antoine s'est endormi, la tête posée sur un gros sac de pommes de terre.

La lumière trace des lignes vibrantes à travers les planches du toit, éclairant son visage et ses cheveux couleur de sable. Son odeur chaude se mélange à celles des plantes médicinales. Les yeux de Lucie papillonnent sur sa peau dorée par le couchant. Le relief de sa pommette et de son menton carré, le pli serré de sa bouche, le creux tendre de son cou, ses larges épaules relâchées, ses jambes longues. Il a retiré sa prothèse, posée à côté de lui. Lucie observe son bras diminué au-dessus du coude, détendu dans le sommeil. L'intimité de ce relâchement la trouble. Elle suit du regard les contours de son ventre qui se soulève au rythme de sa respiration, de son autre bras, de sa longue main aux doigts fins.

Elle reconnaît l'empreinte de l'enfant délicat qu'il était autrefois, mais dans un corps d'homme qui porte les marques de la guerre : sur ses bras, dans son cou, sur son menton, elle distingue de fines cicatrices laissées par les éclats d'obus.

Lucie se sent privilégiée. Il n'est qu'à elle, offert à son regard, juste pour quelques minutes. Comment n'a-t-elle pas vu auparavant qu'il était aussi beau, aussi précieux ?

Michel absent, elle n'a plus à cacher les mouvements profonds qui la poussent vers Antoine depuis son retour. Sa force contenue, son sourire tendre, la manière dont il l'écoute et la regarde. Plus tard, il ira peut-être avec d'autres femmes, comme Eugénie. Mais pour l'instant il n'est qu'à elle.

Elle s'agenouille silencieusement près de lui.

Sa main, suspendue un instant, frôle sa peau claire. Caresse son épaule, son bras, avant d'être saisie soudainement.

Les yeux d'orage d'Antoine la fixent durement, pleins d'agressivité, puis, la reconnaissant, se radoucissent.

— C'est toi…

Ses doigts n'ont pas lâché ceux de Lucie. Ses yeux n'ont pas dévié des siens. Il semble étonné à présent. Lucie sent toute sa force nouvelle pulser dans ses veines.

Elle pose sa main sur le torse du jeune homme, là où sa chemise s'est ouverte. Elle rencontre son pendentif, fait d'une plume noire et d'une pierre bleue, puis poursuit son geste.

Les yeux d'Antoine s'assombrissent. Un long frémissement le secoue. Le jeune homme s'écarte, pose sa main valide sur la joue de Lucie.

— Est-ce qu'il… est-ce qu'il est là ? demande-t-il d'une voix sourde.

Lucie sourit et secoue la tête. Antoine suit des yeux la danse de ses boucles.

— Il n'y a que moi.

Aussitôt, le jeune homme l'entoure de son bras pour la rapprocher de lui.

— Non, il n'y a que nous.

Puis il pose ses lèvres sur les siennes.

Lucie est bouleversée jusqu'au fond de l'âme. Toutes les particules de son être s'éparpillent dans une douce brûlure et se recomposent. Un besoin impérieux la saisit. En tentant de retenir sa force, elle l'embrasse, le serre dans ses bras, puis l'embrasse encore. Elle se soulève au-dessus de lui et lui murmure, le souffle court :

— Antoine, je suis devenue un monstre. Ne crains-tu pas que je dévore ton âme ?

Antoine sourit, repoussant ses boucles avec tendresse.

— J'y compte bien.

SÉRAPHIN

Grise progresse silencieusement, reniflant le sous-bois. Elle boite à peine, trottinant entre les troncs des chênes et des châtaigniers. Antoine ferme la marche, armé de son fusil. Le jeune homme a plutôt bien pris la transformation de sa tante en une louve féroce. Il n'est resté bouche bée que quelques minutes, bien moins longtemps que Séraphin lui-même. Puis son regard s'est éclairé et il a dit :

— C'est donc toi qui nous as protégés contre la Dame Verte ce fameux soir, il y a huit ans ? J'ai vu tes yeux dans les bois.

Grise est venue se blottir contre lui en guise de réponse.

— Ça va durer encore longtemps ? demande Séraphin à son aîné. Ça fait des heures qu'elle nous trimballe dans les bois.

— Elle ch… cherche des traces de la Dame Verte, ne la dé… déconcentre pas. Si nous la trouvons, nous pourrons essayer de jeter le s… sort.

Séraphin considère sa besace. À l'intérieur palpite le médaillon qu'Annette a enchanté, à grands coups de sorts et de potions. Il suffira de le poser sur la Dame Verte pour qu'elle traverse le Seuil entre le monde des morts et celui des vivants.

L'adolescent observe son aîné : il dégage une joie tranquille qui illumine son visage. Cela a sans doute à voir avec les regards échangés avec Lucie depuis hier soir.

— Allez, raconte ! lance-t-il à son ami.

— De quoi… parles-tu ?

— Lucie et toi ? Il s'est passé quelque chose ?

— Cela ne… te regarde pas.

— Ça veut dire oui.

Séraphin frotte son ventre. La douleur irradie depuis la veille et l'a empêché de dormir. La guérisseuse s'en est rendu compte. Il lui a montré les plaques rouges sur ses bras, ses jambes et son torse, qui ne l'ont pas inquiétée outre mesure. « Ça passera bientôt, tu verras », a-t-elle seulement dit. Elle lui a donné à boire un breuvage infect qui l'a soulagé quelques heures. Mais, depuis le matin, Séraphin souffre de nausées. Les sons et les odeurs lui paraissent décuplés, lui donnant la migraine. Pourquoi ses sens perçoivent-ils autant d'informations depuis quelques jours ? Le danger imminent augmente-t-il ses facultés ?

— Tu… as une sale mine. Tout va bien ?

Antoine le silencieux. Antoine l'observateur.

— Ce n'est rien. La soupe d'Hélène me plombe l'estomac.

La jeune fille est restée avec Lucie dans la maison de la guérisseuse. Depuis son exil chez Annette, elle écrit rageusement dans ses carnets, préparant de futurs articles.

— Ma vie ne s'arrête pas ici, répète-t-elle en mangeant des biscuits. J'ai écrit à ma grand-mère maternelle, à Rennes. Je suis sûre qu'elle acceptera de m'héberger. Une fois cette histoire réglée, je pars !

Lucie, quant à elle, semble apaisée depuis la disparition momentanée de Michel. Elle retrouve peu à peu sa joie de vivre. Parfois, elle va courir dans les bois, comme si elle avait besoin de décharger toute l'énergie qui palpite dans son corps. Après une discussion animée, elle a accepté de rester dans la clairière pour protéger Hélène.

— Tu sais… que tu peux me parler si quelque chose ne va pas, murmure Antoine.

Séraphin hoche la tête. La proposition de la guérisseuse le tourmente. Comment peut-elle imaginer que son destin soit de devenir Gardien, lui qui n'a jamais rien retenu de l'école, à part le nombre de coups de règle qu'on lui mettait sur les doigts ? Les druides ne sont-ils pas des savants ? Annette finira bien par jeter son dévolu sur un autre candidat. Lucie par exemple. Elle est devenue si étrange, avec ses cicatrices sur les bras et sa force surhumaine, qu'il lui sera sans doute impossible de vivre une vie normale. Alors, quitte à avoir des pouvoirs, autant devenir druidesse à son tour.

Grise s'est arrêtée. Les frondaisons sombres laissent à peine filtrer la lumière du jour. Un froid surnaturel les entoure.

En contrebas, Séraphin reconnaît la clairière dans laquelle ils sont tombés pendant la chasse. Il sort son couteau de son étui et entend Antoine armer son fusil.

— Le Nemeton.

Ils descendent dans le Bois Sacré. L'endroit est aussi sinistre qu'un tombeau. La terre noire sent la moisissure. Le Grand Hêtre se dresse, immuable. Derrière lui dans la pénombre, Séraphin distingue l'entrée d'une grotte.

Grise s'en approche prudemment.

— Tu es sûre que c'est une bonne idée ? demande Séraphin. La dernière fois, on a croisé les chiens de l'enfer pas loin d'ici.

Aussitôt, Grise s'ébroue, se tord, puis la guérisseuse reprend sa forme humaine dans un bruit de craquements d'os qui arrache à Séraphin des frissons de dégoût. Antoine tend à sa tante un long manteau qu'il gardait dans sa besace. Séraphin détourne les yeux devant le corps nu de la guérisseuse, qui disparaît derrière le tissu noir.

— Il n'y a pas un moyen de faire quelque chose pour les habits ? Je veux dire, si vous aviez un vêtement adapté à votre forme de louve, vous pourriez le garder, et ça nous éviterait de vous voir… enfin vous savez.

— Tu es bien délicat pour un garçon à la réputation sulfureuse, répond Annette en boutonnant son manteau. Je suis sûre que ni les Trois ni la Dame Verte ne sont ici. J'ai flairé leurs traces en direction du sud.

— Le vi… village. Ils vont encore semer la destruction et le chaos.

— Oui, mais en attendant nous pouvons agir. Je dois vérifier si, comme je le crois, le Seuil est toujours ouvert.

Annette se dirige vers l'entrée de la grotte, bouche noire qui déchire le granite.

Antoine lui restitue son bâton, qu'il portait dans son dos. Annette frappe le sol et les deux têtes de serpent se mettent à luire dans la pénombre.

Ils entrent dans le boyau, laissant derrière eux la lumière. L'endroit met Séraphin mal à l'aise. Sa nausée s'accentue.

— Je… reconnais cet endroit. Je l'ai vu en rêve.

La voix d'Antoine est aussi glacée que l'air est fétide.

— Oui, confirme Annette. Tu es donc prêt à affronter ce qui va suivre.

— Quoi donc ? demande Séraphin. Et c'est quoi cette odeur ?

— C'est celle… de la mort, répond Antoine, pâle comme un gisant. Je l'ai souvent sentie dans les tranchées.

Les craquements sous ses pieds donnent à Séraphin un premier indice. Ils marchent sur des ossements.

— Les en… enfants…

— Ce sont les enfants que la Dame Verte a attirés ici depuis trois siècles, dit la guérisseuse.

— Quoi ? Elle les dévore vraiment ? demande Séraphin, persuadé qu'il va vomir son petit déjeuner.

— Tu n'as pas… encore compris ? murmure Antoine d'une voix sourde. Elle ne veut pas les manger.

Ils entrent dans une salle au plafond bas. Le bâton d'Annette éclaire un sol noir recouvert de terre battue. Aux murs, des crânes d'enfants sont empilés dans des tentatives d'ornements sinistres. Çà et là, des branches recouvrent les murs comme des griffes surgies de terre.

— Le re… repaire de la Dame Verte.

Au fond, Annette s'approche d'une large cavité creusée dans la roche.

— Qu'est-ce que c'est ? Un bénitier ? demande Séraphin.

— Non, c'est un berceau.

Séraphin s'approche et découvre avec horreur que la cavité forme un nid de feuilles et de branches entrelacées.

— Vingt Dieux ! Elle cherche vraiment sa fille.

— Oui… c'est ce qu'elle m'a réclamé.

— La Dame Verte a perdu la notion du temps, toute sorcière qu'elle soit. Pour elle, les années ne durent pas plus longtemps que les heures. La mort de sa fille n'est donc pas si loin, enfouie dans sa mémoire travestie par la folie.

— Elle ne dé… dévore pas… les enfants… Elle les étreint, dit Antoine d'une voix blanche

— Oui. Elle les étouffe. Et s'ils ne meurent pas d'étouffement, ils meurent de faim et de froid. Je me suis assurée, depuis que je suis la Gardienne du Seuil, qu'aucun enfant ne disparaisse de nouveau dans cette grotte.

— Tu… as réussi.

— Oui, elle aurait pu vous attirer autrefois. Vous cherchiez tant à la trouver, tes amis et toi.

— Elle nous… a trou… trouvés…

— Mais pas tués. Grâce à toi, je le sais à… présent.

Antoine sort de sa chemise l'amulette que sa tante lui a donnée autrefois. En l'approchant du bâton, la pierre bleue se met à briller.

— J'étais protégé.

— Pourtant elle a jeté son dévolu sur les Mahe, dit Annette, et à présent nous comprenons pourquoi. La transmission de ses pouvoirs à Lucie a fonctionné car elles sont du même sang.

Antoine frissonne.

— Il faut pro… téger Lucie.

— Elle ne peut rien contre elle tant qu'elle reste près de chez moi. Nous avons un autre problème à résoudre : quelqu'un a ouvert le Seuil, le soir de la mort de Michel. Pour cela, un sacrifice de sang était nécessaire. Mais je n'ai pas encore trouvé de qui il s'agissait…

Annette plonge la main dans le berceau de pierre et repousse les branches.

— … jusqu'à aujourd'hui.

Une main grise et figée apparaît soudain entre les feuilles, puis un bras, dans une veste bleue pleine de terre, enfin un visage, horriblement déformé par la mort.

— Marius ! Le déserteur !

— C'est… c'est bien lui.

Séraphin se sent mal. Marius, deux ans plus âgé que lui, a toujours été considéré comme le simplet du village. Tout le monde a cru que sa mère l'avait aidé à s'enfuir pour échapper à la mobilisation, après avoir tenté vainement de le réformer.

Avec une force insoupçonnée, Annette sort le cadavre du berceau de pierre. L'odeur qui planait dans la grotte devient insupportable.

— Est-ce la Dame Verte qui l'a tué ? demande Séraphin.

— Non, répond Annette, penchée sur le visage du mort. Il a été empoisonné.

— Ce n'est donc pas Mi… Michel non plus qui l'a assassiné.

— Non. À moins qu'il l'ait forcé à absorber du poison. Ce dont je doute. Il s'agit de quelqu'un qui maîtrise le savoir des plantes. Il a été empoisonné par de l'aconit tue-loup[1].

— Mais qui alors ?

— J'ai mon idée. J'en aurai la confirmation bientôt. Enterrons le corps de ce pauvre garçon et allons-nous-en.

— Mais ne devrions-nous pas… le rendre à sa mère ? demande Antoine.

— Annette risque d'être accusée de l'avoir tué, dit Séraphin.

— Sauf si je découvre le coupable.

— Beaucoup de mes ca… camarades morts au combat reposent dans la terre retournée par les obus. Michel le premier. Leurs mères, leurs femmes, ne… pourront jamais les enterrer dignement. Je… veux le ramener à sa mère.

Annette soutient un instant le regard de son neveu.

— Très bien. Emmenons le corps chez Erwan. Il le préparera pour l'enterrement. Ainsi sa mère pourra le voir.

Aussitôt, la druidesse enlève son manteau et reprend sa forme de louve. Séraphin observe Antoine recouvrir le

1. Plante herbacée toxique pouvant être utilisée comme remède ou poison.

cadavre, le cœur au bord des lèvres. La louve s'approche de lui, appuyant son flanc sur ses jambes. Aussitôt l'adolescent se sent mieux. Il caresse son poil soyeux.

— Tu vois, lui dit-il, je ne suis pas encore prêt pour devenir Gardien.

Il ramasse cependant le bâton de la guérisseuse.

Grise l'entraîne un peu plus loin. Au fond de la salle, un autre boyau s'échappe. Séraphin et Antoine suivent la louve.

Le couloir s'ouvre sur une autre salle qui brille d'une lueur bleutée.

Au centre, un grand puits, large de plusieurs mètres, est éclairé par le jour qui perce à travers une large ouverture ronde au plafond. Au-dessus, Séraphin reconnaît les racines puis les troncs des grands hêtres et des chênes. La lumière se déverse, faisant luire l'eau du puits comme un miroir. La forêt s'y reflète en écho.

Grise pousse Séraphin vers les bords du bassin. Des pulsations sourdes vibrent dans sa cage thoracique. La louve le pousse encore plus près. Comme s'il avait toujours su comment faire, Séraphin baisse le bâton et le trempe dans l'eau du puits.

Aussitôt une lueur vive en jaillit, illuminant la salle. L'eau s'ouvre, happant le regard de Séraphin vers un espace infini. Des brumes argentées s'y entrechoquent, tourbillonnant dans un magma étoilé. Étourdi, Séraphin ne sait plus où il est. Les nuées s'entremêlent, brouillant sa perception du haut et du bas, du ciel et de la terre, du vivant et du mort. Son corps même a disparu, enveloppe inutile et encombrante. Il se sent attiré vers ce lieu tumultueux. D'autres entités semblables se fondent en lui. Il a cent ans. Il a mille ans. Il a dix mille ans.

Une voix l'appelle, de très loin. Une main serrée comme un étau le tire en arrière, résiste à l'aspiration qui l'entraîne.

Le visage de Renée s'impose à lui, tantôt sévère, tantôt souriant. Il n'a pas cent ans ou mille ans ou dix mille ans, mais seulement quinze. Et tout est à vivre.

Il recule et tombe lourdement sur le sol, lâchant le bâton de la druidesse.

La vision s'est arrêtée. La grotte est redevenue noire, glacée, fétide. Antoine le regarde avec des yeux inquiets, sa main solidement arrimée à sa chemise de lin. Grise, quant à elle, l'a plaqué au sol, les deux pattes enfoncées dans son torse. Elle le renifle, comme pour vérifier qu'il n'est pas blessé.

— Ça va, ça va, bredouille-t-il d'une voix faible. Je crois bien que le Seuil est… toujours ouvert.

Et il s'évanouit.

MICHEL

Même dans les tranchées jour et nuit, sans sommeil, dans la boue, il ne se souvient pas d'avoir connu une telle fatigue.

Michel erre péniblement, insensible à l'air, à la lumière, au chaud ou au froid. Il ne perçoit du monde que des ombres floues, comme s'il regardait les vivants à travers l'eau.

Voilà déjà trois jours qu'il a quitté le corps de Lucie, torturé par les remords. Sans elle, il s'épuise et se disperse. Il a bien essayé de prendre possession de petits animaux, mais cela ne fonctionne pas. D'instinct, les bêtes rejettent cette entité inconnue qui n'a rien à faire en ce monde. Quant à envahir d'autres êtres humains… Le rejet d'Hélène, sa peur, quand il a tenté de ne faire qu'un avec elle, a provoqué un dégoût irréversible de lui-même. Comment est-il devenu aussi violent ?

Sur le front. Avant l'explosion, il était un autre.

Il ne se souvient pas. Qui était-il avant les combats ?

Et où est passée sa colère ? C'est elle qui lui a permis d'échapper à la mort. C'est elle encore qui l'a propulsé jusqu'à l'Angeluère, parcourant des centaines de kilomètres dans la peur. C'est elle enfin qui l'a poussé à utiliser les forces de Lucie pour satisfaire sa soif de vengeance.

Mais rien n'a soulagé sa douleur. Et depuis sa rencontre avec Hélène, sa colère s'est tarie.

La nuit tombe de nouveau. L'air s'assombrit. C'est à ce moment-là qu'il est le plus visible. Parfois on le prend pour un feu follet, parfois pour un événement céleste. Si seulement…

La plupart le reconnaissent pour ce qu'il est : un fantôme. De nombreuses fois, on l'a repoussé par des paroles ou des gestes ancestraux, transmis de génération en génération pour chasser les esprits.

Michel se souvient de l'explosion, bien sûr, qui l'a expulsé de son corps réduit en miettes. Il se souvient d'avoir longtemps erré sur le champ de bataille, hurlant sans qu'aucun son ne sorte de ce qu'il était devenu, restant suspendu au-dessus d'Antoine blessé. Son ami l'appelait, à moitié conscient. Son sang coulait de son bras déchiqueté, et il devenait plus pâle de minute en minute.

— Michel, attends-moi, je v… viens avec toi.

« Je suis là, je ne te quitte pas, mon frère », criait-il.

Mais Antoine ne l'entendait pas.

Oui, égoïstement, Michel aurait voulu que son ami le suive dans la mort. Ainsi ils n'auraient jamais été séparés. Ils auraient affronté ensemble cette épreuve de l'après.

Cependant, l'un d'eux au moins devait vivre. Pour veiller sur leurs familles. Pour réaliser leurs rêves. Pour raconter ce que la guerre leur avait fait.

Aussi Michel a-t-il guetté les allées et venues dans le boyau où Antoine était enseveli, tandis qu'au-dessus de lui l'enfer se déchaînait encore dans le ciel nocturne. Quelques mètres plus loin, des éclaireurs indiens de l'armée canadienne marchaient vers les lignes ennemies, aussi silencieux que des ombres. Ils passèrent sans voir Antoine.

Michel les appela, mais, privé de voix, il ne put retenir leur attention. De rage, il se jeta sur eux. Les soldats reculèrent, effrayés. Que percevaient-ils de lui ? Il ne le savait pas. Mais Michel tourbillonna pour les attirer. L'un d'eux, un homme aux larges épaules et aux longs cheveux noirs parés de plumes, décida de le suivre et entraîna ses camarades à sa suite. C'est ainsi qu'il les mena jusqu'à Antoine. Soulagé, il vit son ami posé sur une civière afin d'être transporté à l'hôpital.

Mais ensuite, où aller ? Une faim étrange le taraudait. Il se vidait de toute sa substance, comme une outre remplie qu'on viderait petit à petit de son contenu. Était-ce ainsi la mort ? Son père errait-il lui aussi quelque part ?

Il était seul.

La colère et le désespoir le poussèrent à se projeter jusqu'à l'Angeluère. Revoir sa mère, Lucie et Jean, une fois au moins, avant de disparaître complètement.

En parvenant au hameau, terrorisé, il attira sa sœur à l'extérieur de la maison. En la voyant, il sut. Elle ne refuserait pas de l'aider, de l'accueillir. Jean, quant à lui, serait trop faible. Et puis Lucie avait toujours été son alliée.

La même nuit, il rentra en contact avec la Dame Verte, qui rôdait en quête de son enfant, suivie par les chiens de l'Autre Monde. Ne naviguaient-ils pas l'un et l'autre entre les morts et les vivants ? N'avaient-ils pas besoin tous les deux de se venger des hommes du village ?

Il n'était plus que colère, que rage. Qui leur avait volé leur avenir ? Qui les avait convaincus de se battre pour défendre la patrie ? Qui leur avait raconté que la guerre ferait d'eux des hommes ? Qui menaçait la vie de son enfant à naître ? Il fallait les détruire, les blesser, les tuer. Le maire d'abord, Joseph Lecomte, qui avait toujours convoité la ferme de son père et se réjouissait, sans doute, d'avoir le champ libre. Le père Anselme, ensuite, cet infect cafard aux mains indiscrètes et au regard torve, dépourvu de la compassion qu'il enseigne, ânonnant à longueur de temps des sermons mensongers. « Les uniformes des soldats sont protégés contre les balles allemandes. Dieu protège les guerriers français. » Enfin André Fontaine, son futur beau-père, qui lui a accordé la main de sa fille à contrecœur, à la condition qu'il s'illustre sur le champ de bataille. « Sois un héros, et tu seras digne de ma fille. »

Mais rien ne soulage sa douleur. Et à présent il se sent si fatigué.

Comme toujours, son errance le mène à sa sœur.

Il perçoit, en se glissant devant la fenêtre, les silhouettes dans la maison d'Annette, ombres mouvantes dans la lumière du feu.

Les voix sont assourdies, mais il entend la peur. La discussion est animée. L'un d'eux est couché. Séraphin. Près de lui, Annette prodigue ses soins.

Il reconnaît la silhouette de son meilleur ami, adossé au mur. Comme toujours, il se tient à l'écart. Il aimerait tant se tenir auprès de lui.

Assise bien droite sur une chaise, Hélène parle. Elle agite les mains, comme toujours, pour appuyer ses propos. L'amour qu'il ressent pour elle le transperce comme une lame. Oui, il se souvient d'Hélène. Des premières danses. De son sourire qui ouvre le ciel. De sa peau contre la sienne. Il l'aime tellement. Il l'avait presque oubliée. Ses bras délicats ornés de dentelle sont posés sur son ventre arrondi. Son enfant. C'est lui qu'il doit protéger.

Enfin il la voit. Lucie. Elle est assise par terre, devant la cheminée. Ses traits sont brouillés, mais ses boucles forment comme des tentacules autour de sa tête. La force que la Dame Verte lui a transmise irradie comme un courant électrique. Oui, c'est lui qui a accompli cela aussi. Il s'en souvient à présent. Il l'a contrainte à se transformer pour qu'elle puisse exercer sa vengeance.

Quel monstre est-il donc devenu ?

La force d'attraction exercée par sa sœur l'anime. Il n'a qu'à plonger et il pourra de nouveau voir, ressentir, toucher. Le besoin est immense, occulte tout. Son avidité prend le pas sur le reste. Juste une dernière fois. Au moment où il glisse dans l'interstice entre la fenêtre et le mur, la tête féroce du chat de la guérisseuse apparaît en face de lui, feulant et crachant.

— Chasseur ! Qu'est-ce qui t'arrive ?

Les silhouettes s'agitent.

Les mots lui parviennent. Hélène hurle :

— C'est lui, c'est l'ombre de Michel !

Elle se lève et recule, terrorisée.

Michel flotte au milieu de la pièce, disséqué par leurs regards à tous. L'horreur. La pitié. La peur. Ils ne voient de lui qu'un souffle argenté qui s'agite. Pas plus qu'un filament de brume. Il cherche les yeux de son meilleur ami. Enfin le voilà, qui tente de le reconnaître. Il le fixe de ses yeux où la bonté n'a jamais cédé la place à la haine.

Il s'approche de Lucie, se plaçant devant elle, tendant sa main vers lui.

— Michel, écoute-moi…

La guérisseuse saisit son bâton et se dresse devant les

autres, le regard plus dur que jamais.

— Sors de ma maison immédiatement ! Ici se tiennent les vivants !

« Je peux vous apporter mon aide. »

Sa voix intérieure résonne. Il voit sur leurs visages qu'ils l'ont entendue.

— Tu n'as rien à faire ici.

Les mots d'Hélène le transpercent comme un poignard.

Il cherche sa sœur. Lucie est calme. Elle hoche la tête.

Aussitôt il plonge.

Il entend Antoine hurler son nom, mais trop tard.

Son âme s'insinue dans les voies respiratoires de sa sœur, partageant la douleur que son invasion lui impose. Il fait vite, s'installant dans sa cage thoracique. La douleur cesse.

Enfin il a un corps. Il entend mieux les cris. Il distingue les traits furieux. Il sent l'odeur du feu de bois et des huiles médicinales. Il voit Séraphin, pâle, inconscient, sur le lit d'Annette. Que lui est-il arrivé ?

Chasseur feule de plus belle.

— Ça suffit ! prononce Lucie d'une voix forte.

Le calme revient. L'air vibre de tension.

— J'ai décidé d'accueillir mon frère. Vous n'avez rien à dire là-dessus !

— Mais Lucie, proteste Hélène, ce n'est plus ton frère. Il est dangereux.

— Je sais ce que je fais ! Si ça ne vous plaît pas, je m'en vais.

Michel sent son âme, ou ce qu'il en reste, se briser. Il observe Hélène : son visage de porcelaine, ses yeux déterminés, ce pli sur sa bouche quand elle a pris une décision irrévocable. Sous sa chemise tendue, il entend battre, grâce à l'ouïe de sa sœur, le cœur de son enfant sous son ventre rond.

« Je vais leur parler. »

— Non, répond Lucie, tu as déjà fait assez de dégâts.

Les autres la regardent avec des yeux ronds.

« Je t'en supplie, laisse-moi m'expliquer. Je m'en veux tellement. »

Lucie serre les poings. Michel perçoit son hésitation. Elle n'a plus envie de perdre le contrôle.

« Je ne déciderai plus pour toi, je te le promets. »

— Très bien. Vas-y.

Aussitôt, Michel s'étend dans le corps de sa sœur, remplissant toutes les molécules de son être comme une nappe de brume. Sa vision est plus précise. Il sent la force de Lucie, comme s'il prenait le contrôle d'un navire d'une puissance inouïe. Cette force le grise. Il a envie de courir, d'attraper, de goûter. De rire. Il se retient, ne voulant pas trahir Lucie une nouvelle fois.

Tous l'observent avec stupeur. Le visage de Lucie a adopté ses traits, comme si son âme s'était projetée sur son visage. Antoine a l'air terriblement ému.

Annette s'est approchée, son bâton à la main. Il sait que s'il se conduit mal, elle le renverra dans la nuit.

— Je ne veux blesser personne, dit-il.

— C'est trop tard ! jette Hélène. Tu as transformé ta sœur et tenté de me faire du mal. Tu n'as rien à faire ici.

La colère et la tristesse brouillent ses traits fins.

Michel reprend :

— Je te demande de me pardonner, Hélène. Je voulais juste être avec toi et protéger notre enfant. La colère et la peur m'ont aveuglé.

Les larmes coulent sur le visage de sa fiancée. Elle secoue la tête.

— Qu'es-tu devenu ? J'étais si heureuse de te retrouver.

— Il n'est plus qu'une ombre, répond la guérisseuse.

— J'ai voulu punir ceux qui nous ont envoyés au front, ceux qui menaçaient notre enfant. C'est pour cela que je me suis allié à la Dame Verte. À présent, je me rends compte que j'ai commis une erreur. La Dame Verte est incontrôlable, et rien ne soulage ma colère.

Michel se tourne vers Antoine. Le visage de celui-ci est empreint de compassion. Pour lui ? Pour sa sœur ? Cher, cher Antoine. Le voir d'aussi près lui procure un tel soulagement. Sa présence l'a toujours réconforté, son calme l'a toujours apaisé.

— Toi, mon frère, tu me comprends.

— Je comprends… ta colère, mais la destruction et le meurtre ne sont pas des réponses. Nous p… portons en nous le mal que nous avons fait dans les tranchées, les horreurs que nous avons vues. C'est ainsi. Les autres ne doivent pas en payer le prix. J'ai subi toute mon enfance la colère de mon père. Plus il n… nous frappait, moins il trouvait la paix.

— Antoine, je n'ai pas voulu tuer Victor. Tu dois me croire. J'étais en rage et je voulais le punir car il a tenté d'abuser de Lucie. La Dame Verte a pris cela pour un souhait et a envoyé ses chiens sur lui.

— Et Marius ? demande Annette.

— Je n'y suis pour rien. Marius était mort et le Seuil déjà ouvert quand je suis venu trouver la Dame Verte.

— Que veux-tu à présent, Michel ? demande Antoine avec douceur. Lucie ne pourra pas te porter toute sa vie. Il faudra… bien que tu la laisses vi… vivre sans toi, même si c'est douloureux.

— Et tu as droit au repos, comme toutes les âmes arrachées à ce monde, ajoute Annette.

Lucie s'ébroue à l'intérieur de son corps pour reprendre le contrôle. Il n'a plus beaucoup de temps.

— Laissez-moi vous aider à affronter la Dame Verte. Lucie et moi réunis, nous pouvons l'amadouer.

« D'autant plus que nous sommes ses descendants. » La voix de Lucie remonte à la surface.

Michel accuse le coup. Bien sûr. C'est pour cela qu'il est rentré facilement en communication avec elle. Qu'elle les a aidés.

— Ne peux-tu pas nous aider sans envahir le corps de ta sœur ? demande Hélène. Tu lui as déjà fait assez de mal.

— Je ne peux pas agir sans elle.

Antoine s'avance. Son visage s'est durci.

— Alors tu dois pro… promettre de la quitter dès que nous en aurons terminé avec la Dame Verte.

— Nous t'aiderons à rejoindre le monde des morts, ajoute la druidesse.

Michel hoche la tête.

« Ça suffit ! » crie Lucie.

À regret, Michel libère sa sœur. Il se rétracte et se roule en boule dans sa cage thoracique.

Le visage d'Antoine s'éclaire.

— Tu vas bien ? demande-t-il à Lucie.

— Oui.

D'un seul coup, Michel perçoit l'émotion intense qui saisit la jeune femme sous le regard d'Antoine. Il n'a jamais vu celui-ci aussi heureux.

« Tu l'aimes ? »

Sa question reste en suspens. De violents coups sont frappés à la porte. Ernestine entre, essoufflée, blême, suivie par Gaston Fleury et Renée, armée de son fusil.

Ernestine se jette dans les bras de sa fille. L'âme de Michel se répand dans le corps de Lucie pour sentir sa mère contre lui.

— Jean ! Il a disparu. Voilà des jours qu'il s'est mis en tête de partir dans la forêt pour demander l'aide des korrigans et te sauver. J'ai cru qu'il avait décidé d'agir.

Les sanglots montent de sa gorge, bloquant les mots qui voudraient en sortir. Renée s'avance et prend la parole :

— Nous avons cherché autour de l'Angeluère et… nous l'avons vue…

Michel brûle de nouveau d'une colère noire. Il devine ce que Renée va dire avant que les mots soient prononcés.

— La Dame Verte l'a emmené cette nuit.

SÉRAPHIN

Dans les brumes de sa fièvre, Séraphin observe sa mère à son chevet, son beau visage brun miné par l'inquiétude.

Autour de lui, il ne reconnaît pas la maison d'Annette. Les murs sont blancs, ainsi que ses draps. Aucune odeur de plante médicinale. Pas de chat sur ses jambes.

Erwan Lefranc nettoie ses instruments devant sa table d'opération.

Séraphin se redresse péniblement. La douleur lui cisaille le ventre.

— Nous t'avons porté, Gaston et moi, chez le docteur Lefranc, car tu étais au plus mal, dit Renée.

— Où sont les autres ?

— Ils sont partis à la recherche de Jean.

Séraphin enrage de ne pas pouvoir leur venir en aide. Il se sent tellement inutile.

Sa mère lui rafraîchit le front avec un linge humide, que l'adolescent repousse d'un geste imprécis.

— Je dois les aider !

— Hors de question ! Le docteur Lefranc est très inquiet à ton sujet, et moi aussi ! Tu ne bougeras pas tant que tu ne seras pas guéri. C'est noble de ta part, mais tu ne peux rien faire. Tu n'es qu'un enfant.

Séraphin retombe lourdement sur l'oreiller. Il a l'impression que le lit est sur un bateau.

— Pourquoi ne m'as-tu pas dit que tu étais malade ?

— Je ne voulais pas t'inquiéter.

Renée secoue la tête.

— C'est quand tu ne me parles pas que je suis inquiète.

Gaston entre dans la pièce, l'œil terne et la moustache défraîchie.

— Va te reposer, Renée, je veille sur lui.

Étonnamment, sa mère obtempère et se lève.

— Tu as raison. Je vais aller manger un peu. Je dois ensuite livrer mon linge chez les Lecomte.

— Sois tranquille, je reste auprès de lui.

Tous deux chuchotent comme s'ils étaient dans une chambre mortuaire. Son état est-il si grave que cela ?

— Ta mère a raison, dit Gaston en s'asseyant sur la chaise près du lit. Tu aurais dû nous prévenir que tu étais malade. Ne te voyant pas revenir à l'épicerie, je me suis inquiété pour toi.

— Vous n'avez pas pensé que je vous laissais tomber ?

— Bien sûr que non, mon garçon. Tu es honnête à ta façon ! Je savais que tu ne quitterais pas ton poste sans me prévenir, à moins que tu n'aies une bonne raison.

Un frisson ébranle la colonne vertébrale de l'adolescent. Tout son corps n'est que douleur.

— Tu es brûlant, dit Gaston. Je vais te découvrir un peu. Ma mère disait toujours : pour faire baisser la fièvre, commence par enlever toute source de chaleur !

Gaston aide doucement Séraphin à retirer sa chemise, ne lui laissant que son caleçon long. Il fronce les sourcils avec angoisse en constatant que les larges plaques rouges qui marbrent son corps fiévreux sont à présent piquetées de points noirs.

— Qu'est-ce que c'est ? demande-t-il avec une fausse légèreté en découvrant une marque de naissance brune sur l'épaule gauche de l'adolescent.

— Vous parlez de la marque ?

— Oui, on dirait un lièvre qui court.

— C'est une tache de naissance. Elle est amusante, n'est-ce pas ? On dirait que ce lièvre n'a qu'une envie, c'est s'enfuir, comme moi.

Gaston rit en posant délicatement un linge humide sur le front du jeune homme. Séraphin considère son hypothèse de plus en plus plausible. Gaston et sa mère ont-ils été amants autrefois, avant qu'il soit marié ? Mais dans ce cas-là, pourquoi ne pas avoir épousé Renée ? L'épicier a les cheveux noirs et épais. Comme lui. Il a le nez long et légèrement busqué. Comme lui. Bien sûr, ils n'ont pas la même corpulence, mais l'épicier n'est pas très grand non plus. En revanche, les yeux de Gaston sont aussi clairs qu'un joyeux ciel d'été, alors que les siens sont noirs, comme ceux de sa mère.

— Est-ce que vous êtes mon père ?

Les mots sont sortis tout seul. Après tout, la ligne droite n'est-elle pas le chemin le plus court ? Et puis, s'il vient à mourir, au moins connaîtra-t-il la vérité. Gaston a suspendu ses gestes. Il jette un œil inquiet à Erwan Lefranc, qui quitte discrètement la pièce.

Séraphin se sent encore plus mal, si c'est possible. Il se tourne vers le mur.

— Non, c'est pas grave, répondez pas. C'était juste une erreur de jeunesse. Qui voudrait d'un gamin comme moi ?

— Tu te trompes, mon garçon, dit Gaston d'une voix sourde. J'aurais été fier de t'avoir pour fils.

Séraphin se mord la lèvre pour empêcher ses larmes de couler. Voilà qu'il pleure comme un satané gosse à présent ! La fièvre sans doute.

— Vois-tu, la nature ne m'a jamais permis d'avoir d'enfant. Ma femme en a toujours été très malheureuse.

— Mais avec ma mère vous êtes tellement… amis. J'ai pensé que…

— Oui, nous sommes amis, justement. Nous l'avons toujours été. Il n'y a jamais rien eu d'autre entre nous.

Séraphin se redresse péniblement. La déception le blesse cruellement.

— J'aurais aimé que ce soit vous.

Est-ce la lumière du feu ou bien les yeux de Gaston brillent plus que de coutume ?

— Mon garçon, je suis très touché. Tu sais, la famille, c'est aussi celle que l'on choisit. Elle est parfois plus précieuse que celle que Dieu nous a donnée. Ainsi ta mère est-elle comme une sœur pour moi.

— Vous savez qui est mon père ?

Gaston jette de nouveau un œil inquiet vers la porte.

— Oui, mon petit, mais j'ai juré à ta mère de ne jamais le répéter. Et comme tu l'as déjà constaté, elle se sert très bien de son fusil…

Séraphin rit. Les secousses de son rire déclenchent une douleur aiguë dans tous ses membres.

— Je finirai bien par le savoir.

— Attention, la vérité est parfois plus douloureuse que

l'ignorance.

Gaston avance la main et tente vainement de lisser les cheveux de Séraphin sur son crâne.

— En tout cas, si ça ne tenait qu'à moi, je t'enverrais te faire couper les cheveux dès que tu seras rétabli.

— Personne ne touche à mes cheveux ! Ma mère a déjà essayé, mais c'est pas la peine.

L'épicier lui sourit.

— Allons, allons, tu ne vas pas désobéir à ton oncle Gaston ?

S'il n'était pas dans cet état, Séraphin ressentirait ce qui s'approche le plus du bonheur. Lui qui était tant éprouvé par la solitude, le voilà à présent entouré d'une druidesse qui veut faire de lui son successeur, d'un oncle d'adoption et d'une amie. Hélène ! Un doute affreux le taraude.

— Et Hélène ? Elle est restée là-bas ? Je devais veiller sur elle.

Gaston lui répond tristement :

— Son père est venu la chercher avec les gendarmes quand elle a quitté la maison d'Annette pour t'accompagner.

— On ne peut pas le laisser faire !

— C'est la loi. Elle dépend de lui, et son enfant aussi. Nous ne pouvons pas l'en empêcher. Il a déjà organisé le mariage avec le jeune Rennais qu'il lui destinait.

Séraphin retombe lourdement sur les oreillers.

— Alors c'est terminé. Hélène sera mariée de force. Elle sera malheureuse toute sa vie.

— Tu n'y peux rien, mon garçon. Je reconnais ton cœur noble, mais restons en dehors de tout cela. Au moins tant que tu es malade.

— Qu'a dit le docteur ?

— Que tu as dû attraper un virus. La grippe peut-être. Il en traîne beaucoup ces temps-ci, et elles sont terribles. Allons, dors un peu. Dès que j'ai des nouvelles des Mahe, je te préviens.

Séraphin voudrait rester éveillé, mais la fièvre finit par l'emporter.

Lorsqu'il rouvre les yeux, il est seul. Dehors, il fait nuit noire. Le silence de sa chambre n'est troublé que par les bruits des autres malades.

Les images de la grotte de la Dame Verte tournent dans son esprit : les ossements des enfants qu'elle a enlevés, éparpillés sur le sol. Le berceau qui est devenu une tombe. Pauvre Jean. Pourvu qu'Antoine et Lucie retrouvent la Dame Verte à temps !

Séraphin tente de se relever, mais un violent vertige le ramène au lit.

— Tu ne devrais pas y retourner.

La voix familière d'Auguste Lecomte le fait sursauter.

— Qu'est-ce que ça peut te foutre ?

— Ces chiens, ils sont terrifiants, n'est-ce pas ? Nous ne sommes pas assez forts pour les combattre.

Le garçon se rapproche. Autrefois, Séraphin était impressionné par ses larges épaules et son cou de taureau. À présent, il lui semble aussi vulnérable qu'un enfant dans un corps de géant.

— J'ai bien cru que j'allais mourir, tu sais… Je l'ai vu dans leurs yeux.

Séraphin a un frisson de dégoût. En temps normal, Auguste distribue plus de coups que de mots. Il ne l'a jamais vu parler autant.

— Je suis désolé pour toi. Allez, tu peux t'en aller maintenant.

— Je voulais te remercier pour m'avoir aidé ce jour-là, avec ta louve.

Séraphin en reste sans voix. Auguste porte sur son visage le masque de la contrition. Est-il sincère ?

— J'aurais fait la même chose avec n'importe qui. Je ne suis pas comme ton frère et toi. Et ce n'est pas MA louve.

— Ah bon ? On dirait pourtant qu'elle te protège.

« Tu es le prochain Gardien du Seuil. »

— Qu'est-ce que ça peut te faire, de toute façon ?

— Rien, mais voilà, je voulais te remercier. Et te demander pardon aussi. Comme ça, si je meurs bientôt, j'aurai la conscience tranquille.

— Il ne faut pas croire tout ce qu'on lit dans les yeux des chiens de l'enfer ! Mais d'accord, j'accepte tes excuses.

Auguste ricane faiblement.

— C'est normal que tu me détestes…

Le fils Lecomte est engoncé dans une chemise de nuit trop serrée que le docteur lui a donnée. Il a l'air encore plus bête que d'habitude. Cependant, quelque chose a changé chez lui.

— Qu'est-ce que tu tiens ?

Auguste baisse les yeux vers ses mains serrées l'une contre l'autre. Il a les yeux brillants tout à coup.

— C'est un papillon de nuit. Tu veux le voir ?

A-t-il capturé un papillon de nuit pour lui arracher les ailes ?

— Hummm… oui, pourquoi pas ?

Auguste desserre ses poings. Un papillon aux ailes jaunes, tachetées de brun, s'en échappe aussitôt.

— C'est un *Pseudopanthera macularia*.

— Un quoi ?

— On l'appelle aussi panthère. Tu n'en avais jamais vu ? Il y en a plein ici. C'est la période où ils sortent de leurs chrysalides.

Séraphin a gardé la bouche ouverte.

— Tu… Tu t'intéresses à ces trucs ?

— Oui… Enfin pas tout le temps. Mon père dit que ce n'est pas un passe-temps pour les hommes. Tu veux que je t'apporte un peu d'eau ?

Séraphin hoche la tête, éberlué par la gentillesse inédite de son ancien tortionnaire. Il parvient à s'asseoir sans avoir envie de vomir. Il accepte le verre que lui tend Auguste.

— Il est pas empoisonné au moins ?

Auguste ricane, gêné.

— Tu sais, je devrais pouvoir sortir bientôt, je suis presque guéri. Mais je… n'ai pas envie de rentrer chez moi…

— Oh, pourquoi ça ? demande Séraphin avec un sourire grinçant. Ta famille a l'air tellement aimante !

— Figure-toi que la plupart du temps, c'est César qui a l'idée des mauvais coups.

— Auguste, tu as un cerveau. Tu n'es pas obligé de faire ce que dit ton frère si tu n'en as pas envie.

— C'est que… j'essaye de me faire bien voir de lui, tu comprends. C'est lui que mon père préfère.

— Ce n'est peut-être pas bon signe…

Auguste baisse la tête. Son visage s'illumine soudain.

— Regarde, à cause de la morsure du chien, j'ai une cicatrice qui me traverse toute l'épaule, comme un vrai guerrier. Je suis sûr que César en fera une jaunisse de pas avoir la même.

Auguste baisse sa chemise de nuit sur son épaule, qui porte les marques de griffes du chien qui l'a poursuivi. Sur son bras, les traces de morsure ont formé une croûte hideuse qui imprimera sans doute sa peau définitivement.

Mais ce ne sont pas ses blessures qui retiennent l'attention de Séraphin. Juste en dessous du pli de l'aisselle, Auguste porte une tache de naissance. Une tache de naissance en forme de lièvre en pleine course.

— Par les couilles du diable !

— Incroyable, hein ? César va être vert de jalousie !

— Non, pas ça ! Ta marque de naissance !

— Oh oui ! Elle est vilaine, n'est-ce pas ? Mon père et mon frère ont la même. Et mon grand-père aussi. C'est une marque de famille. Ils en sont tous très fiers, mais pas moi. Encore, si elle avait la forme d'un papillon, ou d'un scarabée, mais là…

Séraphin n'entend plus qu'un flot de paroles confuses. Il se sent glacé tout à coup.

Non.

Toutes les particules de son être se révoltent à cette idée.

Pas lui.

La nausée le prend de nouveau à la gorge.

Mais alors sa mère et Lecomte auraient…

Il se lève, titubant jusqu'à la porte.

— Il faut que je me tire d'ici.

— En pleine nuit ? Mais tu n'as pas l'air bien du tout…

— Ferme-la, Auguste ! Ferme-la ! On n'est pas amis, on n'est pas… on est rien. Tu ne t'es jamais inquiété de mon état quand tu me cognais dessus. Alors laisse-moi tranquille.

César et Auguste. Ses frères.

Il enfile son pantalon avec des gestes brouillés, pressé de mettre le plus de distance possible entre la vérité et sa colère.

— Mais le docteur Lefranc, et ta mère ?

Séraphin saisit sa veste et se précipite dans le couloir. Il s'appuie un instant sur le mur, puis progresse jusqu'à la porte d'entrée. La maison du médecin est silencieuse. Renée est allée dormir chez Gaston.

Comment a-t-elle pu ? Avec cette ordure ?

Il aurait préféré être le fils du diable lui-même.

L'air frais de la nuit le ranime un peu. Il voit plus clair.

Retrouver Annette. Voilà ce qu'il doit faire. Pour venir en aide à Antoine et à Lucie. Retrouver Jean. La druidesse n'a-t-elle pas dit qu'il était le prochain Gardien ? C'est donc qu'elle pense qu'il y a du bien en lui.

Je n'ai pas de père. Je n'ai pas besoin de lui.

Il se met en marche vers la sortie du village, rasant les murs.

Au moment où il parvient devant le chemin creux qui mène au bois des Corneilles, une silhouette se dresse devant lui. Elle n'est qu'une ombre, ses longs cheveux détachés flottent autour d'elle, et une lame brille dans sa main droite.

Finalement, sa fin sera plus rapide qu'il ne le pensait.

— Séraphin ? Tu es pâle comme un mort !

Hélène s'avance dans la lumière de la lune. Ses cheveux blonds se détachent follement de son ruban, et sa tenue est débraillée. Ses élégantes manches de dentelle sont retroussées sur ses bras secs, et une hache pend dans sa main droite.

— Qu'est-ce que tu fabriques avec ça ? demande l'adolescent, qui respire à nouveau.

— Tu ne croyais quand même pas que j'allais laisser Lucie chercher son frère seule ?

— Mais tu n'étais pas enfermée chez ton père ?

Hélène sourit d'un air diabolique.

— J'ai mis du somnifère dans sa soupe et je me suis enfuie.

— Tu as… quoi ?

Séraphin rit faiblement. Une vague d'affection déferle sur lui, fracassant sa prison de solitude.

— Je me suis trompé du tout au tout sur toi, Duchesse ! Tu es une vraie sorcière !

— Je prends ça comme un compliment. Et toi ? Tu te sens mieux ?

Séraphin marque un temps d'arrêt. La vérité monte dans sa gorge telle une bile acide.

— Joseph Lecomte est mon père.

Après un moment d'étonnement, Hélène s'approche. Elle pose la main sur la joue de Séraphin dans un geste plein de tendresse.

— Viens ! Ne laissons pas nos pères décider qui nous sommes.

ANTOINE

Ils ont poursuivi la créature pendant deux jours et une nuit, épuisés et dévorés par l'angoisse.

— Elle se joue de nous, dit Annette, en voyant que les traces les conduisent au château du Rocher. Elle nous a fait tourner en rond pour mieux nous ramener ici.

À la sortie du bois des Corneilles, le château du Rocher se dresse sur un promontoire qui domine le lac par lequel ils sont arrivés quelques jours auparavant. Antoine jurerait que cela fait des semaines. Du côté de l'entrée principale, ils découvrent des jardins à l'abandon derrière de hautes grilles rouillées. Le château, noir de lierre sous le ciel gris, flotte au-dessus d'une mer de ronces, de fougères et de hautes herbes. Au-dessus des deux tours aux toits d'ardoise, le ciel se charge peu à peu de nuages ténébreux. Une odeur chaude monte de la terre. L'orage approche.

— Pas de traces de Jean dans son repaire, les informe Lucie, de retour de son expédition.

Essoufflée d'avoir parcouru les bois à pleine vitesse jusqu'au Nemeton, elle s'assied lourdement sur le sol. Michel, qui lui a promis de ne plus l'envahir, gravite autour d'elle sous la forme de longs filaments de brume scintillante. Tantôt ils ondulent comme des vagues, tantôt ils se dressent, hérissés d'épines douloureuses. Le visage de Michel y flotte. Lucie semble entourée d'une espèce de filaments, comme envahie par un champ de ronces. Parfois elle repousse la brume d'un geste agacé, comme elle le ferait d'une mouche importune. Mais celle-ci se reforme à chaque fois et la suit dans ses moindres mouvements. Parfois, la jeune femme autorise son frère à se réfugier un court instant dans son thorax pour reprendre des forces. Mais il ressort aussitôt pour mieux s'agiter autour d'elle.

Antoine tend sa main valide. Michel s'enroule autour de son bras, puis de son cou. La sensation est étrange, mais Antoine sait que son ami ne lui fera aucun mal.

« Elle va bien », lui dit Michel en faisant résonner sa voix dans la tête de son meilleur ami.

— La Dame Verte nous ramène là où tout a commencé, explique Annette.

— Je vais l'affronter, déclare Lucie.

Une panique familière alerte Antoine.

Lucie s'est redressée. Elle évite soigneusement son regard. Elle brosse son pantalon et sa chemise, où se sont accrochés des morceaux de branches et de feuilles. La course a déchiré ses vêtements salis de terre.

— Non.

La réponse d'Antoine est tombée comme un coup de marteau.

— Hors de qu… question ! Nous allons l'affronter ensemble et la repousser à travers le Seuil.

Lucie le regarde bien en face.

— Mais elle tient notre frère ! Je ne le sacrifierai pas ! De toute façon, qu'ai-je à attendre de l'avenir ? Ne suis-je pas condamnée à vivre exilée, devenant de plus en plus sauvage au fur et à mesure que j'oublierai le monde dans lequel j'ai grandi ? Je ne suis plus tout à fait humaine. Si Michel reste avec moi, je peux la vaincre. Je la combattrai pour que vous puissiez libérer Jean. Puis je m'enfuirai, l'entraînant loin d'ici. Elle me tuera peut-être, mais vous serez saufs.

La Dame Verte réclame d'Antoine ce qu'il a de plus précieux. Rien ne pourrait lui coûter plus cher. La rage, celle qui le poussait à commettre des actes de violence pour sauver sa vie, fuse dans ses veines comme un poison.

La brume s'agite davantage autour de Lucie. Le visage de Michel y apparaît par moments, soucieux.

Antoine attrape la jeune femme par le bras.

— Ja… jamais ! Je me fiche que tu aies changé. Je ne suis pas revenu de l'enfer pour te perdre à nouveau. Je reste avec toi, quoi… qu'il arrive.

Annette lève son bâton.

— La voilà.

Au-dessus de la clairière qui sépare la forêt du château, le ciel d'orage se ferme comme le couvercle d'un cercueil. Les grilles des jardins s'ouvrent avec un grincement sinistre, poussées par la magie. Une créature décharnée surgit des ronces qui ont colonisé le domaine. Le vent annonçant la tempête dresse ses longues mèches fauves autour de son visage émacié. Ses yeux opaques sont deux puits sans fond dans son visage parcheminé. Elle avance, claudiquant de façon grotesque, mais tous savent comme elle peut être puissante et rapide si elle désire donner la mort. De grands pans terreux de feuillage la recouvrent. Autour d'elle, de longs serpents de bois s'agitent tels les cheveux de la Méduse.

Antoine la reconnaît aussitôt.

La Dame Verte.

Elle s'avance, et s'arrête au bord de la clairière. À son appel, les chiens de l'enfer surgissent à leur tour des fourrés et l'entourent comme des sentinelles menaçantes.

Annette se place devant Antoine et Lucie.

La Dame Verte lève une main à la hauteur de son visage. Aussitôt, une nuée de corbeaux se rassemble au sommet des tours pointues de l'édifice, puis fond sur eux. Antoine se protège de son bras. À ses côtés, Lucie hurle de rage. Ses bras s'élèvent. Ses yeux luisent d'une lumière vert émeraude qu'Antoine ne lui a jamais vue. Elle arrête les volatiles encore une fois, comme si ses mains avaient formé un bouclier infranchissable. Les corbeaux se dispersent.

— Voilà à quoi tes tours se résument ? fanfaronne Lucie. Jeter quelques oiseaux à la barbe de tes ennemis au lieu de les affronter ?

Aussitôt elle s'élance vers la Dame Verte. Antoine la retient de son bras valide, mais la force de la jeune femme est décuplée. Michel remue autour d'elle.

— Attends, Lucie, supplie-t-il. Tu ne peux pas l'affronter seule.

Annette frappe le sol de son bâton et Antoine sent la terre vibrer sous ses pieds. Elle clame solennellement.

— Tu as franchi un seuil interdit, créature de la nuit ! Rends-nous l'enfant que tu as pris et va-t'en !

De l'autre côté de la clairière assombrie par les nuages chargés de pluie, la Dame Verte s'immobilise. Elle ouvre son vêtement. Posé dans l'enchevêtrement végétal qui constitue son manteau, Antoine devine le corps de Jean, inerte. Les branches de la Dame Verte l'entourent, vivantes, se mouvant tels des reptiles autour de ses membres innocents. Des griffures couvrent son visage et ses bras. Le dégoût et la révolte submergent Antoine. Michel se rétracte en une brume furieuse.

« Comment a-t-elle osé ? » rugit Michel.

Lucie tend le bras vers lui. Il la rejoint, ne faisant qu'un avec elle.

— C'est moi qui te dois quelque chose ! Prends-moi à sa place ! crie Antoine à la Dame Verte.

Lucie grogne et fulmine.

La Dame Verte tend son doigt pâle vers elle et s'immobilise.

— Non ! crie Antoine. Jamais !

Lucie pousse un rugissement, se dégage de son étreinte et s'élance vers son aïeule. Antoine la poursuit. Si elle atteint la Dame Verte, elle est perdue. Elle deviendra à son tour une bête, un monstre enfermé dans sa sauvagerie. Les chiens de l'enfer se dressent devant lui, les crocs menaçants, stoppant sa course. Annette frappe encore une fois son bâton sur le sol et la terre vibre de nouveau, plus fort. Serrant son arme avec force, elle prononce des mots qu'Antoine ne reconnaît pas. Un sifflement terrible retentit. Les chiens se figent, les oreilles basses, puis reculent vers les ronces en geignant. Antoine garde les yeux fixés sur Jean et Lucie.

La jeune femme se tient devant la Dame Verte. Celle-ci s'approche, lui murmure quelques mots à l'oreille et Lucie hoche la tête. La créature ouvre son manteau et la jeune femme s'empare de son frère. Elle le serre contre elle et se dirige vers Antoine pour le lui donner.

Il lit dans son regard une détermination farouche. Ses traits brouillés deviennent méconnaissables, montrant tour à tour les expressions de Michel, puis les siennes, à une vitesse vertigineuse.

— Prends soin de lui, murmure-t-elle d'une voix rauque.

— Ne pars pas avec elle, supplie Antoine, recouvrant l'enfant de son manteau.

— Nous n'avons pas le choix. Elle nous veut. C'est le prix à payer pour la vie de notre frère.

Antoine croit entendre Michel dans la voix de Lucie. Leurs deux visages se confondent à présent, comme deux photographies superposées. Antoine cherche à se connecter avec son ancien ami.

— Laisse-la vivre, Michel. Laisse-la retourner vers la lumière, implore-t-il, un sanglot dans la voix.

— Je ne peux pas, mon frère, dit Michel, nous devons être deux pour la vaincre.

Soudain Antoine comprend ce qui va se passer.

Lucie et Michel ne céderont pas à la Dame Verte. Ils ne deviendront jamais ses alliés. Ils vont la combattre.

Et, avant qu'il ait pu la retenir, Lucie se retourne en poussant un hurlement sauvage et se jette sur la créature démoniaque.

Elle agrippe son cou décharné, mais la Dame Verte, immobilisée un instant par la stupeur, la projette plusieurs mètres plus loin. Lucie touche à peine le sol. Elle se redresse et se rue de nouveau vers son ennemie. Elles roulent toutes deux dans les hautes herbes de la clairière et se battent avec une violence terrible, leurs coups résonnant comme ceux de géants. Antoine court mettre Jean à l'abri dans les bras de la guérisseuse. Il veut intervenir, mais Annette l'en empêche.

— Ne t'approche pas ! lui dit-elle. Le Mal est à l'œuvre !

Antoine ne l'écoute pas et se précipite. La Dame Verte se redresse soudain, court vers la forêt, poursuivie par Lucie. Les deux créatures se déplacent à une vitesse surhumaine et Antoine les perd de vue.

Au loin, il entend une clameur funeste.

SÉRAPHIN

Hélène et Séraphin parviennent en vue des tours du sinistre château, guidés par les cris. La fièvre n'a pas quitté le garçon et tout son corps n'est que douleur. Mais ses amis sont en danger et il refuse de les laisser seuls.

« La famille, c'est aussi celle qu'on choisit. »

Les paroles de Gaston Fleury résonnent dans sa tête qui bourdonne comme un carillon.

Auprès de lui, Hélène a passé son bras au-dessous de ses épaules pour l'empêcher de tomber.

— Tu ne peux pas y aller, tu es trop faible, dit-elle. Repose-toi un instant ! Je reviendrai te chercher.

Elle arbore une expression farouche qui agaçait autrefois Séraphin. Aujourd'hui, il admire son courage. Armée de sa hache, les cheveux au vent, sa robe de jeune fille rangée tendue sur son ventre arrondi, elle se dresse fièrement, prête à en découdre avec des créatures dont elle niait il y a peu l'existence.

— Non, répond-il avec un sourire. On y va ensemble. Je suis le pou dans tes cheveux, tu te souviens ?

Hélène hoche la tête. Séraphin se redresse et ils courent tous deux jusqu'au château du Rocher.

Le spectacle qui s'offre à eux les laisse un instant stupéfaits.

Devant le château sinistre qui s'assombrit plus encore sous les nuées d'orage, Lucie et la Dame Verte sont agrippées l'une à l'autre tels deux titans, griffant, mordant, rugissant. Elles disparaissent à pleine vitesse à l'intérieur du bois des Corneilles.

Dans le brouillard de son regard, Séraphin voit Hélène s'élancer à leur poursuite, sa hache à la main.

— Non, Hélène ! N'y va pas seule ! crie-t-il.

À sa gauche, Antoine protège un petit corps recroquevillé à ses pieds. Annette se tient droite, brandissant son bâton en direction des Trois Qui Ne Peuvent Pas Mourir. Les chiens ne semblent plus craindre ses sorts et s'approchent. Effaré, Séraphin voit les monstres se dédoubler dans un bruit humide abject. Ils sont à présent six, puis douze, qui encerclent Annette et Antoine.

Sentant sans doute sa présence, la druidesse jette un coup d'œil à Séraphin. Pour la première fois, il y décèle le doute. Pourquoi ne se transforme-t-elle pas ? *Elle ne peut pas,* se dit l'adolescent, *sinon elle ne pourra plus prononcer les formules pour repousser les créatures.*

L'une d'elles s'approche d'Antoine, qui tire un coup de fusil. La créature tombe au sol puis se relève, grouillant de vers immondes qui coulent de sa plaie.

Annette redouble d'efforts. Son bâton frappe le sol, secouant la clairière, accompagné de ses formules d'une voix forte. Mais les chiens ne sont plus effrayés. La guérisseuse se plie en deux, elle va se transformer, mais elle ne fera pas le poids contre la meute de cerbères.

Soudain, le ventre du garçon hurle comme une alarme. Il veut s'élancer vers Annette pour lui venir en aide, mais sa vue se trouble. La douleur fuse dans tout son corps comme un incendie soufflé par le vent, furieuse, incandescente. Séraphin se recroqueville. Un cri atroce lui transperce les oreilles. C'est le sien. Il va mourir ainsi, d'une fièvre stupide, sans même pouvoir venir en aide à ses amis. Jusqu'à la fin de sa courte vie, il n'aura été qu'un parasite, un poids inutile, un garçon dont personne ne veut et qui ne peut être utile à personne.

Il s'écroule au sol, happant dans son regard la guérisseuse devenue Grise qui se jette sur les créatures infernales.

Soudain, la brûlure atteint les confins de son organisme et brise ses limites. Sa peau craque, s'étire. Tout son être se fend comme sous le coup d'une lame passée au feu.

La souffrance monte, insupportable. Les déchirures le font hurler. Des poils bruns surgissent, transperçant ses mains, ses bras, ses jambes, son ventre. La sensation est horrible, comme si tout son corps se brisait. Ses muscles s'étirent, son dos se courbe, l'obligeant à se tenir les mains, non, les pattes au sol. Son crâne s'allonge, entraînant son nez et sa bouche vers l'avant. Ses dents poussent à l'intérieur de cette gueule nouvelle, lui donnant soudain un fulgurant sentiment de puissance. Il entend son halètement de souffrance résonner dans ses oreilles dont l'ouïe le saisit par son acuité. Il veut crier de douleur, d'horreur, d'affolement, mais un long hurlement surgit de sa gorge, libérant son angoisse.

Il est un loup.

Un loup énorme à en juger par la hauteur de son regard.

Les bruits du combat féroce qui se déroule à quelques mètres le font sortir de sa sidération.

Annette, devenue Grise, se démène avec les chiens, qu'elle

domine d'une bonne tête. Mais leur nombre joue en sa défaveur. Antoine fait feu sur ceux qui s'approchent de Jean, mais lui aussi est en mauvaise posture.

Sans plus réfléchir, Séraphin s'élance. Étonné par sa vitesse, il se jette dans la mêlée, écartant loin d'Antoine deux créatures qui s'en approchaient dangereusement. Sa force le surprend, mais il s'en réjouit. Il revient à la charge, saisissant un des chiens dans sa gueule et le plaquant au sol avant de le tuer d'un coup de patte. Antoine élimine le second en lui tirant dans la tête.

On dirait que je ne suis plus le plus petit et le plus maigre, se dit-il en ricanant.

« Cesse de te vanter et viens donc m'aider, avorton ! » crie dans sa tête la voix d'Annette, aux prises avec trois chiens qui mordent son pelage.

Séraphin saute sur l'un des loups, l'égorge. La sensation du sang dans sa gueule lui procure une joie sauvage. Il réitère son action avec un autre chien, qu'il détache du pelage d'Annette comme s'il s'agissait d'une tique, et l'éjecte contre un tronc d'arbre, faisant craquer les os de la créature. Annette se débarrasse rapidement du dernier qui la mordait, lui brisant la nuque d'un coup de gueule.

Comme la dernière fois, les chiens se recouvrent de vers blancs qui les grignotent, ne laissant que quelques poils noirs et du sang. Les Trois se reforment un peu plus loin, surgissant de la terre molle, mais ils font demi-tour, plongeant dans la forêt obscure.

Séraphin se tourne vers Annette, qui le domine encore d'une tête, même sous la forme de Grise. Elle s'approche et lèche son pelage ensanglanté.

« Alors, mon garçon, tu en as mis du temps avant de sortir

de ta coquille ! » lui dit-elle en pensée.

Un bouillonnement inédit s'installe en lui. La douleur a cessé, mais elle a laissé la place à une énergie nouvelle qui ne demande qu'à s'exercer. Sa transformation le bouleverse, mais il se sent enfin complet. Il pousse un hurlement libérateur.

« Allons, allons, calme-toi, lui dit Grise. Il nous reste beaucoup à faire ».

« Tu as deux ou trois explications à me donner ! »

« Plus tard, allons d'abord rassurer Antoine et aider Lucie. »

Séraphin se dirige vers Antoine qui l'observe, fasciné. Il tend la main, frottant le pelage noir de son ami.

— Séraphin, c'est bien toi ?

Grise s'approche de son neveu, reprenant sa forme humaine devant lui. Elle couvre de sa longue cape son corps nu.

— Je t'expliquerai tout, mais avant il faut aider Lucie. Va ! Je m'occupe de Jean. Séraphin t'accompagnera. N'oubliez pas que vous devez contraindre la Dame Verte à traverser le Seuil. Prenez le médaillon !

Annette hisse l'enfant inconscient dans ses bras, puis reprend son bâton.

— Je vais ramener Jean à sa mère, puis je vous rejoins. Antoine ! Séraphin est assez fort pour te porter sous cette forme. Grimpe sur son dos. Allez ! Ne perdez pas de temps !

Antoine grimpe sur le dos de son jeune ami, s'agrippe à sa crinière noire, aussi hirsute que l'étaient ses cheveux.

— Tu vas être encore plus insupportable après ça, dit-il au loup avant que celui-ci ne s'élance à pleine vitesse en hurlant.

LUCIE

Lucie songe au petit corps de Jean dans les bras de la Dame Verte, et resserre sa prise sur la gorge de la créature. Elles luttent ainsi depuis de longues minutes, s'enfonçant dans le bois assombri par l'orage. La colère ne l'a pas quittée. Et si ce monstre avait mortellement blessé son jeune frère ?

« Il est vivant ! lui dit Michel. Je l'ai entendu respirer. »

Les lianes de la Dame Verte s'enroulent autour de Lucie, telles des extensions de ses bras, serpentant là où elle le décide.

« Attention ! »

Au moment où elle entend l'avertissement de son frère, Lucie est projetée au travers de la forêt. Elle se cogne la tête contre le tronc d'un chêne et se sent étourdie.

« Laisse-moi reprendre le contrôle, suggère Michel. Je peux la vaincre ! J'ai l'habitude de me battre ! Je te protégerai. »

Lucie sent que son frère commence à étendre sa volonté sur elle.

— Ne prends pas le contrôle ! crie Lucie. Tu m'as promis ! Et tu n'es plus sur le front !

« Mais quel est ton plan ? Elle est plus forte que nous ! »

— Fais-moi confiance !

Lucie se redresse péniblement, à bout de souffle. La Dame Verte la scrute, s'avançant vers elle. Elle semble affaiblie par le combat, et les chiens de l'enfer sont restés en arrière, aux prises avec Annette. Cependant, Lucie ne parvient pas à avoir le dessus. Bien que dotée d'une force surhumaine, elle ne fait pas le poids face à la créature. Autour d'elle, elle reconnaît la clairière qui surplombe le Bois Sacré. Le Seuil de l'Autre Monde n'est donc qu'à quelques mètres.

Une idée germe dans son esprit.

Depuis le début de l'affrontement, Lucie a remarqué un changement dans le regard de la créature, perdu au creux de son maigre visage sale.

— Elle est encore Éléonore. Je peux la raisonner.

« Non, Lucie ! C'est un leurre ! »

Lucie s'approche doucement de son adversaire.

— Tu m'as livrée à ses griffes, ne fais pas le délicat maintenant !

Elle ouvre les mains en signe d'apaisement.

— Éléonore, appelle-t-elle doucement.

La Dame Verte se balance de droite à gauche, aussi grotesque qu'un pantin ivre. Ses lianes se déroulent autour d'elle, rampantes, menaçantes.

— Éléonore, je comprends ta colère. Ta peine.

Les lianes progressent dangereusement vers les pieds de la jeune femme.

« Lucie, attention… »

— Laisse-moi t'apporter du réconfort.

Les lianes s'enroulent autour de ses chevilles.

« Ce n'est pas une bonne idée ! Elle va nous broyer comme

des coquilles de noix. »

— Laisse-moi être… ta fille.

La Dame Verte rugit et tire sur les lianes qui s'échappent de son manteau de feuillage. Lucie tombe lourdement sur le sol, happée par la créature. Elle file à toute vitesse dans la terre et les feuilles, griffée par les ronces.

« Lulu ! »

Michel se répand de nouveau dans les bras de sa sœur, prêt à frapper.

La Dame Verte les immobilise, les surplombant, soufflant sur eux son haleine de terre. Ses cheveux fauves pendent autour de son visage comme un rideau de flammes. Elle n'est plus qu'à quelques millimètres du visage de Lucie. Les lianes accentuent leur prise.

« Lucie, ses yeux. »

L'encre noire et opaque de son regard se dilue peu à peu, laissant apparaître deux pupilles noyées dans des iris verts.

Un râle s'échappe de sa gorge.

— Geneviève…

Lucie éprouve un sentiment de victoire.

« Tu as réussi ! »

L'étau des lianes qui la maintenaient au sol se desserre. Éléonore prend le visage de Lucie entre ses griffes, puis palpe tout son corps comme si elle voulait vérifier sa présence.

— C'est bien toi, ma fille…

Sa voix rauque est sombre et douloureuse. Une violente émotion fend ses traits.

Elle reste de longues minutes ainsi, pressant Lucie contre elle. La jeune femme est secouée par cette étrange étreinte. Sous la peur et le dégoût que lui inspire la créature, un sentiment inédit affleure : de la pitié. Incomprise, rejetée, arrachée à ses enfants, accusée de sorcellerie, comment reprocher à Éléonore d'avoir sombré dans la folie ? Lucie elle-même n'a-t-elle pas été l'objet de la haine des hommes du village ? Trois siècles auront-ils suffi à tarir cette douleur ?

Éléonore se lève, puis s'éloigne vers le Bois Sacré. Elle s'arrête un instant. Lucie attend, observant son dos pâle et osseux sous le manteau de feuilles. Après une hésitation, la créature tend sa main décharnée vers Lucie.

— Viens…

Étrangement émue, Lucie descend la pente qui mène à la sombre clairière à sa suite. Aussitôt, le froid du Nemeton l'enveloppe. La présence de Michel bruisse comme un essaim de guêpes. Son agressivité se cogne contre les parois de son corps. Il n'aime pas ce qui se trame. « Du calme, mon frère, du calme. »

Le Grand Hêtre du Bois Sacré se dresse devant elles, plongé dans la pénombre. Son tronc énorme bourdonne aux oreilles de la jeune femme.

Éléonore pose la main sur l'arbre. Elle reprend de sa voix rauque.

— Tu entends ?

— Oui, répond Lucie, posant sa main sale près de celle de son aïeule.

— La magie. Nous, les sorcières, l'entendons distinctement. Nous pouvons y puiser la force dont nous avons besoin pour agir. À présent que je t'ai retrouvée, je vais t'apprendre.

« Le Seuil de l'Autre Monde se trouve dans la grotte, derrière le Grand Hêtre, dit Michel à l'intérieur de la tête de Lucie. »

Éléonore entraîne Lucie vers l'ouverture de la cavité. Il ne reste soudainement pas grand-chose du monstre qui a failli l'étrangler tout à l'heure. Elle ressemble à une vieille dame épuisée qui pourrait s'affaisser au moindre souffle. Et si Éléonore n'était pas aussi dangereuse qu'on le dit ? Si elle avait des choses à lui apprendre sur le nouveau pouvoir dont elle a hérité ? Ne serait-ce pas une vie exaltante que de courir les bois nuit et jour, communiant avec la terre, les plantes, les animaux ? Punissant les vivants qui troubleraient leur tranquillité ? Gagnant en puissance de jour en jour ? Cette vie ne vaut-elle pas mieux que celle qui lui était destinée, au village ?

« Lucie ! C'est sa magie ! Regarde tes bras ! »

La jeune femme baisse la tête et reconnaît les filaments qui se sont infiltrés en elle la première fois, et qui s'enroulent de nouveau autour de ses membres.

« La Dame Verte les utilise pour mieux endormir ta méfiance et t'attirer à elle, prévient Michel. C'est comme une drogue. Garde la tête froide. »

À l'intérieur de la grotte, Lucie marche sur des petits ossements qui glissent sous ses pieds : des restes d'enfants. Ceux dont lui a parlé Antoine. Des petits crânes sont assemblés ici ou là, sinistres décorations. Lucie frémit. « Jean a été sauvé à temps, dit-elle avec soulagement à son frère. Il est en sécurité avec Annette, qui le ramènera à notre mère. » Elle se souvient du destin qui l'attendait s'ils ne l'avaient pas tiré des griffes de la Dame Verte. La créature lui apparaît alors telle qu'elle est : une meurtrière.

— Voilà notre logis, dit Éléonore.

Sa voix frotte sur les parois de sa gorge. Ses doigts décharnés et griffus désignent la grotte sombre et fétide. Une odeur d'humidité, de moisissure et de mort agresse les narines de Lucie.

« Sur ta gauche, le boyau le plus étroit ».

Suivant les indications de son frère, Lucie s'enfonce dans le couloir sombre, entraînant Éléonore à sa suite. Elle entre, fascinée, dans la salle du Seuil. Les lourds nuages gris, chargés d'orage, se reflètent dans le puits au centre de la salle. La surface tremble, frémissante, comme agitée dans son sommeil.

— Dans ce lieu surgissent les créatures de l'Autre Monde, dit la Dame Verte. C'est ici que je les appelle.

Michel s'agite dans sa cage thoracique.

« Lucie, attends un peu. Nous n'avons pas encore le médaillon. Antoine va te l'apporter bientôt. »

— Montre-moi comment appeler les créatures de l'Autre Monde, mère, demande Lucie, cherchant à attirer la Dame Verte vers le Seuil du monde des morts.

« Lucie, ne le fais pas seule, c'est trop risqué ! »

La Dame Verte plante ses yeux dans ceux de la jeune femme. Ses iris sont verts et cernés de noir à présent. Lucie a un choc en reconnaissant son propre regard. Éléonore, son aïeule. Une sorcière. Comme Annette. Comme elle à présent ? Lucie est soudainement prise de remords. Peut-elle trahir ainsi cette femme que tant d'autres ont déjà blessée ?

Éléonore hésite un instant. Puis elle hoche la tête. Elle prononce des mots que Lucie ne comprend pas et laisse glisser à la surface de l'eau une de ses lianes.

Aussitôt, l'eau s'ouvre et une puissante lumière jaillit. Dans le bassin circulaire, Lucie devine une nuit épaisse, et en son sein un tourbillon de brumes argentées. L'ombre de Michel se rétracte d'angoisse à la vue de ses semblables.

Ainsi, les voilà, les âmes perdues, celles qui ne sont ni ici ni ailleurs. Lucie les entend, bourdonnantes et terribles. Elles s'entrechoquent sur le Seuil. Perdues. Sans logis, ni chez les morts ni chez les vivants. Elles attendent qu'on leur indique le chemin vers le repos.

Éléonore proclame le sort qui appelle les créatures de l'Autre Monde. Des formes noires commencent à se dessiner en la surface, dans un gémissement encore lointain. Lucie est un instant pétrifiée par cette vision de cauchemar et par la puissance de son aïeule.

Éléonore ferme les yeux, absorbée par sa magie.

Sans attendre, Lucie déploie toutes ses forces et la pousse dans le bassin.

La créature bascule. Lucie croise son regard rempli d'étonnement et d'une autre émotion. De la tristesse ?

Au moment où elle touche la surface des eaux de l'Autre Monde, Éléonore émet un hurlement de rage. Ses lianes se déploient, agrippent les bords du bassin et la maintiennent, suspendue au-dessus de l'eau, puis la projettent en dehors. Elle bondit à plusieurs mètres, tombant accroupie sur le sol de la grotte.

Lorsqu'elle se retourne, ses yeux sont aussi noirs que la mort.

« Lucie, cours ! »

Éléonore s'élance sur la jeune femme avant qu'elle ait pu faire un geste, refermant ses serres autour de son cou. La colère déforme ses traits.

— Trahison… encore… articule-t-elle de sa voix rauque.

Lucie se débat mais Éléonore la cloue au sol. Les branches magiques qui l'entourent s'agitent. L'une d'elles se dresse, aussi pointue qu'une lance, et s'enfonce dans l'épaule de la jeune femme.

Le hurlement de son frère fait écho au sien. La douleur est insupportable, et Lucie manque de s'évanouir. Michel bouillonne, s'étale, cherche à prendre le contrôle de son corps pour lutter contre ce supplice.

— Non ! Laisse-moi !

« Mais tu vas mourir ! »

— Alors je mourrai en restant moi-même.

Les lianes de la Dame Verte l'enserrent, de plus en plus nombreuses, l'enfermant dans un cocon de branchages. Lucie cherche à frapper, mais son bras valide est vite immobilisé. Elle rue des jambes pour se dégager. Sa force surhumaine ne peut rien contre celle de son aïeule. Bientôt les lianes la plongent dans l'obscurité de leur cage, se rétrécissant, la privant de souffle et de lumière. Elle cherche à aspirer de l'air, mais en vain. La panique et la douleur la submergent, poussant un cri hors de sa gorge.

« Ne laisse pas tomber ma Lulu ! », crie Michel.

Celui-ci s'échappe par la bouche et les narines de Lucie, puis dans l'interstice qui subsiste entre l'entrelacs de branches de plus en plus serré.

Une tristesse immense l'envahit tandis qu'elle étouffe.

Elle va mourir seule.

Elle a une dernière pensée pour Antoine, puis sombre…

MICHEL

Affaibli, Michel flotte au-dessus de la Dame Verte. Il ne perçoit plus aussi bien les sons et les couleurs, mais il reconnaît sur le sol de la grotte la chrysalide de branches qui enferme sa sœur. À l'intérieur du corps de Lucie, il a senti ses poumons brûler, son cœur ralentir. Il est sorti aussitôt pour tenter de lui venir en aide. Il n'a pas beaucoup de temps. Éléonore est debout et guide les lianes qui enserrent Lucie à ses pieds. Il n'y a plus aucune trace d'humanité sur son visage. Juste une rage animale.

Michel se jette sur elle, l'entourant de son halo brumeux. Il sait qu'elle ne sentira rien, mais qu'elle le verra.

« Laisse-la ! »

— Trop tard, articule-t-elle. Elle m'a trahie de la pire des manières.

Michel tente de la distraire en tournoyant autour d'elle. Il recouvre son visage, mais elle le chasse.

« Prends-moi à sa place ! »

— Tu ne me sers plus à rien ! Elle seule pouvait être ma fille.

La panique le saisit.

« Lucie ! »

Aucune réponse ne lui parvient. Il cherche un interstice où se glisser pour retourner auprès de sa sœur. Tout est flou. Au moment où il croit apercevoir une ouverture entre deux lianes, un cri sauvage retentit.

Surgie de nulle part, une hache s'abat, sectionnant les branches qui relient Éléonore au sarcophage.

Surprise, la créature recule avec un grognement.

Michel reconnaît, ébloui, la silhouette d'Hélène qui se dresse fièrement entre son amie et la Dame Verte. Sans attendre que celle-ci réagisse, elle lève sa hache de nouveau et fend un côté du cocon qui retient Lucie.

Le bras de celle-ci réapparaît, inerte.

La Dame Verte s'approche d'Hélène, les griffes tendues vers elle.

« Non ! Pas elle ! »

Michel se sent terriblement impuissant.

Au moment où la créature saisit la jeune femme, un énorme loup noir se jette sur elle et la cloue au sol. Derrière lui, Antoine surgit en courant, armé de son fusil. Il tombe à genoux près de Lucie.

Hélène s'est déjà précipitée vers son amie, taillant fébrilement les branches qui la retiennent, bientôt aidée d'Antoine. Elle lève les yeux vers Michel, qui flotte au-dessus d'elle. Il n'y plus de haine dans son regard, juste de la méfiance.

— Aide-la.

Aussitôt, il plonge dans le corps de sa sœur. Toutes ses particules s'étalent dans ses membres inertes. Il n'entend que le silence. Lucie ne respire plus.

Alors il s'empare de son cœur.

SÉRAPHIN

Encore ivre de sa course, Séraphin maintient la Dame Verte au sol avec ses pattes. Elle grogne et griffe telle une démente. Séraphin entend un appel, une force incroyable qui veut le soumettre à sa volonté. Il est tenté de lâcher prise, mais il s'ébroue. Encore un sortilège de la créature. Ne commande-t-elle pas aux animaux ? Séraphin ricane intérieurement. « Je ne suis un loup que depuis une heure, tu ne peux rien m'ordonner ! »

— Sale petit bâtard ! rugit la Dame Verte. Crois-tu que tu auras plus d'importance à leurs yeux à présent ? Tu seras toujours un parasite inutile.

Séraphin essaie de la mordre, mais celle-ci se défend rageusement, ses épines acérées se plantant dans sa chair telles des lames de poignard.

— Séraphin, recule ! crie Antoine, qui vise la créature. Je vais tirer !

Le loup noir fait un bond en arrière au moment où le claquement du fusil retentit. La Dame Verte titube. Du sang noir surgit de sa blessure au ventre. Elle lance en ricanant :

— Finalement, tu as payé ta dette, Antoine. Je t'ai pris ce que tu avais de plus précieux. Nous sommes quittes.

Séraphin voit le visage d'Antoine, livide, décomposé par la fureur. Il tire plusieurs fois, projetant la créature à plusieurs mètres. Éléonore s'écroule, inerte.

Aussitôt, Antoine tombe à genoux devant le corps inanimé de Lucie. Il la serre contre lui de son bras valide. Des sanglots douloureux secouent ses épaules. Michel a disparu derrière les paupières closes de la jeune femme. Hélène s'est assise lourdement à côté d'elle, les mains caressant son ventre arrondi, son visage de porcelaine figé dans l'horreur.

Séraphin est désespéré. Michel, et à présent Lucie. Qui le guidera sur le droit chemin si ses aînés meurent tous les uns après les autres ? Il s'approche d'Hélène et pose son museau sur son épaule.

Elle sursaute, puis le regarde attentivement.

— Séraphin, c'est toi ?

Hélène lui paraît si frêle du haut de sa taille de loup. Il donne un coup de langue sur son visage. Elle l'enlace et plonge la tête dans sa crinière noire. Pour la première fois, Séraphin remarque son odeur d'encre et de jasmin. *Ma précieuse amie,* pense-t-il pour la première fois de sa vie.

— Il faut fermer le Seuil sans attendre.

La voix d'Annette a retenti, amplifiée par les parois de la grotte, sortant tout le monde de sa torpeur.

Enveloppée de son grand manteau noir, la guérisseuse s'approche de Lucie.

— Fais quelque chose… je t'en su… supplie… demande Antoine d'une voix brisée.

Annette croise son regard perdu. Ses lèvres tremblent

face au désespoir de son neveu. Jamais Séraphin n'avait vu la druidesse manifester une émotion aussi violente.

— Je ne peux rien contre la mort.

Elle pose sa main sur le torse de la jeune femme et ferme les paupières, récitant les mots transmis de génération en génération. Elle ouvre soudain des yeux plus brillants.

— Elle n'est pas seule. Michel est avec elle.

Antoine baisse la tête vers le visage de la jeune femme.

— Ramène-la, mon frère, chuchote-t-il à son oreille.

Hélène se lève soudain, pleine de détermination.

— Fermons le Seuil, que tout cela ne soit pas vain.

— J'ai le médaillon de la Dame Verte, répond Annette. Portons-la jusqu'au bassin et rejetons-la dans l'Autre Monde.

Soudain, des remous agitent l'eau sacrée. Des silhouettes noires affleurent à la surface, sortant leurs griffes. Le jeune loup se met en position d'attaque et grogne.

— Regardez ! crie Hélène.

Annette se redresse.

— La Dame Verte a appelé des créatures de l'Autre Monde ! dit-elle. Il faut faire vite.

Antoine et la guérisseuse se précipitent vers le corps d'Éléonore. Ils la soulèvent péniblement. Le jeune homme est gêné par son bras artificiel. Hélène leur vient précipitamment en aide.

— Quel sera le prix du sang pour refermer le Seuil ? demande la jeune femme. Tu as dit qu'il fallait un sacrifice pour l'ouvrir et le refermer.

— Espérons que la Dame Verte suffise, répond Annette.

Les silhouettes émergent de l'eau sacrée, se hissant péniblement sur les bords du puits.

Antoine reprend son fusil, prêt à tirer. Séraphin se

positionne à ses côtés.

C'est alors que l'instinct du loup noir retentit comme une alarme. Ses poils se hérissent, et l'adrénaline propulse une énergie farouche dans tous ses membres. Une odeur familière lui parvient, le mettant aussitôt mal à l'aise. Sortant du boyau derrière eux, il distingue une ombre encapuchonnée qui s'approche.

Annette pose la Dame Verte au sol et saisit son bâton.

— Je ne vous laisserai pas refermer le Seuil.

La voix aigre déclenche un dégoût irrépressible dans la gorge du loup noir.

La fine silhouette s'approche, les mains crispées sur un fusil de chasse.

Séraphin est stupéfait. La lumière du bassin éclaire un visage pointu, déformé par la haine. Ses lèvres pâles incurvées par le plus profond mépris, elle observe la scène.

— Berthe Lecomte ! crie Hélène.

— Je ne vous laisserai pas mettre un terme à ce que j'ai accompli, assène la femme du maire.

— C'est vous qui avez ouvert le Seuil ! s'exclame Annette.

— Comment ? s'étonne Hélène. C'est impossible !

Berthe Lecomte s'avance, le fusil s'approchant dangereusement du ventre d'Hélène.

— Sale petite garce ! Je savais que tu n'avais aucune moralité sous tes grands airs !

Antoine se place entre Hélène et Berthe, brandissant son arme à son tour.

— Bai… baissez votre arme, Berthe.

La femme du maire jette un regard plein de haine à Annette.

— Croyais-tu donc être la seule à posséder le savoir des

anciennes ? Ce n'est pas parce que je ne me pavane pas comme une prétendue guérisseuse que je ne sais rien des simples, que je ne connais pas les vieilles histoires. Ma mère m'a enseignée en secret, comme sa mère avant elle, faisant mine de respecter les interdits qu'on leur avait imposés.

Berthe Lecomte s'avance, devisant comme si elle était autour d'une tasse de thé, visant Annette avec son arme.

— Oh, bien sûr, je ne suis pas aussi savante que vous ! Mais je me souviens très bien de ce que ma grand-mère racontait : le Seuil, la porte de l'enfer, cachée au fond du bois des Corneilles… Il m'était interdit d'en approcher. « Le diable y crache ses créatures », disait-elle. J'adorais cette histoire… Je la tenais cachée dans un coin de ma mémoire, avec tous les remèdes et les sorts qu'on m'avait appris, comme un coffre secret que je n'avais qu'à ouvrir en cas d'extrême nécessité. Je me suis conformée à ce qu'on attendait de moi : j'ai caché mon savoir, j'ai reçu un époux dans mon lit, j'ai enduré la douleur pour engendrer des fils… N'avais-je pas la situation rêvée ? La femme du maire ! Propriétaire de plusieurs fermes ! Mère de deux fils destinés à devenir des maîtres à leur tour !… Mais cette ordure m'a trompée avec tout le village. Il a fait de moi la risée des commères, et la honte de ma famille ! Berthe la cornue ! Lecomte la cocue !

— Vous vouliez le punir ? demande Annette, toujours sur le qui-vive.

— Je me suis souvenue de la porte de l'enfer. Il a piétiné mon honneur, j'ai décidé de ruiner sa carrière en faisant du village un lieu maudit. Ma grand-mère m'avait prévenue : seul un sacrifice de sang pouvait ouvrir le Seuil.

— Vous avez tu… tué Marius ! dit Antoine, livide.

— Cet imbécile m'a crue quand je lui ai dit que j'allais

l'emmener dans une cachette qui lui permettrait d'échapper à la mobilisation le temps que les combats cessent. Il m'a suivie jusqu'ici, et je l'ai empoisonné. La Dame Verte a fait le reste sans que j'aie besoin de lui demander quoi que ce soit ! Une fois la porte ouverte, je me suis cachée, curieuse de voir ce que j'avais réalisé, moi seule ! Elle a surgi de sa tanière et a appelé les chiens de l'enfer. Ma vengeance pouvait s'exercer !

— Comment avez-vous pu tuer ce pauvre Marius ? crache Hélène. Il était aussi innocent qu'un enfant !

— Ne fais pas l'hypocrite, mademoiselle la morale ! Qui s'est vraiment inquiété de sa disparition ? Vous l'avez tous rejeté depuis l'enfance ! Tout le monde le considérait comme l'idiot du village !

— Tu n'avais pas le droit de profaner ce sol sacré ! s'écrie Annette. Vois les dégâts que tu as causés, les morts que tu as sur la conscience ! Ton fils lui-même a failli mourir sous les crocs des chiens de l'Autre Monde !

Le masque de haine de Berthe Lecomte se brise quelques instants.

— Je n'avais pas prévu que leur père serait aussi pressé de leur mettre un fusil dans les mains ! Qu'importe à présent ! Mon fils est vivant et je n'ai pas l'intention de vous laisser refermer la porte avant que le village ne devienne un champ de ruines !

Séraphin ne pensait pas qu'il pouvait haïr cette femme davantage. Il songe à sa mère frottant jusqu'à l'épuisement le linge de ce monstre, à la peur qui a dû être celle de Marius, sacrifié par cette horrible femme pour assouvir sa vengeance. À ses… frères, élevés par une mère démente et un père ivre de pouvoir. Pas étonnant que la violence ait toujours été leur seul langage.

Soudain, un bruit humide attire son attention vers le bassin sacré. Des griffes noires, aussi légères que de la fumée, surgissent du Seuil.

« Les créatures de l'Autre Monde, crie-t-il à Annette. Elles arrivent ! »

La guérisseuse se retourne vers le bassin et projette une puissante lumière de son bâton sacré. Aussitôt, les ombres glissent vers l'eau de plus en plus remuante.

— Ne voyez-vous pas les dangers que nous courrons tous si nous ne refermons pas le Seuil, dit Hélène, brandissant de nouveau sa hache. N'y a-t-il pas eu assez de morts depuis trois ans ? La guerre nous a pris ceux qui nous sont les plus chers ! Vous ne pouvez pas aller au bout de cette folie ! Pensez à vos fils !

— Annette !

Antoine tire plusieurs coups de feu vers le Seuil, repoussant à son tour les créatures qui cherchent à s'en extraire.

— Laissez-les détruire le village ! crie Berthe. Quand ce monde aura définitivement disparu, nous pourrons en reconstruire un autre !

Profitant d'une seconde d'inattention de la femme du maire, Séraphin se jette sur elle, la mordant cruellement au bras pour lui faire lâcher son fusil. Berthe pousse un cri, mais tire au moment où son arme est projetée sur le côté. La détonation retentit, démultipliée aux oreilles de Séraphin, qui se retrouve dans un brouillard sonore insupportable.

Il écrase la femme du maire au sol, ignorant ses gémissements et ses gesticulations. Il distingue Antoine, qui tire au bord du bassin, et Hélène, qui se précipite vers Annette.

Avec horreur, il voit la guérisseuse à genoux. Son bâton gît au sol. Du sang coule de son côté gauche.

Elle lève brièvement la tête, plantant ses yeux d'onyx dans les siens. La voix de la druidesse résonne dans sa tête avant qu'elle ne s'éteigne tout à fait.

« Séraphin, prends mon bâton ! C'est à toi de refermer le Seuil ! »

Surgissant du bassin, de longues silhouettes noires se dressent derrière elle, telles de gigantesques vipères aux crocs acérés, tandis qu'elle s'effondre face contre terre.

HÉLÈNE

Hélène brandit sa hache pour trancher les cous des vipères noires qui s'élèvent au-dessus d'eux. À l'intérieur de son ventre dur et tendu, le bébé remue comme s'il voulait en découdre.

Séraphin a surgi à ses côtés, mordant les ombres qui se matérialisent autour d'eux. Hélène sent le fil invisible qui les relie, et qui lui permet de ne pas s'effondrer.

Antoine utilise son couteau de chasse pour sectionner le plus de membres possible appartenant aux créatures que la Dame Verte a réveillées. Son visage est déformé par la violence. « C'est comme si je devenais un autre, un homme-bête, un homme-sang », a-t-il dit un jour en évoquant la tranchée. C'est bien ce qu'Hélène a sous les yeux.

Concentrée par la tâche toujours renouvelée d'empêcher les créatures de sortir du puits, elle refuse de penser à Lucie, qui gît, comme morte, à moitié prisonnière de son cocon, à l'indestructible Annette, effondrée au sol, ou même à Michel, qu'elle a enfin reconnu tout à l'heure dans la sollicitude qu'il avait pour sa sœur. Elle abat sa hache, les bras en feu, le souffle court, encore et encore. La lame s'enfonce dans une matière molle et spongieuse, mais les têtes repoussent aussitôt. Elles semblent s'affaiblir cependant au fur et à mesure des blessures infligées par Antoine et par la jeune femme. Au bout de longues minutes d'angoisse, les créatures se montrent moins vives et réactives, et se rétractent vers l'eau remuante.

Hélène et Antoine restent un instant aux aguets, rouges et essoufflés, puis reviennent vers leurs compagnons.

La Dame Verte est toujours au sol, inconsciente. Son sang noir s'étale autour d'elle. Plus loin, Berthe gémit, recroquevillée contre les murs de la grotte, tenant son bras blessé par Séraphin.

— Elles vont revenir. Il faut fermer le Seuil ! crie Antoine.

— Comment ? demande Hélène, épuisée.

— Po… portons la Dame Verte jusqu'au bassin et jetons le médaillon avec.

— Mais la formule ?

Antoine se tourne brièvement vers le loup noir.

— Séraphin ! Transforme-toi et prends le bâton ! Tu l'as fait l'autre jour !

Hélène perçoit l'hésitation de Séraphin.

— Annette t'a dé… désigné Gardien après elle. Elle me l'a dit. Prends le bâton ! répète Antoine.

Le loup noir se fige. Le doute vacille dans son regard.

Hélène s'approche, saisissant sa crinière souillée de sang à pleines mains.

— Tête de mule ! Vas-tu enfin prendre conscience de ta valeur ? Si Annette t'a désigné Gardien, c'est que tu es le meilleur de nous tous ! J'ai foi en toi. Peu importe le nom de ton père, ou ceux que les gens t'ont donnés depuis ton enfance. Moi je te vois. Je sais qui tu es.

Hélène sent dans le regard du loup qu'elle a fait mouche. Il s'ébroue et se dresse sur ses pattes arrière, puis se métamorphose, dans un bruit de chair et d'os qui craquent.

Nu comme un nouveau-né, Séraphin semble un instant étourdi. Hélène détourne la tête, gênée. Il frissonne violemment, comme pris de fièvre, puis tend sa main vers Antoine.

— Donne-moi… articule-t-il comme si les mots avaient du mal à se former dans sa bouche.

Devinant sa demande, Antoine lui donne précipitamment sa veste, que l'adolescent s'empresse de nouer autour de sa taille.

Il s'approche d'Annette, et se penche au-dessus de son corps inerte. Il pose une main hésitante sur son épaule, les paupières closes, les lèvres tremblantes. Puis il s'empare du bâton des druides. Aussitôt, une lumière vive en jaillit, éclairant les muscles secs de son corps à mi-chemin entre l'enfant et l'homme.

— Toi ! s'exclame Berthe d'une voix aiguë. Sale petit bâtard ! Comment peux-tu avoir ce pouvoir ?

Séraphin se dresse et tourne la tête vers elle, comme si elle était aussi insignifiante qu'un insecte. Son regard droit la transperce.

— Je ne te ferai pas plus de mal, car tu es la mère de mes frères. Mais crois-moi, s'il y a bien une chose que la mienne m'a enseignée, entre deux bassines de linge, c'est que les coupables doivent répondre de leurs crimes devant la justice.

Berthe accuse le coup, la rage déformant ses traits contractés par la douleur.

— Et n'en profite pas pour te rincer l'œil ! ajoute-t-il d'un ton espiègle.

— Séraphin ! appelle Antoine. Ils reviennent.

L'adolescent s'approche du puits sacré.

— Jetons-y la Dame Verte ! Ensuite je refermerai le Seuil.

Avec Antoine, ils se saisissent de la créature. Hélène s'approche pour les aider à la faire basculer dans l'eau sacrée.

Antoine passe le médaillon autour du cou d'Éléonore. Pressée d'en finir, Hélène distingue les ombres qui remuent à la surface de l'Autre Monde.

— Allons-y ! crie-t-elle.

Tous trois poussent la Dame Verte dont le corps bascule vers l'eau du Seuil. Soudain, Hélène sent avec horreur les doigts de la créature agripper sa taille, et perd l'équilibre.

Les yeux d'Éléonore se sont ouverts.

— L'enfant vient avec moi, articule-t-elle dans un râle.

Les griffes de la Dame Verte se resserrent sur elle, l'entraînant dans sa chute. Les ombres noires se dressent, prêtes à prendre Hélène et Éléonore sans distinction. Antoine tente de la retenir de son bras valide, en vain. Séraphin brandit son bâton lumineux, cherchant un sort qui ne vient pas.

Hélène croise son regard, noyé dans la même panique que le sien.

Un cri sauvage retentit. Elle se sent soulevée par des bras d'une puissance inouïe. Elle est de nouveau sur le sol et Lucie la tient fermement. Des lianes surgies des mains de la jeune femme se sont enroulées autour d'elle pour la retenir. Dans un instant fugace, c'est pourtant le visage de Michel qui lui fait face, prisonnier de la brume argentée. Il a surgi du corps de sa sœur, comme projeté hors d'elle par sa colère. Hélène croise son regard.

« Adieu, mon amour », entend-elle.

Puis il plonge sur la Dame Verte, tourbillon hérissé

d'épines furieuses. Il enveloppe la créature comme un linceul, la privant de sa liberté de mouvement, et l'entraîne avec lui. Éléonore tombe dans le Seuil de l'Autre Monde sans faire le moindre bruit. L'eau s'ouvre pour l'avaler, puis se referme sur elle.

Et sur Michel.

Le cri de Lucie vrille les oreilles d'Hélène, encore sous le choc.

— Condamne le Seuil ! crie Antoine, qui s'est précipité vers Lucie.

Aussitôt, Séraphin touche l'eau de son bâton. Il ferme les yeux et prononce des mots qui n'étaient encore jamais sortis de sa bouche.

Sa voix résonne dans la grotte comme si mille paroles sacrées s'exprimaient à travers lui. Une lumière d'une puissance terrible éblouit ses compagnons.

L'eau bouillonne. Les ombres prisonnières s'agitent de plus belle. Hélène, écrasée de douleur, cherche à deviner Michel parmi elles. Elle croit reconnaître son énergie dans une ombre plus claire à l'écart des autres. Les échos de son rire.

— Trouve ton chemin dans l'Autre Monde, mon amour, murmure-t-elle.

Séraphin lève ses deux bras maigres. La puissance qui émane de ses gestes est encore trop grande pour lui, mais il cherche à être à la hauteur.

D'un coup, l'eau se referme.

Il ne reste plus qu'une surface aussi lisse qu'un miroir. Et le silence.

ANTOINE ET LUCIE

La respiration d'Antoine résonne à ses oreilles bourdonnantes, comme après les combats sur le front. Tout son corps est encore en alerte, saturé d'adrénaline.

Lucie s'est agrippée au bord du bassin, cherchant du regard une trace de son frère.

— Cette fois, il est bien parti, murmure-t-elle d'une voix brisée. Il est parti.

— Lucie ! crie Hélène en se jetant sur la jeune femme. J'ai bien cru que tu étais morte !

Les deux amies s'étreignent.

— Je l'étais, je crois. Mais Michel m'a… arrachée à la mort.

Antoine n'en revient pas de la voir respirer de nouveau. Avec bonheur, il absorbe ses yeux vifs, sa chevelure en désordre, son corps puissant. Sa chemise déchirée dévoile son épaule rougie de sang. Sous l'effet de sa magie nouvelle, la blessure causée par la Dame Verte s'est déjà refermée.

Et Annette ? Antoine se précipite vers sa tante dont le visage a pris une inquiétante teinte grise. Séraphin est auprès d'elle. Il cherche à panser sa blessure d'un air inquiet. Antoine se penche sur le buste de la guérisseuse et sent l'espoir renaître. Son cœur bat faiblement.

— Elle re… respire encore.

— Vous croyez donc que me désigner Gardien suffise ? Il va bien falloir m'enseigner tout ce que vous savez, à présent que je n'ai plus le choix ! Allons, Annette, accrochez-vous !

Un faible râle s'échappe alors de la bouche de la druidesse.

Séraphin colle son oreille à sa bouche.

— Que dites-vous ?

— Le Seuil… murmure la guérisseuse.

— Je l'ai fermé.

Annette sourit faiblement, puis grimace de douleur.

— Je savais que tu étais un Gardien…

— Mais pour ça, j'ai encore besoin de vous ! Il va falloir perdre cette habitude de vous faire tirer dessus par n'importe qui.

— Il faut l'emmener chez le docteur Lefranc ! s'exclame Hélène.

— Allons-y, confirme Antoine. Faisons une civière de fortune et transportons-la…

— Oh non ! gémit Annette. Il va encore me reprocher d'être imprudente.

Antoine cherche Lucie du regard.

La jeune femme est figée. Elle regarde ses mains, le visage déformé par la terreur. Le cœur battant, Antoine la rejoint.

Des doigts de Lucie surgissent des lianes qui se déroulent sur le sol telles des vipères. Ce sont elles qui lui ont permis de rattraper Hélène alors qu'elle tombait vers l'eau sacrée. Elle lève la tête. Son visage livide est marqué de cernes noirs. Elle secoue sa crinière brune aux reflets fauves.

— Qu'est-ce qui m'arrive ?

— C'est la suite de ta transformation, articule la guérisseuse, qui a tourné la tête vers elle.

Lucie recule, effrayée.

Antoine sent son alarme interne se déclencher. Lucie est submergée par l'horreur de ce qu'elle devient. Mais pour lui, elle reste sa fée. Il s'approche et tente de la rassurer.

— Ne crains ri… rien, nous allons t'aider.

— Oui, Lucie, affirme Séraphin, je sais ce que c'est, crois-moi !

Lucie arrache les lianes qui glissent de ses mains, les jetant rageusement au sol. Aussitôt, de nouvelles branches fines surgissent de ses ongles. Elle adresse un regard affolé à Antoine.

— Je ne peux pas vivre comme ça, souffle-t-elle.

Elle se retourne brusquement et se met à courir à une vitesse surhumaine vers la sortie de la grotte.

— Vas-y ! crie Séraphin à son ami. Je m'occupe d'Annette.

Aussitôt, Antoine s'élance à sa poursuite.

À l'extérieur, la forêt est noyée sous une pluie battante. L'orage s'est déclenché avec violence. Lucie a déjà disparu.

Antoine court sous le déluge, glisse sur les rochers et les fougères humides. C'est devenu si familier de courir dans la peur, à pleine vitesse. Comme s'il était possible de l'écraser sous son propre poids. Est-ce qu'il n'a pas couru toute sa vie ? D'abord pour échapper à la colère de son père. Sur le front, pour tuer avant d'être tué. Et maintenant pour rejoindre la femme qu'il aime. Ses pieds martèlent le sol avec toute la force dont il est capable. Jusqu'à l'épuisement. Pas besoin de penser au chemin. Antoine sait où Lucie est allée.

Après une éternité à progresser dans le bois, Antoine reconnaît la colline de la fontaine aux Soupirs. Encore une côte à gravir. La chapelle abandonnée est au sommet.

Personne.

Désemparé, Antoine tente de voir la silhouette de Lucie à travers le rideau de pluie. La nuit va bientôt se refermer sur la forêt, privant tout être vivant de lumière.

— Lucie !

Son cri se perd dans les trombes d'eau qui se déchaînent.

La rivière ! Antoine glisse en dévalant la pente vers leur coin de pêche favori. Le lit de la rivière n'est plus qu'à quelques mètres en contrebas.

Enfin Lucie est là, comme une de ces mystérieuses dames blanches qui hantent les sous-bois. Elle se tient debout au bord du cours d'eau. Il la devine dans le crépuscule noyé de pluie. Sa silhouette se balance doucement. Ses cheveux fauves et humides l'enveloppent comme un manteau étroit. Elle pleure, elle chante.

Il l'appelle, il sait qu'il doit la retenir. Elle se tourne vers lui. Un haut-le-corps le saisit. Il reconnaît dans le visage de Lucie le regard noir et les traits durs d'Éléonore. Il entend sa plainte muette. Mais Lucie a déjà fait volte-face.

Antoine voit son corps se plier comme un roseau, et tomber. Il brise la surface avec fracas et disparaît dans l'eau sombre.

Antoine crie comme il n'a jamais crié. Il court jusqu'à la rivière, se précipite dans l'eau et fouille l'obscurité glacée qui l'étouffe, se débattant avec sa prothèse. Il se relève pour reprendre son souffle et l'appelle encore. La pluie se déchaîne et recouvre tout d'un fracas opaque. C'est long, ça fait mal, ça l'emporte.

Et soudain la voilà. Elle surgit de l'eau, semble se débattre. Elle est loin vers l'autre rive. Puis disparaît à nouveau. Le souffle court, Antoine nage avec effort pour la rejoindre.

Lucie s'est arrachée au regard d'Antoine. N'est-ce pas la chevelure noire de son frère qui danse dans les remous de vase ? Non, ce n'est pas lui. Il est parti définitivement. Le froid et l'obscurité l'engloutissent. Où es-tu allé, petit frère ? Elle cherche à se souvenir de ses yeux doux et de son rire, qui la rassuraient autrefois. L'eau écrase sa poitrine. Elle se laisse glisser vers le battement sourd qui cogne contre son front, laisse ses paupières s'alourdir.

Je suis comme elle. La Dame Verte. Un monstre.

Mais, tandis qu'elle commence à brûler sous la douleur, tout son corps réclame de vivre. Il faut laisser Michel derrière elle. Elle pense à Antoine. À son amour. À son courage d'être lui-même. À leurs liens indéfectibles. Une brusque secousse la soulève. Elle doit le rejoindre. Elle tente d'atteindre la surface. Les doigts glacés des algues s'enroulent autour de ses chevilles et la retiennent, l'attirent vers le fond. Ses jambes s'activent, repoussent l'eau avec vigueur. Ses bras se tendent vers la surface. Sa bouche trouve de l'air enfin. Ses poumons veulent se remplir. La pluie explose à la surface de la rivière. Alors elle se met à nager vers le bord. Elle atteint bientôt la rive et s'agrippe aux herbes qui glissent dans ses mains, puis se hisse avec effort.

— Antoine !

Sa voix est gorgée de pluie, mais rien ne pourrait l'empêcher à présent de le retrouver.

— Lucie ! Je suis là.

Elle l'entend qui s'approche, qui sort de l'eau et lui tend son bras pour l'aider à se hisser à son tour. Antoine la serre contre lui, tremblant. On dirait qu'il ne peut plus la lâcher. Le soulagement arrache à Lucie des larmes de joie.

— Ne fais plus jamais ça, murmure Antoine en grelottant.

— Plus jamais…

Son bras valide passé autour des épaules de la jeune femme, il l'aide à gravir la colline jusqu'à la chapelle. Ils courent sous des trombes d'eau et se réfugient dans leur repaire d'autrefois, toujours accrochés l'un à l'autre.

Les yeux de Lucie fouillent l'obscurité. Malgré quelques fuites dans la toiture, l'édifice est à peu près au sec. Le fracas de la pluie est assourdi par les murs épais. Une odeur de pierres humides l'assaille, déroutante et familière. La Vierge aveugle est toujours là, les mains jointes, à gauche du vieil autel en granite. Ses yeux vides se parent d'ombres mouvantes et ses lèvres pâles semblent s'étirer dans un sourire.

Antoine lâche Lucie, enfin, pour trouver de quoi les sécher. Lucie s'assied sur le sol, laisse ses pieds nus glisser dans la poussière et se remplit les yeux du jeune homme. Dans la demi-obscurité, il enlève sa chemise trempée et retrouve un coffre dans leur cachette d'enfants, sous l'autel. Il en sort une vieille couverture et allume des cierges, qu'il volait autrefois dans l'église du village pour éclairer leurs réunions secrètes. La chapelle se pare de lumière d'or.

Antoine secoue la vieille couverture et s'approche de Lucie.

— Tu… trembles, dit-il.

— Et toi tu claques des dents, répond-elle en souriant.

Il l'aide à retirer sa veste et sa chemise trempées, rit quand elle peine à faire glisser son pantalon humide sur ses longues jambes, et l'enveloppe dans la couverture, qui la fait éternuer. Sa chaleur envahit tout l'espace autour d'elle. Dans la faible lueur vacillante, elle absorbe la douceur de ses traits sous la barbe courte, les cheveux clairs dans son cou, ses muscles secs, la peau fine de son ventre. Elle s'étonne de toute sa force contenue. Puis soudain ses yeux d'orage lui font face, comme une brûlure.

Voilà. Le monde est à présent en équilibre.

Comme en écho à ses pensées, Antoine prend ses mains dans la sienne. Les lianes ont provisoirement disparu, mais la jeune femme sait qu'elles peuvent surgir à tout moment, prolongeant sa volonté. Elle murmure :

— Je ne sais pas ce que je peux devenir…

Les mots d'Antoine résonnent entre les murs de la chapelle, sans aucun heurt.

— Rien de ce que tu pourras devenir ne fera de toi un monstre à mes yeux. Je t'aime.

Un bonheur intense jaillit dans la poitrine de Lucie, éclairant son visage. Antoine lui sourit à son tour, ému.

— Moi aussi je t'aime, mon voleur de prières, murmure la jeune femme.

Elle caresse ses joues pâles, puis s'approche. Elle embrasse tendrement ses paupières baissées, ses pommettes. Antoine la serre contre lui. Elle découvre, fascinée, la force de ce bras unique qui la soulève pour la coucher sur le sol glacé de la chapelle. Alors, avec tout son corps enfin, elle s'empare de lui.

Antoine contemple, ébloui, le visage de Lucie renversé dans la nuit bleue.

Jamais il ne s'est senti aussi loin du mal.

QUELQUES ANNÉES PLUS TARD...

Rennes, 10 décembre 1920

Cher Séraphin,

Grand-mère s'impatiente, mais je prends ces quelques minutes pour t'écrire avant de rejoindre ses invités pour le dîner. Elle est à cheval sur les horaires et les conventions, mais je ne peux résister à l'envie de partager avec toi cette grande nouvelle : je sors tout juste des bureaux du journal L'Ouest-Éclair et je suis engagée ! Je vais enfin publier mes articles dans un journal sérieux ! Diffusé dans toute la Bretagne ! Te rends-tu compte ?

« Vous avez une vraie plume, madame Mahe, m'a dit le rédacteur en chef du haut de sa moustache. Un style direct, enlevé et dépourvu de mièvrerie ! J'ai bien cru que vous étiez un homme ! » Il semblait confus. Il attendait un Henri, pas une Hélène ! Tu aurais vu sa tête quand je lui ai dit que j'étais le fameux H. Mahe ! J'ai réussi à le convaincre que mon statut de mère ne m'empêcherait pas d'accomplir mon travail. Le fait d'être « veuve » de guerre a joué en ma faveur. Je ne remercierai jamais assez Ernestine d'avoir accepté que je porte son nom, même si Michel et moi n'avons jamais été mariés. J'espère qu'il aurait été fier de moi...

Je dois me hâter car j'entends grand-mère houspiller Louise. Elle a dû accomplir un autre méfait pour la faire ainsi sortir de ses gonds. Elle n'a que trois ans, mais parfois je me demande si ma fille n'est pas possédée par une force démoniaque ! Elle déborde tellement d'énergie que grand-mère a bien du mal à la contenir lorsque je ne suis pas là. Et pourtant, Thérèse Lagadec est connue pour avoir une poigne de fer. Elle déplore sans cesse ses tenues débraillées, ses cheveux en bataille et ses expériences douteuses, mais au fond je suis sûre qu'elle l'apprécie. Je répète chaque jour à ma fille qu'elle doit apprendre à se maîtriser, mais elle est si jeune. Je ne veux pas qu'elle se sente bridée comme je l'ai été. Et puis, il n'y a pas de mal à être un peu sauvage, n'est-ce pas ?

Je l'aime tant ! Je pensais que sa présence m'empêcherait d'accomplir mes rêves, mais cet amour me donne la force de relever tous les défis. Bien sûr, j'ai la chance d'avoir été accueillie par grand-mère, il y a trois ans, alors que j'étais seule, hagarde et sans le sou. Elle a promis à mon père de « veiller sur ma moralité », mais elle n'en fait rien. C'est une femme libre. Comme je souhaite le devenir. Et quoi de mieux pour ma fille d'apprendre la liberté en voyant sa mère en faire usage ?

Louise est une petite fille étrange. Ce qui effraie les autres semble la fasciner. Figure-toi qu'elle passe une bonne partie de ses journées avec le nouveau cuisinier de la maison, Hector. Grand-mère s'est mis en tête de venir en aide aux mutilés de guerre, et elle a engagé une « gueule cassée », comme elle l'appelle. Hector est un excellent cuisinier, mais il est affreusement défiguré, et personne ne voulait l'engager. J'avoue honteusement avoir encore du mal à le regarder bien en face (je t'entends d'ici me traiter de bêcheuse). Louise, quant à elle, n'a eu aucune difficulté à l'approcher. Ils sont les meilleurs amis du monde. Mais après tout, son parrain n'est-il pas un loup monstrueux ?

D'ailleurs elle te réclame, et surveille le jardin, par la fenêtre de sa chambre, en espérant ta venue. Elle attend que tu surgisses des hortensias et des buis bien taillés ! Tu lui manques, et je dois bien l'avouer, à moi aussi. N'attends pas trop avant de revenir… Tout à l'heure, je traversais le parc du Thabor à la nuit tombée. J'ai senti une présence derrière moi, *et j'ai bien cru reconnaître ton pelage de loup dans les ombres des grands séquoias bleus. Étais-tu caché dans la nuit, ou est-ce le fruit de mon imagination ?*

J'espère que tu vas bien et que ton apprentissage de Gardien se passe comme tu le souhaites. Annette te mène-t-elle encore la vie dure ? As-tu croisé de nouveau les chiens de l'enfer ? Ou pire, as-tu enfin parlé à ton père ? Es-tu heureux, toi qui voulais tant quitter le village ?

Tu te plairais tellement ici. Rennes est une ville moderne et fascinante. Ce matin, j'ai même vu une automobile ! Les gens s'affairent sans cesse, se bousculant dans les belles rues pavées. En ce moment, les vitrines des magasins sont illuminées pour les fêtes, et c'est une merveille. Ici je sens que tout est possible. Pour moi, pour Louise.

Viendras-tu nous rendre visite à Noël, comme tu l'as promis ? De mon côté, je reviendrai bientôt vous rendre visite au village. Embrasse Ernestine, Annette et ta mère de ma part.

Affectueusement,

Hélène

L'Angeluère, 17 décembre 1920

Salut Duchesse,

Je te félicite pour ce poste de journaliste. J'étais certain que tu y parviendrais. Les pauvres, ils ne savent pas à quoi s'attendre ! Les as-tu prévenus que tu étais un tyran qui fait passer Napoléon pour un enfant de chœur ?

Tu me proposes un réveillon de Noël chez les bourges ? Très peu pour moi ! Tu es la seule Duchesse que je tolère. Cependant, une promesse est une promesse, alors surveille bien ton jardin le soir de Noël...

À l'Angeluère, tout le monde va bien. Annette boite toujours et n'a jamais retrouvé l'énergie qu'elle avait avant sa blessure, mais cela ne l'empêche pas de me mener la vie dure, ce qui semble être son passe-temps favori. Elle me gave comme une oie. Je ne pensais pas que ma pauvre tête, habituée aux bonnets d'âne, pouvait retenir autant d'informations ! Ma mère l'encourage, en plus ! Les deux ensemble, c'est pire que les chiens de l'enfer ! Mais je dois dire que je commence à me débrouiller. Sauf pour touiller des herbes. Annette me répète que je dois apprendre l'usage des simples pour soigner les gens, mais c'est vraiment pas ma tasse de thé. Ce que je préfère, c'est passer mes nuits à galoper sous ma forme de loup. Je vais de plus en plus loin chaque soir. J'explore les territoires sacrés. Je sens les vibrations des portes entre les mondes. Parfois je croise des âmes perdues, comme Michel, et je les guide vers le repos. Il m'arrive même de me rendre jusque chez toi, pour veiller sur vous. J'ai pu constater qu'en effet ta fille est un véritable petit démon. Elle ira loin !

Gardien, ce n'est pas si mal finalement. Et puis, il faut dire que maintenant je m'entends bien avec le nouveau chef du village ! Depuis qu'il a été élu maire, Gaston Fleury s'en sort très bien ! Les gens l'apprécient beaucoup. Hélas, les Trois Qui Ne Peuvent Pas Mourir rôdent toujours dans le bois des Corneilles. Je les tiens éloignés du village. Avec Annette, nous cherchons inlassablement comment les rendre à la mort. Un jour, j'aurai leur peau, tu verras.

Quant à mon père, je ne lui ai plus jamais adressé la parole. Il n'est rien pour moi. Depuis l'arrestation de sa femme, il reste terré chez lui. Ma mère m'a raconté qu'elle était tombée amoureuse de lui lorsqu'elle travaillait comme bonne dans leur maison. Il a profité d'elle, et l'a laissée tomber alors qu'il savait très bien qu'elle était enceinte. Il lui a simplement promis qu'il veillerait à lui trouver du travail. Et il lui a fait laver son linge. Comme je te l'ai dit, son sang ne me définit pas. En revanche, il nous arrive de discuter... aimablement avec Auguste. Il n'a pas inventé la poudre, mais je commence à le trouver sympathique.

J'ai reçu des nouvelles d'Antoine et Lucie. Ils semblent heureux loin du village. Parfois j'aimerais que nous puissions nous réunir de nouveau. Sans vous, je n'aurais jamais réussi à fermer le Seuil. C'est ensemble que nous étions les Gardiens du Bois Sacré.

Passe me voir quand tu reviendras au village. Je connais deux ou trois tours maintenant pour épater les filles...

Séraphin

Lac Crawford, Ontario, 19 février 1921

Chère Hélène,

Je suis si heureuse que tu réalises enfin ton rêve de devenir journaliste. Tu le mérites tellement. Comment va Louise ? Est-elle toujours aussi turbulente que mon frère l'était ?

Notre maison est enfin terminée. Elle se situe au bord du lac Crawford, près de la ville de Milton. Nous avons choisi une petite clairière au cœur de la forêt. À deux kilomètres se trouve la réserve indienne, où vivent Joseph Big Bear et sa famille. La maison n'a que deux pièces. Elle est tout en bois mais très confortable. Nous avons suivi les conseils des Iroquois et Algonquins de la réserve pour la construire. Nous y vivons comme dans un navire éloigné du fracas du monde, et nous y sommes très heureux. Je regrette juste que ma mère et Jean soient si loin, et toi bien sûr.

La ferme n'en est qu'à ses balbutiements, mais, avec l'aide de nos nouveaux amis, nous ne manquons de rien. Nous cultivons le maïs et toutes sortes de courges que les gens mangent ici. Antoine part souvent dans de grandes expéditions de chasse avec Joseph. Ils s'entendent comme larrons en foire. Ils vendent ensuite les peaux à Milton, ce qui nous rapporte un peu d'argent.

Les habitants de la réserve me demandent souvent de conter mes histoires. J'y prends un grand plaisir. En écoutant à mon tour les légendes iroquoises, il m'est venu l'idée d'écrire ces précieux récits que les anciens nous

transmettent. J'ai donc commencé à compulser dans mes carnets les légendes que m'a racontées Mémé Mahe, et celles de ce pays. J'en ai envoyé plusieurs à un journal de Milton, et l'une d'entre elles a été publiée. J'étais tellement heureuse ! Tu sais que mon rêve n'a jamais été de devenir fermière. J'ai donc l'espoir qu'un jour je puisse publier mes livres de contes.

Depuis le début de l'hiver, la neige a englouti le lac et ses alentours. C'est tellement beau !

La forêt est immense, majestueuse. Je peux y courir et déployer ma magie à ma guise. Les arbres y sont gigantesques ! Tu ne peux imaginer le sentiment de liberté que confèrent de telles immensités. Michel aurait adoré ce pays. Je pense souvent à lui, mais c'est de moins en moins douloureux. J'espère qu'il a enfin trouvé la paix.

Mes pouvoirs ne surprennent pas les habitants du village de la réserve. J'y ai rencontré une très vieille femme, une guérisseuse et chamane, appelée Orenda. Sa peau est si parcheminée qu'elle semble faite de papier. Elle m'appelle « la femme qui chante aux arbres » et m'a encouragée à cultiver mes pouvoirs pour faire le lien entre les hommes et les esprits. Même si certains sont chrétiens, les Iroquois croient qu'il existe des forces surnaturelles qui se manifestent dans tout ce qui est vivant autour d'eux : les animaux, les arbres, l'eau. Tout est sacré et doit être préservé. Mon rôle, d'après elle, est de rappeler aux humains qu'ils font partie de ce tout et de les aider à vivre en paix avec les esprits. Elle me rappelle tant Mémé Mahe. Elle est aussi revêche et têtue, mais a un grand cœur. Et elle fume la pipe autant ! Elle a proposé de m'enseigner ce qu'elle sait et j'ai accepté. Comme la Dame Verte me l'avait indiqué, je perçois la magie des lieux sacrés. Je pose mes mains sur les troncs et, parfois, la magie vibre si fort que j'en suis étourdie. Dans les histoires que me raconte Orenda, il est question d'hommes et de femmes qui se changent en loups, en renards, en corbeaux ou en d'autres animaux. Je tends l'oreille pour en savoir plus. Annette et Séraphin ne sont sans doute pas seuls dans ce monde.

Notre fils Charles a aujourd'hui un an. Il est si beau ! Il semble aussi calme que son père, mais j'ai l'impression qu'il a les mêmes aptitudes que moi, au moins celle de communiquer avec les animaux. Je l'emmène souvent dans mes expéditions en forêt. Il est juché sur mon dos, tenu par un système très ingénieux que m'ont montré les femmes de la réserve. L'autre jour, je l'ai trouvé au bord de la rivière, blotti contre le ventre d'une loutre qui le câlinait comme s'il était l'un de ses petits. Un matin, il a attiré vers lui un petit ours. J'ai dû user de ma magie pour chasser la mère, furieuse qu'on ait approché son rejeton. Charles joue avec les oiseaux qui se perchent sur ses bras, caresse les renards comme s'il s'agissait de gros chats domestiques. Je n'ai pas encore constaté de force particulière, ou de branches qui surgiraient de ses mains. J'espère de tout coeur qu'il n'en sera rien et qu'il pourra mener une vie aussi normale que possible. Antoine ne semble pas s'en inquiéter. Il affirme que nous sommes dans le pays idéal pour que nous puissions vivre libres malgré nos bizarreries. Cher Antoine... Il a trouvé ici une paix qu'il n'a jamais éprouvée auparavant. Ses cauchemars sont de plus en plus rares. C'est un père doux et aimant. Parfois, je le surprends à parler à son fils dans son langage mystérieux, et Charles lui répond. Que de secrets doivent-ils partager !

Tu me manques beaucoup, ainsi que ma mère et mon cher Jean. Je connais vos lettres par cœur à force de les lire et les relire sans cesse.

Les habitants du village de Saint-Georges m'appellent encore « la sorcière », m'a dit ma mère, mais cela ne l'inquiète pas outre mesure puisque je suis loin. J'espère la convaincre de vendre un jour la ferme et de venir nous rejoindre avec Jean.

J'attends avec impatience ta prochaine lettre, Madame la journaliste.

Avec toute mon amitié,

Lucie

PS : Antoine a dessiné partout sur ma lettre des animaux de notre région : sur la première page, un ours. Ensuite, un castor puis une loutre des rivières avec son petit sur le ventre. Enfin, l'animal avec les cornes gigantesques ci-dessous est un orignal.

L'Angeluère, 14 avril 1921

Ma chère fille,

Aussi loin que tu puisses être, je perçois dans tes lettres que tu as enfin trouvé le bonheur. Je savais que tu ne serais pas fermière toute ta vie. Tu es une excellente conteuse et je suis persuadée que tes histoires auront beaucoup de succès. Cette conviction me console de ton absence. Raconte-moi encore, si tu veux bien, la vie de ces Indiens qui sont devenus vos amis, et qui sont des gens fascinants.

Jean se porte bien, même s'il est toujours très secret. Séraphin semble avoir décidé de le prendre sous son aile. Nous continuons à travailler de concert, Élise, Renée et moi, et la ferme nous rend la sueur que nous versons par de multiples bienfaits. Je suis si attachée à cette terre, à ce que nous y avons bâti avec ton père, qu'il m'est difficile d'imaginer la quitter.

Séraphin veille sur nous, et nous veillons sur ses secrets. Il a tellement changé. Ce n'est plus le gringalet sauvage que nous devions rabrouer pour ses bêtises. Il est à présent un grand jeune homme aux larges épaules et aux yeux droits. Sa nouvelle charge semble lui convenir à merveille. Ses cheveux, rassure-toi, ressemblent toujours à une haie mal taillée.

Je t'envoie dans ce courrier une lettre que j'ai reçue et qui m'a fait un grand choc. Il s'agit d'une lettre de Michel, qu'il a écrite avant sa mort. La lettre a été perdue, et m'a été réexpédiée il y a quelques semaines. Elle t'était destinée. Je te la fais donc parvenir, en espérant qu'elle t'apportera l'apaisement et la consolation. J'en ai donné une copie à Hélène, lorsqu'elle est venue me voir pour les fêtes du nouvel an avec sa délicieuse petite fille. Elle me rappelle tellement Michel ! Ce sera, à n'en pas douter, une force de la nature !

Embrasse Antoine et le petit Charles.

Avec tout mon amour,

Maman

Chemin des Dames, 17 avril 1917

Ma chère Lulu,

Je prends quelques instants pour t'écrire à l'arrière avant de repartir en mission de ravitaillement. À chaque fois que nous quittons la tranchée pour revenir parmi les vivants, c'est comme se réveiller après un terrible cauchemar. Cette fois-ci, nous avons perdu trois de nos gars. Je ne peux te décrire ce que nous subissons au front, car il n'y a pas de mots pour le dire. Notre vie chez nous semble appartenir à un autre monde. Quand nous pensons être arrivés au bout de l'horreur, nous découvrons qu'elle peut encore grandir et, ce qui est bien pire, que nous pouvons nous y faire. Enfin, je n'en dis pas plus car je veux profiter de ce moment pour penser à maman, à Jean, à ma douce Hélène et à toi. J'espère que tout le monde va bien à l'Angeluère. Je suis heureux que tu me parles des travaux de la ferme, car ainsi j'ai l'impression d'être auprès de vous. Dis à maman de ne pas s'épuiser à la tâche et n'hésite pas à demander de l'aide au village. Je sais qu'elle est fière et qu'elle voudra se débrouiller, mais je m'inquiète pour elle depuis la mort de papa.

Tu me demandes dans ta dernière lettre comment va Antoine. Il dort en ce moment près de moi avant notre mission. Il a été un peu malade car l'eau que nous buvions dans la tranchée n'était pas bonne, mais nous devrions partir en permission bientôt, ainsi il pourra se reposer. Il a été encore héroïque cette nuit en sauvant un cheval dans la tranchée, mais il te le racontera dans la lettre qu'il ne manquera pas de t'écrire. Nous n'avons pas grand-chose à nous mettre sous la dent, c'est pourquoi nous avons accueilli votre colis avec plaisir. Bon, tu n'es toujours pas une grande cuisinière, mais je mange tout de même tes biscuits avec appétit. Nous portons tous les deux les chandails que vous nous avez faits et cela nous protège bien du froid mordant de ces derniers jours. Je me hâte car il est bientôt l'heure de partir en mission.

Avant cela, j'ai une très belle nouvelle à t'annoncer, mais tu dois garder le secret. J'ai confiance en toi, ma Lulu. Hélène m'a écrit qu'elle était enceinte. Tu vas dire que nous avons été imprudents, mais nous nous marierons vite. Te rends-tu compte ? Je vais être père ! Cette nouvelle éclaire ma journée comme le plus chaud des soleils en plein hiver. Moi ! Papa ! J'en ai des frissons de bonheur ! Hélène sera trop fière pour t'en parler, mais veille bien sur elle, ma Lulu. Je l'aime plus que ma vie, et je sais que toi aussi tu l'aimes comme une soeur. Je lui écrirai pour lui dire de se confier à toi.

Antoine s'est réveillé et il relit ta lettre pour la centième fois en fumant sa pipe. Le voilà qui rougit car je l'observe et je me moque de lui ! Nous nous protégeons l'un l'autre, et rien ne nous sépare jamais. Sa présence me rappelle sans cesse que nous avons une vie ailleurs, auprès de vous, à l'Angeluère, au-delà des terres dévastées par la guerre.

Je dois te dire aussi qu'ici, ma chère soeur, tu ne me quittes jamais. Quand la peur me paralyse, je pense à cette nuit où tu as veillé sur moi car j'avais une terrible fièvre. Papa et maman étaient partis aux moissons. T'en souviens-tu ? Nous étions petits, mais je me le rappelle comme si c'était hier. Tu m'as raconté des histoires et chanté des chansons. Tu m'as dit que tu me protégerais, et que tu ne me laisserais jamais seul. Eh bien, tu trouveras peut-être cela ridicule venant d'un grand gaillard comme moi, mais, depuis ce jour-là, je sais que partout où je vais tu m'accompagnes et veilles sur moi, et que partout où la guerre me conduit je pense à toi et te protège. Si jamais il m'arrivait quelque chose, je ne crois pas que cela pourrait nous séparer. Je dois te laisser car le capitaine nous appelle pour ravitailler les gars en première ligne. Je t'écris vite après.

Je t'embrasse ma Lulu,

Ton Michel

NOTES

Pour écrire ce roman, je me suis librement inspirée d'un personnage légendaire qui me fascinait lorsque j'étais enfant, et que j'habitais rue de la Dame-Verte à Mézangers, un petit village de Mayenne, à l'ouest de la France. La rue menait au mystérieux château du Rocher, connu pour les apparitions du fantôme de son ancienne occupante.

Éléonore de Bouillé, duchesse du Lude, comtesse de Créances, a bien existé. Elle a vécu au XVIIe siècle (1632-1681) dans ce château. Surnommée « la Grande Chasseresse », cette femme au caractère fort – elle serait bien entrée un jour à cheval dans une église – fait partie des personnages légendaires de la région.

On raconte que, depuis sa mort, elle hante le château du Rocher à Mézangers. Elle apparaîtrait vêtue de vert, à pied ou galopant sur son cheval. La Dame Verte tourmenterait notamment les jeunes mariés qui passent leur nuit de noces dans sa chambre…

L'abbé Angot en parle dans son *Histoire de la Mayenne,* publiée entre 1900 et 1910 : « La Dame Verte, comme les dames blanches qu'on connaît ailleurs, préside aux destinées du château, montrant par des manifestations mystérieuses l'intérêt qu'elle prend aux événements de la famille qui l'habite. »

Tout le reste est le fruit de mon imagination, qui a eu le temps de bouillonner dans son chaudron toutes ces années.

REMERCIEMENTS

Bien qu'il soit le fruit d'un travail solitaire, ce roman doit beaucoup à un entourage précieux qui m'a propulsée pour accomplir ce rêve.

Un grand merci à Violaine, ma bêta-lectrice de choc, pour ses relectures patientes et ses retours, qui ont la précision d'une lame bien aiguisée. Merci aussi à Ingrid pour ses conseils enthousiastes et son soutien.

Pour avoir éclairé ma lanterne dans cette nouvelle aventure, merci à mon ami Arnaud Druelle, dont la sagesse druidique n'est plus à prouver.

Pour m'avoir fait confiance, un grand merci à toute l'équipe de Gulf stream éditeur, et particulièrement à Caroline Merceron, pour ses recommandations précieuses sur le texte. Je tenais aussi à exprimer ma reconnaissance à Tiphaine Rautureau, pour son travail sur la couverture, ainsi qu'à Romain Allais pour ses corrections.

Le livre ne serait pas aussi beau sans les illustrations du talentueux Pierre Gaux, qui a magnifiquement donné chair à la Dame Verte.

Merci à mes amis comédiens de la Ligue d'improvisation de Seine-et-Marne et de la Compagnie de l'A par T pour avoir rendu toutes les histoires possibles. Merci aussi de m'avoir incitée à me laisser surprendre par ce qui va surgir sur scène. Cela fonctionne aussi pour l'écriture.

Merci à ma famille pour son soutien, et particulièrement à ma mère, Sylvie, pour ses corrections d'une efficacité redoutable, mais surtout pour m'avoir appris que la lecture est source de bonheur, et m'avoir donné envie de le procurer aux autres. Merci aussi à mon père, Jean-Luc, pour ses indications précieuses sur le calendrier des travaux de la ferme, et sa fierté quand je me lance un nouveau défi.

Enfin, un immense merci à ma tribu celte, Francis, Gabrielle et Samuel, pour leurs hourras, leur patience et leur soutien indéfectible. Et pour tout le reste.

Marie-Noëlle Pichot

Depuis ses huit ans, quand ses grands-parents lui ont mis entre les mains *Les Trois Mousquetaires* de Dumas, Marie-Noëlle Pichot n'a cessé de voyager à travers les livres. Elle écrit, tout le temps, dans des petits cahiers qui s'empilent sur les étagères. Et qu'elle rachète en quantités astronomiques.

Passionnée d'histoire et de littérature, elle a fait ses études à Rennes, avant de devenir professeure en lycée professionnel, en Seine-et-Marne.

À ses heures perdues, elle est également comédienne, et pratique l'improvisation théâtrale.

Le Chemin de la Dame est son premier roman.

Reproduit et achevé d'imprimer en avril 2024
par Abedik, en Pologne,
pour le compte de Gulf stream éditeur,
31, rue Alfred-Riom 44100 Nantes
www.gulfstream.fr

Dépôt légal 1re édition : août 2024